Film ab: Heinz Erhardt

Für Sissi

Film ab:
Heinz Erhardt

Das große Buch für Fans.
Eine Gratulation zum 90. Geburtstag des beliebten Komikers.
Von Manfred Hobsch

Schwarzkopf & Schwarzkopf Verlag, Berlin

DANKSAGUNGEN

Zuallererst danke ich dem Verleger Oliver Schwarzkopf für sein Vertrauen, er wollte mit mir dieses Buch bereits zu einem Zeitpunkt machen, als das vorhergehende (und erste von mir in seinem Verlag) »Liebe, Tanz und 1000 Schlagerfilme« noch gar nicht fertiggestellt war. Für umfangreiche Hilfe bei den Recherchen bedanke ich mich bei Michael Fischer vom medienkundlichen Archiv der Landesbildstelle Berlin und bei den Mitarbeiterinnen im Archiv der Hochschule für Film und Fernsehen »Konrad Wolf« in Babelsberg. Ohne Unterstützung durch meinem Freund Robert Fischer, der Fotos aus seinem Filmbild-Fundus-Archiv zur Verfügung stellte, hätte dieses Buch nicht entstehen können. Eine stattliche Anzahl von Fotos stammt aus dem Archiv der Stiftung der Deutschen Kinemathek, mein Dank gilt hier Peter Latta. Weitere Danksagungen gehen an Christian Unucka (Verlag für Filmschriften), Klaus Radomski (der mir einen entscheidenden Hinweis gab) und dem Berliner Filmantiquariat. Natürlich danke ich auch allen, die ich hier vergessen habe – der wichtigste Dank gilt wieder meiner Frau Sissi, ohne die es dieses Buch nicht geben würde. Sie hat mich unterstützt, mitgearbeitet und immer wieder angespornt – auch wenn besonders zu ihrem Leidwesen an vielen Wochenenden gearbeitet werden mußte. Bei meinem zweiten Buch hat sich unsere Katze Maxi übrigens ein neues Plätzchen ausgesucht, sie lag stets unter dem Aktenwagen mit allen Heinz-Erhardt-Materialien und hatte aber trotzdem wieder alles im Blick.

Nächste Seite:

LInks: Die mit dem Bäcker tanzt: Maria Sebaldt

Mitte: Der Vater von neun Kindern in Unterhosen

Rechts: Ein hartes Brot: Bäckermeister Friedrich Schiller

Heinz und ich

EIN VORWORT DES AUTORS VOLLER ERINNERUNGEN

Nur ein einziges Mal habe ich Heinz Erhardt leibhaftig auf der Bühne erlebt, das war im August 1970 bei der Berliner Premiere seines Films *Was ist denn bloß mit Willi los?* Im Anschluß des Films trat er im Gloria-Palast an der Gedächtniskirche vor den geschlossenen Vorhang und belohnte alle Besucher mit einer halben Stunde Extra-Vergnügen. »Eben war ich noch ganz groß als Willi Winzig auf der Leinwand, jetzt bin ich winzig als Heinz Erhardt auf der Bühne«, witzelte er über den Größen-Unterschied zwischen Filmbild und realer Erscheinung. Natürlich wurden die Lachmuskeln des Publikums trainiert: Da der Saal längst nicht voll besetzt war, forderte er zunächst alle auf, doch bitte nach vorne in die ersten Reihen zukommen, so wäre man sich schließlich näher. Zuerst kalauerte er über seine kleine Tournee, gestern wäre er in Hamburg zur Premiere des Films aufgetreten, aber da war die Bühne auf der anderen Seite, etwa da wo hier in Berlin die Gedächtniskirche stünde. Anschließend rezitierte er etliche seiner eigenen Werke – immer noch 'n Gedicht.

Nach *Was ist denn bloß mit Willi los?* drehte er nur noch zwei Filme, dann war nicht nur seine Karriere als Filmkomiker beendet, sondern auch die als Kabarettist, Dichter-Poet, Sänger und Schauspieler vorüber: 1971 lähmte ein schwerer Schlaganfall den Meister des losen Wortes, und 1979 starb Heinz Erhardt siebzigjährig in Hamburg. Meine

erste Bekanntschaft mit Heinz Erhardt schloß ich in den sechziger Jahren, damals bekam ich eine Schallplatte geschenkt, auf der waren einiger seiner Conferencen, zwei Lieder und einige Rezitationen seiner Gedichte gesammelt. Ich war von seinem Humor und von seinen Wortverdrehungen begeistert – und ich konnte sie immer wieder hören. Auf jeden Fall kam damals auch meine ganze Schulklasse in den Genuß, diese Erhardt-Platte anzuhören.

Verantwortlich dafür war meine Musiklehrerin Frau Habicht, die an unserem Ulrich-von-Hutten-Gymnasium Berlin-Lichtenrade in den Musikstunden mit uns über »Gott und die Welt« sprach, die richtiggehend mit uns diskutierte (was in Lehrplänen der sechziger Jahre vielleicht vorgesehen war, aber nicht so recht praktiziert wurde): Wenn ich irgendwann wirklich etwas fürs Leben und nicht für die Schule gelernt habe, dann hier in den sogenannten Musikstunden. Notenschlüssel gab es jedenfalls bei ihr nicht, singen mußte auch keiner. Überhaupt waren das gar keine Musikstunden (ich weiß bis heute nicht, nach welchen Kriterien sie ihre Schulnoten vergeben hat), wenn man mal davon absieht, daß wir Schlagerplatten von zu Hause mitbrachten und sie dann in der Musikstunde mit Frau Habicht anhören durften.

Und ich schleppte also die Heinz-Erhardt-Platte an, Frau Habicht legte sie auf den Plat-

tenteller – und wirklich alle haben gelacht, die Schüler und sogar unsere Lehrerin. Während Frau Habicht sonst mit Schlagersängerinnen oder Schlagersängern meist recht hart ins Gericht ging, bei Heinz Erhardt hatte sie wenig auszusetzen. Dank Heinz Erhardt war das mit Sicherheit eine der lustigsten Schulstunden, an die ich mich erinnern kann. Auf der Kinoleinwand habe ich den Komiker zunächst in kleinen Rollen gesehen: In den Eisrevue-Filmen *Kauf' dir einen bunten Luftballon* und *Die große Kür* oder in den beiden Karl-May-Verfilmungen *Der Ölprinz* und *Das Vermächtnis des Inka*. Und Anfang der siebziger Jahre folgten dann die Streifen der Willi-Serie.

Meine Plattensammlung war inzwischen enorm angewachsen, dazu gehörte auch eine LP mit dem schönen Titel »Noch 'n Chanson«, auf der waren quer durch die Jahrzehnte Lieder zusammengestellt, die Heinz Erhardt in Filmen oder auf der Bühne gesungen hatte: Von der »Striptease-Susi« bis »Linkes Auge blau« oder von »Immer noch 'nen Groschen für die Music-Box« bis zur »Hämmerchen-Polka«. Seine wirklich großartigen Filme der fünfziger Jahre, in denen er als liebenswürdiger Tolpatsch und komische Vaterfigur gegen die Tücken des Alltags kämpfte, habe ich erst Ende der siebziger und Anfang der achtziger Jahre entdeckt, als in deutschen Filmkunst-Kinos über Heinz Erhardt Tränen gelacht wurden: Von den *Drillingen an Bord* bis *Witwer mit fünf Töchtern* oder vom *müden Theodor* bis zu *Natürlich die Autofahrer*. Den Kinos folgte dann das Fernsehen, zunächst das ZDF, dann der Privatsender ProSieben und Ende der neunziger Jahre VOX, die regelmäßig Heinz Erhardt-Filmreihen ins Programm nahmen. So bleiben die Erinnerungen an einen der größten deutschen Komiker des 20. Jahrhunderts auch zwanzig Jahre nach seinem Tod lebendig.

Für dieses Buch habe ich mir etliche seiner Filme noch einmal angesehen: Selbst wenn Heinz Erhardt nur kurze Auftritte hatte oder eine Nebenrolle spielte, war er doch immer Heinz Erhardt – einfach unverwechselbar. Wenn es die Rolle (und der hehre Anspruch) des Films erforderte, konnte er sich auch unterordnen, was allerdings selten der Fall war. Dann wich er von seinem Rollentyp, den er auf der Bühne als Komiker entwickelt hatte, auch mal ein wenig ab. Doch immer da, wo es die Drehbücher und vor allem die Regisseure erlaubten, machte er sich einen Spaß daraus, seine Auftritte zu kleinen Kabinettstückchen zu entwickeln: Wenn es ungünstig ausging, wollten sie partout nicht zum Rest passen. Doch im günstigen Fall wurde so aus einem eher mittelmäßigen Film doch noch ein rundes Vergnügen – dank Heinz Erhardt. Eines der schönsten Beispiele dafür ist sicher *Ohne Krimi geht die Mimi nie ins Bett*: Obwohl Heinz Erhardt eigentlich mit den anderen Mitspielern Dialoge führen soll, werden die bei all seinen Auftritten zu reinen Stichwortgebern. Harald Juhnke, der in diesem Film zu Heinz Erhardts Mitspielern gehörte, gestand zu seinem fünfzigjährigen Bühnenjubiläum im November 1998, daß

meistens in den Drehbüchern als Anweisung nur vermerkt war: »Juhnke macht irgendeinen Quatsch. Und dann spielten wir eben los.« Solche »Löcher« waren für Heinz Erhardt immer eine Herausforderung, er wußte sie stets mit seinen Späßen und Wortverdrehungen zu füllen.

Über die in vielen Quellen falsche Schreibweise seines Nachnamens (die in diesem Buch stets korrigiert wurde) schrieb der Komiker übrigens folgenden Vierzeiler:

»Nicht Ehrhardt, Erhart, auch nicht Ehrhart,
auch Erhard tut dem Heinz sehr weh
ich schreib mich, bitte buchstabieren Sie
E r h a r d t !«

Im Jahr 1999 wäre Heinz Erhardt 90 Jahre alt geworden: Mit diesem Buch über seine 39 Kinofilme, die zwischen 1949 und 1971 gedreht wurden, möchte ich ein Stück dazu beitragen, daß der Filmkomiker Heinz Erhardt unvergessen bleibt.

HUMOR UND GUTE LAUNE MIT

Heinz Erhardt

„Noch'n Gedicht" und andere Ungereimtheiten

»Zähne hoch und Kopf zusammenbeißen«

Heinz Erhardt hatte als Musiker und Sänger, Kabarettist, Theater- und Filmschauspieler, TV-Talkmaster und Gala-Conférencier, Dichter, Schriftsteller und sogar als Reklame-Ikone in seiner 50jährigen Karriere kaum eine Domäne ausgelassen, um sein Multitalent unter Beweis zu stellen. Heinz Erhardt, der 1979 nach schwerer Krankheit starb, über sich: »Mein Leben hat mir Spaß gemacht. Beruf und Leben waren bei mir immer identisch. Es ist ein Glück, wenn einem solches gelingt.« Als Überlebensprinzip gab es für ihn nur eins: »Zähne hoch und Kopf zusammenbeißen.«

Nicht nur in den neunziger Jahren laufen seine Filme immer wieder im Fernsehen, bereits im Jahrzehnt zuvor wird der populäre Komiker von der Turnschuh-Generation als »irrer heißer Typ« wieder entdeckt. In den Nachkriegsjahren und den Fünfzigern war der typische »Erhardt-Ton« im Radio heimisch und entwickelte sich bald zu einer unverwechselbaren Mischung aus guter Laune und Nachdenklichkeit, die den Künstler schließlich zu Film- und Fernsehruhm führte. Das einzige, womit der Sohn eines Rigaer Operndirigenten bei seinen Lehrern positiv auffiel, war seine komödiantische Ader. Bei Freilichtvorführungen in der Schule bestieg er erstmals die Bühnenbretter, um sein Naturtalent zu demonstrieren.

»Am 20. Februar 1909 in Riga geboren, also Wassermann. Von 1919 bis 1924 in Hannover und in der Wennigser Mark am Deister gelebt. Schulbesuch wenig erfolgreich. Von 1924 bis 1926 wieder in Riga... 1926 bis 1928 Musikstudium in Leipzig und Volontär in einem Musikgeschäft. 1928 bis 1938 Noten- und Klavierverkäufer in Riga in Großpapas Geschäft. Große Pleite. 1938 bis 1998 (!) Humorist, Kabarettist, Schauspieler, Chansonnier, Schriftsteller, Dichter, Komponist und Vater«, so gab Heinz Erhardt oft seinen Lebenslauf zum besten. Leider war es ihm nicht vergönnt, bis 1998 Karriere zu machen, wie er hier mutmaßte, trotzdem ist er auch zwanzig Jahre nach seinem Tod bekannt und beliebt (vielleicht sogar beliebter als zu Lebzeiten).

An den Tag seiner Geburt in Riga konnte sich Heinz Erhardt übrigens ganz genau erinnern: »Das Thermometer zeigte elf Grad minus und die Uhr elf Uhr vormittags, als vor unserem Haus das Hauptwasserrohr platzte. Im Nu war die Straße überschwemmt und im gleichen Nu gefroren. Die umliegenden Kinder kamen zuhauf, um auf ihren Schuhen schlittzulaufen. Ich selbst konnte mich an diesem fröhlichen Treiben nicht beteiligen, weil ich noch nicht geboren war. Dieses Ereignis fand erst gegen Abend statt, und da war die Eisbahn längst gestreut. Meine Geburt fand

im Saale statt, im Kreissaal, der wider Erwarten eckig war. Kaum hatten sich mir meine Eltern vorgestellt, fanden sie mich ›Nein, wie reizend‹. – Dabei hatte ich kaum Haare auf dem Kopf, geschweige denn Zähne.«

In einem kurzen Prosatext mit dem Titel »Die Eltern« schrieb Heinz Erhardt über seine Kindheit: »Ich hatte so nach und nach drei Väter bekommen. Und ebenso viele Mütter! Diese Vielzahl an Eltern ist darauf zurückzuführen, daß sowohl mein Vater als auch meine Mutter jeweils dreimal den Bund fürs Leben schlossen... Man reichte mich ständig herum, und manchmal reichte es mir!« Und in einem anderen Text, betitelt »Früheste Kindheit«, bemerkte er: »Während in jenen Tagen Mütterchen Rußland von Väterchen Zar beherrscht wurde, wuchs ich ziemlich unbeherrscht auf; denn meine Eltern waren meine Großeltern. Sie waren so gut zu mir, daß es schon wieder schlecht war!«

In der Schule hatte Heinz Erhardt so seine Schwierigkeiten, denn: »Ich war ein Pausenschüler, ich konnte ohne Pause Pause machen.« Später, viel später dichtete er in Erinnerung an seine Schulzeit den Vierzeiler:

»Was er schätzte selbst in Serien
das waren jedesmal die Ferien
die er von sich aus noch ergänzte
indem er gern die Schule schwänzte.«

Nachdem Erhardt erwartungsgemäß durchs Abitur fiel (»In der Schule war kein Fortkommen, also machte ich, daß ich fortkam.«), kehrte er nach Riga in den großväterlichen Musikverlag zurück, um dort ein Volontariat zu absolvieren: »Mit 20 Jahren begann ich zu handeln – und zwar mit Noten und Klavieren. Das lag nahe – das großväterliche Geschäft, nur ein paar Minuten zu Fuß.« Anfang der siebziger Jahre erzählte Heinz Erhardt der Journalistin Gudrun Gloth ausführlich aus seinen Anfängertagen: »In Riga gab es zwei große Kaffeehäuser, das Café Schwarz und das Café Reiner. Damals ging der Spruch um: ›Bei Reiner ist der Kaffee schwarz, doch bei Schwarz ist er reiner.‹ Diese beiden Cafés waren die bevorzugten Treffpunkte der Deutsch-Balten. Ich erinnere mich noch sehr lebhaft an meine Auftritte im Café Schwarz. Dort mußte man nämlich eine Treppe hinaufgehen, und oben saßen dann alle. So schüchtern und linkisch, wie ich damals noch war, empfand ich das als eine Art Spießrutenlauf und wurde jedesmal so rot wie eine Tomate. Bis ich eines Tages auf folgende Idee verfiel: Ich bildete mir ein, ich sei ein Schauspieler und das Café Schwarz die Bühne. So beschritt ich die Treppe, als gehöre das zu einer imaginären Rolle. Auf diese Weise gewöhnte ich mir ganz allmählich das lästige Rotwerden ab. Dabei dachte ich damals noch nicht einmal im Traum daran, eines Tages Schauspieler zu werden. Ei, bewahre – nicht die Tüte! Als Sohn eines Kapellmeisters hatte ich zwar Musik studiert und wollte eigentlich

Bitte recht freundlich: Pressefotograf Albert

Pianist werden, aber dann fehlte mir wohl doch der nötige Fleiß... Lettland hieß damals Latvija. Unsere Währung war der Lat. Der Lat hatte einen offiziellen Kurswert von 50 Pfennigen, aber seine Kaufkraft lag weit höher. Mit 100 Lat im Monat konnte man schon ganz anständig leben. Doch soviel verdiente ich vorläufig leider noch nicht, denn mein Großvater hielt mich sehr kurz. Das war gute baltische Art. Sobald ich aber ein paar Lat in der Tasche hatte, ging ich schnurstracks ins Café Schwarz, um wieder einmal von Herzen rot zu werden.«

Von Riga aus startete der junge Mann drei Jahre später seine berufliche Laufbahn: »Wegen meiner Vorliebe für Klassisches und eigene Kompositionen hatte ich lange für die leichte Muse nichts übrig. Mit 20, 21 hat das erst angefangen. Als ich meinem Vater begeistert die damaligen Hits vorspielte, sagte er: ›Junge, wie kann dir diese Musik gefallen, die ist doch entsetzlich!‹«. Doch seine gutbesuchten »humoristischen Liederabende«, bei denen er selbstgedichtete Witze am Klavier vortrug, wurden schon bald in der regionalen Presse gerühmt – Erhardt brachte es zum »Lokalmatador der guten Laune«. Über seine ersten Gehversuche als »Vortragskünstler« meinte er später: »Ich hatte mir ein kleines Programm erarbeitet, mit dem ich tingelte, das heißt, ich trat bei den verschiedenen Festveranstaltungen der Deutsch-Balten auf. Da ich immer dasselbe Publikum hatte, mußte ich mein Repertoire ständig erweitern.«

Schon damals wußte Heinz Erhardt, was eine gute Conference auszeichnet: »Eine gute Conference soll aus drei Teilen bestehen, wenn sie bestehen soll: nämlich aus dem ersten, dem zweiten und dem dritten Teil. Bei einer Konferenz ist es so ähnlich, nur ganz anders: Während bei einer Konferenz meistens nichts herauskommt, kommt nach einer Conference immer etwas heraus – und zwar die oder der, den oder die man gerade conferiert hat!« 1934 wirkte Erhardt als frischgebackener Kabarettist am Deutschen Schauspiel in Riga mit, wo er sich auch als Dirigent versuchen durfte. Im gleichen Jahr hatte er eine schicksalhafte Begegnung: »Ich war ein harmloser Langweiler, mit Hemmungen bis über die Hutschnur. So verschlug's mir erst einmal die Sprache, als ich knapp fünfundzwanzigjährig im Frühjahr 1934 einen Fahrstuhl betrat und mich urplötzlich einer jungen Dame gegenüber sah, die ein Wagenrad von einem Hut auf dem hübschen Kopf balancierte. Dann aber faßte ich mich und fragte klugerweise: ›Wollen Sie auch nach oben?‹ Wir befanden uns parterre. Die junge Dame meinte es jedoch gnädig mit mir. Sie lachte nicht Hohn, sondern sagte schlicht und ergreifend: ›Ja.‹ Woraufhin ich zuerst den vierten (für mich) und dann den fünften Knopf (für sie) betätigte. Im vierten Stock des Hauses befanden sich die Räume der berühmten Loge ›Schlaraffia‹, deren Mitglied ich werden wollte.

Die Fahrstühle in Riga fuhren seinerzeit glücklicherweise sehr langsam. Das gab mir die Möglichkeit, ein paar Sätze mit der schönen Unbekannten zu wechseln. Als mich der Fahrstuhl im vierten Stock ausspie, wußte ich wenigstens so viel: Die junge Dame hieß Gilda Zanetti, war als Tochter des italienischen Konsuls in St. Petersburg aufgewachsen und lebte nun mit ihrer inzwischen verwitweten Mutter – einer Deutschen – sowie mit ihren drei Geschwistern im fünften Stock eben dieses Hauses. Es konnte nicht ausbleiben, daß wir uns schon recht bald wieder trafen. Riga war eine kleine Stadt und die Zahl der Deutschbalten so gering, daß man sich immer wieder begegnete. Daß Gilda für mich die Richtige war, stand bei mir außer Zweifel, seit ich sie nach einem Konzertbesuch – ich erhielt ja durch unser Geschäft immer Freikarten – zum erstenmal ins Alhambra geführt hatte. Auch so ein Treffpunkt der Deutschbalten. Hier fand das Nachtleben statt. Hier wurde für damalige Verhältnisse ein ganz toller Hot geboten, und wer konnte, schwofte. Ich konnte leider nicht. Aber es gehörte zum guten Ton. Infolgedessen mühte auch ich mich auf allen Bällen redlich ab, womit ich meinen Partnerinnen allerdings keine Dienste erwies. Die reizende Gilda Zanetti war nun die erste, die überhaupt nicht schimpfte, wenn ich mehr auf ihren als auf meinen Füßen stand.«

Während sich privates Glück anbahnte, waren Erhardts Versuche, in Berlin Karriere zu machen, zunächst erfolglos. So bewarb sich Erhardt schließlich bei den Kabarett-Bühnen der »Kaiserkrone« in Breslau. Als Lückenbüßer sprang er für den erkrankten Peter Igelhoff ein, wurde aber vom Publikum gnadenlos ausgebuht. Schwer demoralisiert von dieser Pleite betrat der eingeschüchterte Erhardt die Bühne tags darauf mit angespannter, hilflos-frustrierter Miene – schließlich hatte er nichts mehr zu verlieren. Doch gerade dieser Gesichtsausdruck war es, der das Publikum vor Lachen von den Stühlen riß und ihm einen mehrmonatigen Vertrag sicherte. Fortan baute Erhardt alle Wortwitze auf genau dieser Mimik auf, die zum charakteristischen Markenzeichen seiner gesamten

Bühnenkomik wurde: »Viele betreten ja die Bretter, die die Welt bedeuten – und merken nicht, daß sie auf dem Holzweg sind«, lautete ein Spruch von Heinz Erhardt, der ganz bestimmt nicht für ihn selbst galt.

Keine zwölf Monate nach der Begegnung mit Gilda im Fahrstuhl hat Heinz Erhardt die Frau seines Lebens, mit der er bis zu seinem Tod zusammen war, geheiratet: »Ich weiß nicht, woher ich damals den Mut zur Familiengründung nahm, denn wir waren nach wie vor alles andere als auf Rosen gebettet. Wir gehörten zu den wenigen Ehepaaren, die ihre Hochzeitsreise wegen Kälte vorzeitig abbrechen mußten. Gleich am Hochzeitstag noch fuhren wir in die Flitterwochen, von Riga aufs Land. Das Haus konnte nicht geheizt werden, und so bekamen Gilda und ich kalte Füße. Nicht weil wir geheiratet hatten, sondern weil es da so lausig kalt war!«

Bei seinem zweiten Karriere-Anlauf in Berlin engagierte ihn der große Talentdecker Willi Schaeffers an sein »Kabarett der Komiker«, Heinz Erhardt beschrieb seine Anfänge in der deutschen Hauptstadt so: »Berlin war für mich anfangs durch kühle Agenten-Mienen, nutzlose Ferngespräche, wund geschriebene Offerten-Finger und die tägliche 40-Pfennig-Erbsensuppe bei Aschinger gekennzeichnet. Das ging so, bis ich am 9. Oktober bei Willi Schaeffers, dem Direktor des ›Kabaretts der Komiker‹ anrief und ihn fragte, ob ich ihn nicht sprechen könne. ›Weshalb?‹, fragte er. ›Engagement!‹ flüsterte ich zurück. ›Freitag halb zwölf‹, sagte er. Dann stand ich am Freitag mit sehr vielen anderen jungen Leuten vor einer Prüfungskommission und sang ›Reg dich nicht auf, mein Freund.‹«

Das Auftreten bei einer Nachwuchsmatinee im »Kabarett der Komiker« mit eigenen Chansons am Flügel war eine Sensation. Unter zehn Gastspielangeboten konnte der junge Heinz am nächsten Tag wählen. Von da an gab es für Erhardt keine engagementlose Zeit mehr. Lange Tourneegastspiele und Auftritte beim »Kabarett der Komiker« und in der Berliner »Scala« machten seinen Namen beim breiten Publikum bekannt. Hier trug er zum ersten Mal eigene, kleine Gedichte vor, und damals wurde der Satz »Noch 'n Gedicht« geboren.

»Hach, war ich aufgeregt damals«, entsann sich Heinz Erhardt. »Zum ersten Mal in meinem Leben trat ich in einem illustren Hause auf – die Scala in Berlin. 3.000 Menschen saßen mir zu Füßen und blickten zu mir hoch auf die Bühne. Dort saß ich ganz allein im Frack am Flügel. Leider hatte ich keine, sonst wäre ich fortgeflogen. Alles konnte mich sehen im Schein des Werferlichts, ich aber durfte niemanden sehen. Ich starrte nur in das Loch des finsteren Publikumsraumes, für diese Finsternis sollte ich muntere Chansons singen und spielen. Ich sang, ich spielte, da drang sie ein in mein Hirn, die Finsternis. Sie verschlang mich aber nicht, was sie doch sonst in gnädigen Fällen zutun hat. Nein, ich mußte immer noch für alle sichtbar dasitzen und wußte nicht weiter. Ich blieb einfach stecken. Die Musiker im Orchesterraum standen auf und dachten, mir sei was passiert. Die standen auf, also stand ich auch auf, ohne nach-

zudenken. Ich hatte ja meinen Faden verloren. Faden verloren, Faden verloren, das muß mir im Kopf herumgegangen sein, heute weiß ich es nicht mehr genau. Ich weiß nur noch, daß ich mich bückte, und einen gar nicht vorhandenen Faden von den Bühnenbrettern aufhob. ›Verzeihung, ich hatte meinen Faden verloren‹, sagte ich, hielt das imaginäre Ding mit spitzen Fingern hoch und steckte es in die Brusttasche meines Fracks. Das finstere Loch des Publikumsraums wurde da plötzlich sehr lebendig. Es applaudierte und lachte. Um zum nächsten überzuleiten, sagte ich ganz trocken: ›noch 'n Gedicht.‹ Das war ohne jeden Sinn und ohne Pointe. Aber die Leute lachten.«

Mit dem Film- und Tanzstar La Jana ging Heinz Erhardt auf Tournee, 1941 wurde der Brillenträger und Nichtschwimmer dann zur Marine (!) eingezogen. Man steckte ihn zunächst in ein Marine-Musikcorps: »Dortselbst schlug ich die große Trommel, immer auf eins und drei, bumm, bumm. Gelegentlich eines Konzertes spielten wir ein Charakterstück, betitelt ›Auf hoher See‹. Ich hatte 187 Takte Pause, und dann kam von mir ein Bums, der sehr wichtig war, weil der Dirigent damit erfuhr, auf welcher Position er sich befand. Leider kam mein Bums etwas zu spät, daher geriet der Dirigent aus dem Takt und der Klangkörper zum Lachen. Nachdem ich auf diese Weise erfahren hatte, daß man auch mit dem Zuspätkommen Heiterkeit unter

Menschen tragen kann, wurde ich Humorist.« So machte sich Heinz Erhardt später über seine Kriegstage bei der Marine lustig. Danach setzte er sich ans Klavier und betreute mit seinem eigenwilligen Repertoire die Truppe. Am Ende des Krieges wurde Heinz Erhardt in Kiel von den Engländern interniert. Nach seiner Entlassung begab er sich zu Fuß zurück nach Hamburg zu seiner Familie.

1945 – in Hamburg – konnte es dann erst recht aufwärtsgehen: im Wort- und Tonspiel des Hamburger Senders. Ein Bekannter nahm ihn im Oktober mit zum Nordwestdeutschen Rundfunk (NWDR). Hier arbeitete er sich flott zu einem der beliebtesten Funk-Humoristen hoch. Unter anderem mit der wöchentlichen Sendereihe »So was Dummes«. Der pfiffige Wortwitzler konnte dabei auch ein durchaus streitbarer Typ sein, das bewies er 1947 in seiner »Glosse der Woche«. In der Sendung hatte er die Rechte der Untermieter verteidigt, was ihm viele Dankesschreiben, aber auch eine Beleidigungsklage seines Hauswirtes Struwe einbrachte. In der Glosse erzählte er von einem Herrn Strüwer, der nur von weitem wie ein Mensch aussehe, von nahem aber wie ein Tier. Er habe einen Sonnenstich und könne Kinder nicht spielen sehen, weil er selbst keine habe. Vor Gericht verteidigte sich Erhardt in einem amüsanten Plädoyer: Herr Struwe brauche den Namen Strüwer nicht auf sich zu beziehen. Damit sei generell die Gattung unverständiger, hartherziger Hauswirte gemeint. Denn, so das Argument, wenn er statt Struwe Mai auf Maier und am meisten gesteigert hätte, könne ja jeder Hauswirt, der Mai hieße, ihn verklagen. Die Richter hatten wenig Humor und

„Mit dieser Bowle kann man ja die ganze Familie ausrotten!"

Willi wird das Kind schon schaukeln

verurteilten den Spaßvogel zu einer Geldstrafe von 5.000 Mark.

Die ersten eigenen Werke veröffentlichte Heinz Erhardt ebenfalls im Jahr 1947 in dem Gedichtband »Tierisches und Satierisches«. Später folgten noch weitere Bücher, unter anderem »Noch 'n Gedicht« und »Noch 'n Buch«. Er habe Bücher verbrochen, meinte Heinz Erhardt, »Bücher, die zuerst verlegt, dann wiedergefunden wurden.« Die meisten dieser Gedichte, Sketche und kurzen Prosatexte faßte der Fackelträger-Verlag 1971 für den absoluten Bestseller »Das große Heinz Erhardt Buch« zusammen. »Er dichtet eigentlich immer«, sagte seine Frau Gilda, »es ist sein Leben, er kann nicht anders.« Dagegen liebte Heinz Erhardt selbst das Understatement: »Im Jahr 1935 wußte ich noch nicht, ob ich Dichter oder Musiker werden sollte, ich habe beides nicht erreicht.«

Dabei machte sich Heinz Erhardt in den ersten Nachkriegsjahren auch als Komponist einen Namen – mit einer Oper! Er nannte sie »Die Zehngroschenoper«, weil sie nur ein Drittel so lang ist wie Brechts »Dreigroschenoper«. Sie wurde 1949 von den westdeutschen Rundfunksendern ausgestrahlt: »Sein Erstlingswerk ›Die Zehngroschenoper‹, ein Mittelding zwischen ernster Musik und satirischem Text... Mit 80 Mann Orchester und großen Chören. Er selber nennt seine Musik einen Kompromiß zwischen Verdi, Puccini und Wagner. Über Welle Hamburg und Bremen ging das 30-Minuten-Opus dreimal, über Frankfurt sogar viermal. Nur Radio München schickte die Partitur zurück. Mit dem Kommentar: ›Von Heinz Erhardt erwarten wir keine ernste Musik.‹ Das war Oktober 1948«, berichtete die Rheinische Post im Jahr 1950.

Zu Heinz Erhardts 70. Geburtstag wurde die Oper 1979 in einer neubearbeiteten Fassung, mit dem neuen Titel »Noch 'ne Oper« und in Starbesetzung mit Rudolf Schock, Margit Schramm, Evelyn Künnecke und Hans-Joachim Kulenkampff vom Zweiten Deutschen Fernsehen ausgestrahlt. Ausgegraben hatte das Werk Heinz Erhardts Sohn Gero, der es zusammen mit dem Erhardt-Schwiegersohn Jürgen Haacker fürs Fernsehen bearbeitet hat. Kameramann Gero ermöglichte es auch, daß sein Vater in der Rahmenhandlung des »mittelalterlichen Leidenschaftsdramas« selbst mitwirken konnte: Immer wenn es Heinz Erhardt, der seit seinem Schlaganfall rechtsseitig fast völlig gelähmt war und kaum noch sprechen konnte, besser ging, drehte er im eigenen Garten. Die Szenen vertonte er dann mit der Rundfunkaufnahme von 1949.

Sein Theater-Debüt hatte Heinz Erhardt 1946 in Hamburg mit dem Stück »Frauen haben das gerne« (von Arnold & Bach), drei Jahre später trat er zum ersten Mal in einem kurzen (Trick-)Film auf, über den Der Spiegel berichtete: »Er erweckt darin das ›Fräulein Mabel‹ aus seinem Couplet zum Leben. Als gezeichnetes Pin-up-Girl steigt es mit plastischen Formen aus dem Rahmen und singt mit seinem Funkpropagandisten ein Duett.« In den fünfziger Jahren gastierte er bei zahllosen »Bunten Abenden« und war im Sommer

immer auf Bäder-Tourneen unterwegs. Sein alter Bekannter Hans-Joachim Kulenkampff, der mit ihm bei einem »Meisterabend froher Unterhaltung« auf Tournee war, meinte dazu einmal: »Heinz hat eben nicht nur Humor gemacht, er hat ihn. Es ist ein Humor, der in seiner Mentalität verankert ist. Erhardts Witze wurden nie alt.« Kulenkampff konnte sich die gleiche Erhardt-Nummer immer und immer wieder ansehen und immer und immer wieder lachen.

Auch die ersten Schallplatten mit Songs von Heinz Erhardt wurden produziert: »Der Onkel-Otto-Walzer« (1952) und »Bobby Schick« (1953). »Jedes Jahr spiele ich einmal Theater. Das ist doch das Schönste«, hat Heinz Erhardt einmal gesagt. Seine ersten Theater-Tourneen unternahm er mit den Stücken »Verzeih, daß ich dich liebe« (1951), »Lieber reich, aber glücklich« (1953/54) und »Kleopatra, die Zweite« (1955). Mit dem Lustspiel »Das hat man nun davon« stellte er bis 1969 einen Rekord auf, er spielte es über 500mal und zog so Bilanz: »Von den 509 Vorstellungen waren 90 Prozent ausverkauft, neun Prozent gut besucht, nur ein Prozent war schlecht.«

Bald ergriff ihn der Film, zunächst mit Nebenrollen – einem Gesangsauftritt in *Gesucht wird Majora* (1949) und der Darstellung eines Fabrikanten in *Liebe auf Eis/Männer um Angelika* (1950) – doch Heinz Erhardt hielt seinen Start für nicht sehr günstig. Die beiden Filme machten ihm keinen Appetit, weiterzumachen: »Die waren schlecht, obgleich ich da mitspielte«, meinte er 1961 in einem Zeitungsinterview. Aber ab Mitte der fünfziger Jahre arbeitete Heinz Erhardt dann intensiv beim Film: Im Zeichen

der Wirtschaftswunder-Ära verkörperte er meist den Typ des »kleinen Mannes«. Als dauergestresster und komisch-vertrotteler Familienvater, biederer Beamter oder kleinkarierter Unternehmer spielte sich der Komiker mit dem Durchschnittsgesicht in die Herzen eines Millionenpublikums. Nur die Kultur-Kritik reagierte miesepetrig auf den Komiker-Koloss – etwa: »Klamauk ohne Tiefgang.« Dabei war der Kleinkunst-Spezialist Heinz Erhardt zum Beispiel in den von Erich Engels inszenierten Filmen *Witwer mit fünf Töchtern* (1957), *Vater, Mutter und neun Kinder* (1958) und *Natürlich die Autofahrer* (1959) voll in seinem Element: er durfte unbeholfen sein, naiv dreinschauen, sich geradezu kindisch freuen, mal kleine Lieder trällern oder Sketch-Einlagen geben.

Im Gegensatz zu vielen Filmkollegen, die sich im Gefallen am Klamauk vor der Kamera manchmal bis zur Lächerlichkeit überschlugen, war Heinz Erhardt als Schauspieler immer darum bemüht, mit möglichst kleinen und präzisen Gesten auszukommen. Absoluter Film-Höhepunkt war *Drillinge an Bord* (1959), in dem Heinz Erhardt den Drillingen Eduard, Otto und Heinz Bollmann Gesicht und Charakter leiht. Seinen Film-Humor wußte Heinz Erhardt sehr wohl abzugrenzen: »Ich bin voller Bewunderung für Chaplins Gags von Anno dunnemals. Ich freue mich besonders, wenn mein Film an die alte Stummfilm-Tradition anknüpft, weil doch sonst der lachträchtige Gag heutzutage nicht mehr so ernsthaft gepflegt wird wie einst. Man bedenke: In Stummfilm-Zeiten waren, wenn Chaplin, Buster Keaton oder Harold Lloyd ihre Späße trieben, im Atelier stets sogenannte Gag-men anwesend, und zwar

jeweils mehrere. Sie waren dazu da, während der Aufnahmen Gags zu produzieren, die die Szene urkomisch bereicherten. Sie erfanden ihre grotesken Bild-Pointen nicht am Schreibtisch, sondern in der Unmittelbarkeit der lebendigen Praxis.«

Was in den Anfangsjahren der Filmkomik die Gag-men leisteten, übernahm Heinz Erhardt bei seinen Filmen selbst, allerdings war dies in aller Regel keine Form der Improvisation, sondern harte Arbeit am Schreibtisch: »Wenn es der Produzent erlaubt, der Autor nichts dagegen hat und der Regisseur es gern sieht, ändere ich meinen Text oft um und ab. Ich schneidere mir die Sätze dann gewissermaßen auf den Leib. Manche meinen, daß meine Jonglierkünste mit der Sprache der Lebendigkeit eines Dialogs dienlich sind. Denn meine Stärke ist nicht in erster Linie das Optische, der bildliche Gag, sondern die Wortpointe. Meine Art ist es unter anderem, bestehende Redewendungen aus dem Alltag so zu verdrehen und neu zu komponieren, daß daraus groteske Wirkungen entspringen. Ein Beispiel etwa: Wer den Schaden hat, spottet jeder Beschreibung. Oder: Lieber eine tote Erbtante mit viel Geld im Haus als eine Taube auf dem Dach.«

Wenn Heinz Erhardt in einem Film allein das Feld der Komik beackerte, war dies stets von Erfolg gekrönt. Als er aber mit mehreren profilierten Komikern in einem Film zusammen spielte, hielt er das für »eine Katastrophe. Ich denke da an den Film *Kauf dir einen bunten Luftballon*. Die Kollegen Oskar Sima, Walter Gross, Gunther Philipp und Ruth Stephan waren mit von der Partie. Eine Bombenbesetzung, sagte sich der Produzent, dabei muß was herauskommen. Die Wahrheit:

Jeder von uns hatte vor des anderen Improvisation solche Angst, daß der Einzelne ganz brav seinen Part herunterspielte. Nichts von komischen Improvisationen und überschäumendem Komödiantentum. Ja, und das, finde ich, war ein echter Gag. Denn was bedeutet GAG, nimmt man's buchstabengetreu? Natürlich: Gut aber gefährlich.«

Im Kino war er ein Star und seine Theateraufführungen waren ausverkauft, vom Fernsehen hielt er sich allerdings zunächst fern: »Fernsehen ist gefährlich, da sehen einen immer gleich viele Millionen und gehen dann nicht mehr ins Theater, ins Kabarett, ins Kino, weil sie den Heinz Erhardt und sein Repertoire ja kennen. Als ich 1938 anfing, hat man mir gesagt, mit zwei Liedchen würde ich für mein ganzes Leben auskommen, weil es damals noch in jeder Stadt ein oder zwei Varietés oder Kabaretts gegeben hat.« Ständig mußte Heinz Erhardt sein Repertoire erweitern: »Von rechts wegen hätte man mir längst schon eine Schwerstarbeiter-Zulage bewilligen müssen. Es ist nämlich verdammt anstrengend, tagtäglich hunderte und manchmal tausende Menschen auf den Arm zu nehmen.«

Bei den Dreharbeiten zu *Vater, Mutter und neun Kinder* setzte sich Heinz Erhardt auf seine Brille. Ein Erhardt-Fan und Optiker behob den Schaden, im Gegenzug erhielt er einen Werbespruch gratis: »Tragen Sie ihre Brille mit Fassung aber nur von Optiker Lübke!« Ansonsten entwickelte sich Heinz Erhardt in den fünfziger und sechziger Jahren zum absoluten Reklamestar: Majonnaise und Fischkonserven, Dunlop-Reifen und Weser-Bergland-Möbel, Buttermilchbrot und Cotonova, Cirkel-Kaffee und Badedas,

Volkswagen und Fernsehlotterie – alle wollten und konnten mit Heinz Erhardt werben. Im April 1960 gründete Heinz Erhardt in Hamburg eine Produktionsfirma für Werbefilme und Werbeberatung. Die Heinz Erhardt Produktion (HEP) sollte ausschließlich Werbefilme für Fernsehen und Lichtspieltheater herstellen.

In einem der seltenen ernsthaften und nachdenklichen Gespräche mit einer Zeitung äußerte sich Heinz Erhardt im Sommer 1960: »Ich befinde mich momentan in einem Übergang, ich muß mich neu orientieren.« Und er zählte die Namen einiger bekannter Film- und Brettl-Humoristen auf, die an ihrer Masche zugrunde gegangen sind und die niemand mehr sehen will. Diesem Schicksal

wollte Heinz Erhardt entgehen. Dazu gehörte für ihn als erstes, daß er sich beim Film rarer machen wollte. »Wenn die Leute einen in drei Meter Größe auf der Leinwand sehen, dann sind sie hinterher enttäuscht, wenn man bloß mit einem Meter achtzig auf der Bühne steht.« Die besten Möglichkeiten, im Gespräch zu bleiben, sah Heinz Erhardt beim Funk und bei der Schallplatte. »Wenn das Publikum einen nur hört, dann ist es neugierig, einen auch persönlich einmal auf der Bühne zu sehen. Das ist die beste Reklame für Tourneen.«

Und einmal mehr distanzierte sich Heinz Erhardt auch in diesem Gespräch vom Fernsehen. Zwar hatte er seine eigene Werbefernseh-Gesellschaft gegründet, aber er trat

in seinen Werbefilmen nie persönlich in Erscheinung, sondern schrieb nur Texte und Drehbücher. Er hielt das Fernsehen seiner weiteren Karriere bei Bühne und Kabarett für abträglich: »Wer den Erhardt ständig auf der Mattscheibe hat, gibt kein Geld aus, sich ihn in natura anzusehen.« Doch schon Ende 1960 erlag Heinz Erhardt dem Reiz des neuen Mediums – »Erhardt dreht Fernseh-Filme« konnte man in den Zeitungen lesen.

»Warum ich nun doch televisioniere...«, überschrieb Heinz Erhardt eine Erklärung: »Seit jeher hatte ich große Angst vorm Fernsehen. Sie werden mich mit meiner Mattscheibe auf Ihrer Mattscheibe auch kaum entdeckt haben. Mit allen mir zur Verfügung stehenden Haaren und auch mit Haut habe ich mich gegen das Fernsehen gewehrt, solange und so gut es ging, denn ich habe mir immer vorgestellt: Da kommst du den Leuten ungebeten ins Haus, ob sie wollen oder nicht. Auf jeden Fall habe ich als Gast nicht die Rechte, wie ich sie im Kino habe. Dort gehen die Leute hinein und wissen ja, was ihnen blüht, wenn mein Name auf dem Plakat steht. Aus freien Stücken zahlen sie ihren Obolus und sind, wenn's ihnen nicht gefallen hat, selber schuld. Wenn ich ihnen im Fernsehen nicht gefallen habe, ist die Reaktion für mich viel unangenehmer. Sie sagen: ›Na, für meine fünf Mark kann ich aber auch besseres verlangen.‹ Denn freiwillig wollten sie mich ja vielleicht gar nicht sehen, sie mußten mich einfach über sich ergehen lassen.

Warum ich nun doch televisioniere und gleich mit drei Filmen in eigener Produktion? Schuld hat das Fernsehen. Es hat mich beauftragt. So bin ich ein Beauftragter des Fernsehens geworden, ohne deshalb nicht weiter die

Stirn zu haben, weiter zu filmen. Gleich zuerst komme ich Ihnen im Fernsehen spanisch vor. Besser gesagt: englisch. In meinem ›Abenteuer in Norfolk‹ bin ich am 13. Mai ein biederer britischer Ferienbürger, der auf einem verlassenen Landsitz in eine mysteriöse Kriminalgeschichte hineingezogen wird. Das ist gar nicht komisch und ulkig, sondern hoffentlich nur spannend. Falls Sie mich lieber blöd sehen wollen, können Sie später ›Eine gewisse Marietta‹ und ›Der Fachmann‹ sehen. Absichtlich wurde Norfolk an den Anfang gestellt, um zu demonstrieren, daß ich auch anders sein kann, als ich bin. Ist nun der Film schuld, daß sich das Fernsehen mit mir einläßt, liegt's nun an Ihnen oder an mir selber? Jedenfalls televisioniere ich im Sommer ohne Rücksicht auf Verluste mit drei neuen Stoffen weiter in eigener Produktion. Können Sie mir alles nach- und fernsehen?«

Seine Firma HEP produzierte insgesamt sechs Filmkomödien von jeweils rund 40 Minuten. Diese Filme fanden keine Fortsetzung, weil auch HEP keine Fortsetzung fand. Trotzdem begann damit eine kaum überschaubare Zahl von Auftritten Heinz Erhardts im bundesdeutschen Fernsehen: Er war in Fernseh-Operetten wie »Frau Luna« (1964) und »Opernball« (1971) zu sehen, er moderierte Unterhaltungssendungen wie »Psychologie des Alltags« (1964), »Musikauktion« (1964/65) und »Baden-Badener Roulette« und war in zahlreichen Shows zu Gast. Ab 1968 war er außerdem als Rezitator eigener Werke auf Tournee – auf die Frage, was er denn in seiner Freizeit tue, antwortete der Workaholic: »Ich bin beruflich tätig.«

Auf der Kinoleinwand war Heinz Erhardt ab Anfang der sechziger Jahre seltener zu sehen, er übernahm Nebenrollen in Revue- und Schlagerfilmen (*Die große Kür, Wenn man baden geht auf Teneriffa* – 1964) und hatte sogar Auftritte in zwei Karl May-Verfilmungen (*Das Vermächtnis des Inka* und *Der Ölprinz* – 1965) an der Seite von Stewart Granger und Pierre Brice. Da er auf den direkten Kontakt zu seinem Publikum auf gar keinen Fall verzichten wollte, ging er weiterhin auf Theatertourneen quer durch Deutschland. Und in seinen letzten vier Filmen variierte er seine Paraderolle des Finanzbeamten Willi Winzig, den er über 500mal auf der Bühne gespielt hatte (»wenn ich schon so lange eine Rolle auswendig lerne, dann soll es sich auch lohnen«): *Was ist denn bloß mit Willi los?* (1970), *Das kann doch unsren Willi nicht erschüttern* (1970), *Unser Willi ist der Beste* (1971) und *Willi wird das Kind schon schaukeln* (1971). Als kurz vor der Pensionierung stehender Finanzbeamter hilft Heinz Erhardt in *Was ist denn bloß mit Willi los?* kleinen Steuerzahlern, indem er ihre Steuerakten beiseite legt. Das fliegt natürlich auf, doch dem Krach folgt unerwartete Belobigung von höherer Stelle, aufgrund eines Mißverständnisses. Als Pensionär will er in *Unser Willi ist der Beste* durch Nebenbeschäftigung als Vertreter für Haushaltsgeräte seine Kasse aufbessern. Und in *Willi wird das Kind schon schaukeln* ist er ein anderer Willi, der als Geschäftsmann und Vereinsvorsitzender eines maroden Fußballklubs viele Probleme bewältigen muß.

„Des Mannes Zierde ist und bleibt sein Haar . . ."

Willi wird das Kind schon schaukeln

Zu Heinz Erhardts 70. Geburtstag am 20. Februar 1979 titulierte ihn die Tageszeitung Die Welt »Großmeister des Lachens« und fragte: »Doch kennt man ihn wirklich? War er nur der Spaßmacher vom Dienst im Film, auf der Bühne, im Kabarett und beim ›Tingeln‹? Gewiß, seine Verse brauchen als Echo das Lachen. Seine seltsam spröde, stets von einem hintergründigen Kichern umlagerte Stimme, seine linkischen Bewegungen und seine so typisch Erhardtsche Mimik, alles waren Charakteristika und Hilfsmittel, mit denen sich Heinz Erhardt seinem Publikum zu nähern und es zum Lachen zu bringen vermochte. Doch zu vermitteln war da fraglos mehr als nur Klamauk und Tageswitz. Zu vermitteln galt es da die Stimme eines ernsthaf-

ten Künstlers, der als Poet ebenso etwas zu sagen hatte wie als Schauspieler und vor allem als Mensch, der andere zum Lachen brachte, auch wenn ihm gar nicht nach Lachen der Sinn stand.«

Und im Münchner Merkur gratulierte die Journalistin Effi Horn: »Mit unbefangener Direktheit zielte er in seinen vielzitierten Versen wie in seinen Schwänken stets aufs Zwerchfell seiner Zuhörer, am liebsten in der Rolle des kleinen Mannes, der unvermutet nach oben kommt oder unter Einsatz eines gewissen Teddybär-Charmes eleganteren Rivalen eine Nase dreht. Wenn er in vermeintlicher Untertänigkeit über die Bühne kobolzte, konnten die Zuschauer dahinter schon den pfiffigen Dreh des heimlichen Sie-

gers ahnen.« Und einen Tag später hieß es in der Süddeutschen Zeitung: »Heinz Erhardt, 70jähriger Humorist, erhielt zu seinem Geburtstag am Dienstag Glückwünsche von Politikern aller Schattierungen. SPD-Bundesgeschäftsführer Egon Bahr bescheinigte dem Jubilar, er habe sich über Jahrzehnte mit großem Erfolg für eines der ›wichtigsten und schwierigsten Geschäfte eingesetzt: den Menschen Freude zu machen. Eine Prise Erhardt täte uns Politikern häufig gut.‹«

Drei Monate danach bekam Heinz Erhardt von Bundespräsident Walter Scheel das Große Verdienstkreuz verliehen. Ein hoher Beamter des Bundespräsidialamtes überreichte den Orden in Erhardts Hamburger Wohnung: »Die feierliche Zeremonie mußte zu Hause stattfinden, weil der schwerkranke Publikumsliebling nicht reisen darf. ›Er traut sich gar nicht mehr aus dem Haus‹, bedauerte seine Frau. ›Es geht ihm in letzter Zeit sehr schlecht.‹... Innenminister Dr. Gerhard Baum, der Erhardt für das Verdienstkreuz vorgeschlagen hatte: ›Die besonderen Verdienste von Heinz Erhardt sollen durch die Verleihung des Ordens eine gebührende Würdigung erfahren.‹ Gilda Erhardt: ›Damit hatte Heinz gar nicht mehr gerechnet. Er war sehr gerührt‹«, hieß es im Kölner Express.

Nur wenige Tage später, am 5. Juni 1979, gegen 7.30 Uhr morgens, stirbt Heinz Erhardt an Herzversagen, zu Hause in seinem Bett. Vor dem Tod hat der Meister seines Fachs nie Angst gehabt: »Denn alle, die gestorben sind, lassen nicht wieder davon

Mit Scheinchen an die Scheine
von Schwester Elvira (Erika von Thellmann)

ab«, sinnierte er einst ironisch. Zeit seines Lebens hat Heinz Erhardt gesammelt, was über ihn geschrieben wurde: »Da habe ich schon einen regelrechten Spleen. Von der Geburt an habe ich alles gesammelt. Das erste Dokument über mich war meine Geburtsanzeige. Da wurde mein Name zum ersten Mal in fetten Lettern gedruckt. Von einem ›strammen Jungen‹ war da die Rede. Ich bin sicher, daß mein Name, wenn ich von der Bühne des Lebens abtrete, noch einmal in fetten Lettern gedruckt wird.«

Michael Schwarze veröffentlichte in der Frankfurter Allgemeinen Zeitung einen treffenden Nachruf auf den Entertainer: »Grimmiger Humor war Heinz Erhardts Sache nicht, noch weniger ausgetüftelte Ironie. Er unterhielt sein Publikum mit Kalauern wie ›Kommen sie mir nicht mit oder, Herr Neiße‹, mit Sprachneuschöpfungen wie ›Schwotte‹, einer Mischung aus Schwabe und Schotte, er verdrehte die Sätze (›Hängt sich tot, schießt sich auf‹), er pflegte eine absichtsvoll betuliche Redeweise (›Sie kömmt nicht‹), er tat das, was im Deutschen respektlos Blödeln genannt wird. Reputation ist dafür nur in einem Land zu erhalten, in dem Menschen nie das groteske Gefühl beschleicht, sie könnten sich am Ende unter ihrem Niveau unterhalten haben. So hatte er wohl Erfolg, aber alles in allem nicht jene respektvolle Anerkennung gefunden, die dem professionellen, pointensicheren Witz gebührt... Wie alle Komiker, die den Deutschen ans Herz gewachsen sind, wie Millowitsch, Rühmann, Carrell oder Peter Alexander, hatte er etwas von einem großen Kind, das des dunklen Schicksals Nachsicht bedurfte. Tücke hätte in dieses Bild nicht gepaßt, genauer, je boshaf-

ter die Welt, desto argloser der Tor. Einen Verwandlungskünstler, hätte man Erhardt nicht nennen wollen, die Wiederkehr des Immergleichen machte geradezu seine Publikumswirksamkeit aus. Dies war nicht wenig in einer Zeit, die Ideen und Figuren so rapide verschlissen hat.«

Den Namen Heinz Erhardt in fetten Lettern gedruckt – das gab es ab 1982 in den deutschen Programmkinos, wo sich ein überwiegend jugendliches Publikum drängelte, um Filme wie *Immer die Radfahrer*, *Drillinge an Bord* und *Natürlich die Autofahrer* zu goutieren. Und in fetten Lettern erschien der Name des Hauptdarstellers daraufhin auch in den Zeitungen und Zeitschriften: »Jetzt hat ihn, plötzlich und völlig unerwartet, die junge

Cineasten-Generation zum humoristischen Idol gekürt, in den westdeutschen Programm-Kinos ist ein verblüffendes Erhardt-Revival im Gang ... Gehören nun Erhardt-Lustspiele zu den begehrtesten Nightshow-Vergnügungen; begeistert sind alle, ›ob Maurerlehrling oder Philosophie-Student‹. Im Berliner Filmkunst-Theater Klick etwa laufen die Erhardt-Possen seit dem vergangenen Herbst; anfangs, berichtet der Besitzer, ›war hier die Hölle los‹. Es sind deutsche Erzeugnisse, überwiegend aus den 50er Jahren, Werke von unerbittlicher Einfalt – der *Witwer mit fünf Töchtern* beispielsweise, *Der letzte Fußgänger*, *Natürlich die Autofahrer*... Wenn Erhardt, im Seefahrer-Schwank *Drillinge an Bord*, auf einem Schrankkoffer übers Deck eines schlin-

„Schämen Sie sich! Sie leisten sich so eine schöne Jacke — und meine Tochter muß im Hemd herumlaufen . . ."

Willi wird das Kind schon schaukeln

gernden Dampfers rutscht, wenn er beim Kapitän mit dem krachenden Kalauer: ›Ich bin Sänger. Mal sing ich Baß, mal besser‹ vorstellig wird, johlt das Jungvolk im Parkett ... Er war auch der virtuose Wortspieler, der listig die Sprache auf den Kopf stellte und Unfug aus dem Ärmel schüttelte – Kalauer vor allem, gereimten Nonsens ... Gleichzeitig enthüllt der Erhardt-Boom die neueste Stimmung unter den Cine-Freaks«, berichtete Der Spiegel im Juni 1983.

Während das Hamburger Nachrichten-Magazin sich in erster Linie über diesen Boom der Erhardt-Horror-Picture-Show erstaunt zeigte, wollten andere das Erhardt-Fieber als konsequente Abwendung von politischen Filmen erklären: »Die Faszination, die von den Erhardt-Filmen ausgeht, weist über das übliche Maß hinaus. Das ist kein Aufbewahren, kein wehmütiges Sich-Zurückerinnern, sondern eine tiefe Sehnsucht scheint die Beteiligten erfaßt zu haben. Unkritisch und bereitwillig taumelt man in die glorifizierten 50er, sie bieten scheinbar all das, was in den 80er Jahren Mangelware geworden ist: überschaubare Verhältnisse, eine gradlinige Politik, keine Umweltprobleme, eine saubere Familie – kurz, das *kleine Glück* aus bescheidenem Wohlstand und bürgerlicher Ruhe bestehend, mit der verbürgten Aussicht auf steigende Wachstumsraten«, interpretierte Hans Messias 1983 in der Film-Korrespondenz die Erhardt-Welle. »Eine spießbürgerliche Idealwelt, mit normierten Wert- und Moralvorstellungen. Wozu nach den Sternen greifen, d. h. auch die Energie zu einem solchen Griff aufbieten, wenn man sich mit weniger auch bescheiden kann und, wie man sieht, auch glücklicher wird?

Das scheint die uneingestandene Verlockung dieser Filme zu sein, dürftig durch den Komiker Heinz Erhardt verbrämt. Er macht es möglich, über die eigenen regressiven Sehnsüchte und Wünsche lachen zu können. Ein Alibilachen freilich, das die eigene Abgeklärtheit demonstriert, Kritikfähigkeit bezeugen soll, denn Lachen schafft Distanz. So kann man das Liebäugeln mit bürgerlichen Normen mit Vehemenz von sich weisen. Man selber ist eben nicht reaktionär, das sind immer nur die anderen. Während sich Teile der deutschen Filmschaffenden sorgenvolle Gedanken über den Fortbestand inländischer Filmkultur machen, für Kinobesitzer anspruchsvolle bundesdeutsche Filme, auch wenn sie im In- und Ausland mit Preisen überhäuft werden, immer noch ein kalkulierbares finanzielles Fiasko darstellen, wird anderen Ortes der deutsche Trivialfilm gefeiert. Die Auferstehung einer Sparte, die nichts zu sagen hat, nichts sagen will; künstlerisches Mittelmaß, für den Export kaum geeignet. Man muß es so deutlich sagen; die Armutszeugnisse von einst scheinen zu Wegweisern für die Zukunft zu werden.«

Und der Filmjournalist Kraft Wetzel mutmaßte über die Popularität des Komikers, ebenfalls 1983: »Vielleicht läßt sich der Zustrom des Jungvolks zu diesen Filmen sozi-

Elsa Wagner läßt sich von den Vorzügen des Geräts überzeugen

alpsychologisch als eine Art versöhnlicher Brückenschlag zu den Vätern interpretieren, die in den späten 60er und den 70er Jahren so heftig bekämpft wurden.« Heinz Erhardts Witwe Gilda hatte für den anhaltenden Erfolg ihres Mannes eine eher schlichte Erklärung: »Das Publikum möchte von unserer nicht sehr schönen Wirklichkeit abgelenkt werden. Egal, ob die Zuschauer 18 oder 80 sind. Sie verstehen den Humor meines Mannes.«

Dagegen kam die Autorin Armgard Seegers im Juni 1983 in der Zeit beim erneuten Anschauen der Erhardt-Filme zu dem Schluß, »daß die Deutschen eigentlich zu jener Zeit von einem Alptraum in den anderen gewankt sein müssen. Und das ist eben gerade das Komische. Denn lachen kann man nur, wo man selbst betroffen ist, wo man die Diskrepanz zum Perfekten sieht, wo sich ein Widerspruch zwischen Zweck und Mittel auftut. Heinz Erhardt ist kein Komiker des Mißlingens und Zerstörens. Damals wollte man positiver denken: Alles kann man, wenn man will, auch wenn man nicht zu den Schlauen und Schönen zählt. Katastrophen hatten die Deutschen gerade genug erlebt, jetzt hieß es Problemchen zu bewältigen, auch mit bescheidensten Mitteln. Da galt es störrische Kinder, engstirnige Regeln, bösartige Nachbarn oder widerborstige Ehefrauen und Geschwister anzugehen. Heinz Erhardt fiel dabei nicht auf die Nase, er haute sich auch nicht mit dem Hammer auf den Finger oder zersägte aus Versehen seinen guten Wohnzimmertisch. Statt dessen begegnete er aller Unbill des Alltags mit scheinheiliger Unschuld, die, begleitet von linkischen Bewegungen und verklemmtem Kichern, die Konflikte hinwegzufegen schien.«

Zu Heinz Erhardts 75. Geburtstag, den er nicht mehr erlebte, schrieb Rainer Jogschies 1984 im Deutschen Allgemeinen Sonntagsblatt: »Heinz Erhardt hatte eine saubere Weste. Er suchte nicht die Auseinandersetzung mit dem ›Vergangenen‹, das bis heute nicht vergangen ist... Der Vergleich mit dem französischen Altersgenossen Jacques Tati zeigt in bewegten Bildern, daß Heinz Erhardt sich nicht nur mit Vergangenem, sondern auch mit Zukünftigem nicht auseinandersetzte – von den Bedingungen der Gegenwart ganz zu schweigen. Das verborgene Chaos, das der gutmütige Monsieur Hulot, schlaksig und stets quer zum Bild, hervorruft, liegt nicht in seiner menschlichen Rolle als Nichtsnutz begründet, sondern wird beständig von der sozialen Hierarchie unter dem Deckmantel der bürgerlichen Wohlanständigkeit heraufbeschworen. Heinz Erhardt indes füllt den Film voll aus, da blieb kein Platz für etwas Hintergründiges.

Daß Heinz Erhardt mit seinen zukunftslosen Film-Geschichten bei der No-Future-Generation ankommt, ist die Wende seines Werkes – ein Witz der Welt-Geschichte. Das Prinzip heißt nicht Hoffnung, sondern Humor. Leiden ist lächerlich. Deutsch ist, wenn man ›trotzdem‹ lacht... In diesen Tagen wäre Heinz Erhardt 75 Jahre alt geworden. Sein Witz hat ihn überlebt. Fünf Jahre nach seinem Tod in aller Stille werden im Februar 1984 ›neue‹ Langspielplatten, ›neue‹ Bücher und seine Filme groß rauskommen. Es ist

„Ich bitte Sie — essen Sie endlich was! Ich kann Ihr Magenknurren nicht mehr hören!"

Willi wird das Kind schon schaukeln

nicht Nostalgie, sondern Notwendigkeit: die geistig-moralische Erneuerung zum Wiederaufbau nach dem humorlosen Sozialismus. Erhardts Witz ist heute hohe Politik, das Ghostwriting für den großen jungen Mann aus Oggersheim.«

In der Zeitschrift Konkret wurde Heinz Erhardt im Mai 1984 als »alte Mischung aus VW-Bulli und Schützenpanzerwagen« bezeichnet: »Heinz Erhardt sieht so aus, als ob er der alten Politikergarde dieses Landes entspringen würde. Er gleicht Figuren wie Oberländer, Globke, Seebohm, Erhard bis aufs Haar, die – durchweg mit Nazivergangenheit in den fünfziger Jahren die Politik unter Adenauer bestimmten«, meinte Autor Dietrich Leder. »Alles quadratische Biergesichter und auslaufende Fettberge, von der ersten Freßwelle die Speckschwarte unterm Gürtel geschwollen. Noch gar nicht durch die Lifting- und Stylingmaschinen der Werbeagenturen gelaufen, die das Aussehen der aktuellen Politikergeneration bestimmen... In einem Land, in dem Heinz Rühmann als Komiker gilt, mußte ein Heinz Erhardt zum Star werden. Folgerichtig auch seine Wiederkehr derzeit. Er ist der Humorist des öffentlich-rechtlich ausgewogenen Humors, der keinem schadet und allen frommt.«

Zu seinen komischen Vorbildern hat sich Heinz Erhardt nur sehr selten geäußert, dem Hamburger Abendblatt nannte er 1970 zwei: Felix Bressart und Buster Keaton. Der Autor Thomas Brandlmeier entdeckte für ein Essay im CineGraph noch einen anderen Seelenverwandten, nämlich den Berliner Komiker Wilhelm Bendow, über den Fred Hildenbrandt schrieb, was auch auf Heinz Erhardt paßt, »ein butterweiches Kugelgesicht mit großen Ohren, leichten Hängebacken, mit langem Altweibermund, Brille und wehleidigem Organ.«

Über die Filmrollen resümierte Thomas Brandlmeier: »Die Väter vom Typ Erhardt haben keine vermeintlichen Lebensweisheiten mehr, an die sie noch glauben würden, keinen Wissensvorsprung mehr, der der Bildungsoffensive standhalten würde, und schon gar keine Lebenserfahrung mehr, deren sie sich ernsthaft rühmen könnten. Ihre Sinnsprüche sind Sprüche und die Kinder merken es und nützen es schamlos aus. Autoritäre Muster greifen nicht mehr richtig, Ohrfeigen enden mit Abwiegelungsversuchen (*Witwer mit fünf Töchtern; Vater, Mutter und neun Kinder*). Von Beruf meist kleiner Angestellter oder Beamter, ist er zuhause ein hoffnungslos überforderter Möchtegern-Patriarch. Der amputierten Familienstruktur entspricht eine amputierte Struktur des Schwanks. Volker Klotz hat nachgewiesen, daß der Ehemann und Vater im klassischen Schwank regelmäßig nach dem 2. Akt in Unterhosen und verfänglicher Situation ertappt wird. Heinz Erhardt wird nach dem 2. Akt regelmäßig in der Küchenschürze und bei kulinarischen Übergriffen ertappt. Das Schandmal des großen Skandals ist reduziert auf die Scham des tuntigen Pyknikers. Der Pantoffelheld Erhardt erscheint von fragwürdigem Geschlecht. ›Wenn ich Mann bin‹, verkündet er in *Witwer mit fünf Töchtern*, ›dann bin ich es ganz‹. Der ökonomische Abwehrkampf seiner Ehefrauen verfängt sich ebenso im Wohlstandsspeck, wie der erotische Angriff der Ehefrauen in spe auf den Witwer und ewigen Junggesellen. Das Kulinarische zeigt den Wohlstand und ersetzt die Erotik. Heinz Erhardts Übergriffe auf seine heiratsfähigen Töchter, Nichten etc. erschöpfen sich regelmäßig in Kochtopf-Geknutsche und Törtchen-Grapschen.«

Vielen erfolgreich etablierten Show-Entertainern und Kabarettisten der jungen Generation diente der sprachgewandte und raffinierte Komiker Heinz Erhardt als Vorbild und Leitfigur für die eigene Karriere, so auch Otto Waalkes. »Wer jetzt in Erhardts Filme geht, ist höchstwahrscheinlich auch ein Otto-Fan«, schrieb Armgard Seegers 1983 in der Zeit. »Doch Otto und sein Publikum sind so alt wie Erhardts Witze. Otto ist einer von ihnen. Erhardt gehört zur Vätergeneration, noch dazu zur spießigen. Daß so einer auch komisch sein kann: da klappen einem ja vor Erstaunen die Fußnägel hoch. Erhardts Filme, in ihrer treu-deutschen Art, wirken denn auch auf die jüngere Generation eher wie Comics, realistisch und doch so fern von allem, was wirklich ist. Man schaut auf die Schablonenhaftigkeit des Verhaltens, die Zwanghaftigkeit der Handlungen und die Schlichtheit der Problemlösungen wie auf eine Spielzeugwelt, deutsches Entenhausen.

Aber einer ist dabei, der macht zwar das Gleiche wie die anderen, doch er findet's komisch. Er strengt sich nicht so an, als gelte es, einen neuen Lebensstil mit den Zähnen wieder aufzubauen. Während alle sich ernstlich plagen, steht Heinz Erhardt ›Cognac statt rum‹. Lässig zergrübelt er sich den Kopf darüber, was ein ›Apfel ohne -sine‹ oder ›die Vita ohne -mine‹ wären. Vor der Verbissenheit des zupackenden Wirtschaftswunders erscheint der Kontrast des Herumblödelns, die Beschäftigung mit absoluten Banalitäten besonders komisch. Daß man die Tugenden der fünfziger Jahre, die man uns heute wieder aufschwatzen will, auch so verstehen kann wie Heinz Erhardt, nämlich auf mitläuferisch lächerliche Art, das macht sein Verhalten aus heutiger Sicht eher reizvoll als spießig. Er ist keiner, der ellenbogenstoßend und eifrig etwas behauptet, er ist eher der grinsende Frager, der Möchte-Gern-Optimist, an dem leider nur mal wieder der Zweifel nagt.«

Bücher, Filme und Schallplatten des Schelms Heinz Erhardt sind unvergessen und beliebt wie eh und je, doch gibt es bis zum heutigen Tag kaum jemanden, der ihm wirklich das Wasser reichen kann... Denn: »Selbst wenn einer 100 Witze hintereinander erzählen kann, dann fällt er noch lange nicht unter die Humoristen, sondern höchstens auf die Nerven!«

»Ganz zuletzt« nannte Heinz Erhardt dieses Gedicht:

O wär ich
der Kästner Erich!
Auch wär ich gern,
Christian Morgenstern!
Und hätte ich nur einen Satz
vom Ringelnatz!
Doch nichts davon! – Zu aller Not
hab ich auch nichts von Busch und Roth!
Drum bleib ich,
wenn es mir auch schwer ward,
nur der Heinz Erhardt...

Fest von Buttercreme für Torten überzeugt

»Gesucht wird Majora«
Heinz Erhardt als Barpianist

Gesucht wird Majora
BR Deutschland, 1949
Erstaufführung: 2.9.1949
Produktionsfirma: Euphono
Produktion: Franz Vogel, Hans Gerhard Bartels
Regie: Hermann Pfeiffer
Buch: Theo Rausch
Kamera: Bruno Timm
Musik: Werner Bochmann
Lieder: »Stündlich, aber unverbindlich...«
Schnitt: Alexandra Anatra
Darsteller:
Hermann Speelmans (Will Blom)
Lotte Koch (Frau Dr. Otto)
Camilla Horn (Grit Faller)
Paul Henckels (Portier Wilkens)
Timm Nolte (Klaus Otto)
Harald Paulsen (Der eitle Harry)
Rudolf Therkatz (Dr. Neuhof)
Hans Zesch-Ballot (Prof. Mengler)
Werner Hessenland (Manzeiras)
Willy Millowitsch-Plank (Prack)
Heinz Erhardt (Barpianist)
Hans Müller-Westernhagen
Maja Tamara

Rechts:
Der Muschel entsteigt die Fee Maja Tamara,
Heinz Erhardt haut in die Tasten

INHALT

Das sind schon zwei ganze Kerle, Blom (Hermann Speelmans) und Prack (Willy Millowitsch-Plank), die hinter Majora her sind. Die Aufzeichnungen zu einer Erfindung sind verschwunden. Blom hat Frau Otto (Lotte Koch), die Frau des verstorbenen Erfinders, sowie deren Jungen Klaus ins Herz geschlossen. Er setzt alles daran, um der Mutter und ihrem Sohn zu ihrem Recht zu verhelfen. Für diese Erfindung gibt es viele Interessenten, auch solche, die vor einem Verbrechen nicht zurückschrecken, um sie in ihren Besitz zu bekommen.

Blom und Prack schalten einen nach dem andern der zweifelhaften Interessenten aus. Aber den größten Verbrecher haben sie nicht erkannt. Durch einen Mord gelangt dieser in den Besitz der Unterlagen. Natürlich jagen Blom und Prack dem Mörder die Unterlagen wieder ab. Dabei erringt Blom völlig das Herz des Jungen Klaus, aber ebenso die Liebe seiner Mutter. Dagegen muß Prack, sein treuer Helfer, eine alte Liebe begraben, weil er feststellen muß, daß die Frau, die er liebt, mit den Verbrechern zusammengearbeitet hat.

Eine Film-Bar namens Vineta spielte in dem Film eine wichtige Rolle, hier hatte Heinz Erhardt als Barpianist seinen ersten Auftritt vor einer Filmkamera: »Das spiegelnde Interieur, das bestens angezogene Publikum und manch zärtliches Stücklein des Orchesters wirken zwar mondän, aber harmlos. Und auch die entzückende Tanzeinlage nimmt voll und ganz für sich ein. Auf dem vornehmschwarzen Konzertflügel öffnet sich plötzlich eine geheimnisvoll schimmernde Muschel, Luftballons quellen aus ihr hervor wie riesige Perlen der Südsee, und dann entsteigt eine Fee – Maja Tamara – der gigantischen Perlmuttschale und tanzt ... Ihr folgen Camilla Horn und Heinz Erhardt mit einem schmissigen Foxtrottlied des allbekannten Werner Bochmann, der auch diesen Film musikalisch betreut: ›Stündlich, aber unverbindlich...‹ heißt es da, und Kurt Feltz war es, der sich den pikanten Text hatte einfallen lassen...«

Über die Dreharbeiten des »handgreiflichen« Films im Düsseldorfer Yachthafen schrieb die Rheinische Post im Mai 1949 unter der Überschrift »Ein Mann flog ins Wasser«, wie Regisseur Hermann Pfeiffer einen neuen Darsteller verpflichtet: Aufnahmeleiter H. Theo Grust schneidet »ein Stück von einer appetitlichen Wurst ab. ›Wollen Sie auch mal probieren?‹ Da dankend verneint wird, versucht er selber und bemerkt dazu: ›Für unseren neuen Darsteller.‹ Na, endlich erfahren wir etwas über ihn. Ob er während der Aufnahme Wurst essen müsse? Nein, nicht direkt während der Aufnahme. Aber unmittelbar vorher. Damit er in Stimmung komme.

Wir äußern den Wunsch, den Neuverpflichteten kennen zu lernen. ›Lux‹, ruft Theo Grust und hält eine Wurstscheibe hoch. So lernten wir den Erwarteten unvermittelt kennen. Ein prächtiger Schäferhund. Intelligente Augen und freundliches Wesen. Dafür, daß es sein erster Film ist, ein durchaus sicheres Auftreten. Ganz ohne die geringste Spur von Lampenfieber. Die Aufnahme selbst bewältigte er spielend. Straff zog er an der Leine des ihn haltenden Polizisten und sah gespannt auf Harald Paulsen, der in triefend nassem Anzug die Treppe heraufkam. Ja, natürlich, Harald Paulsen spielt auch mit, den ›eitlen Harry‹. So heißt seine Rolle. Unten schaukelt noch das Motorboot, aus dem Harry in der Szene vorher von Hermann Speelmans ins Wasser geworfen wurde. Es scheint eine kriminelle Angelegenheit zu sein, denn Speelmans hatte sich schnell eine weiße Schiffermütze aufgesetzt und war eilig mit dem Boot davongeprescht.«

WAS NICHT JEDER WEISS

Über den ersten nach dem Zweiten Weltkrieg in Nordrhein-Westfalen gedrehten Spielfilm, der 1986 im Westdeutschen Fernsehen ausgestrahlt wurde, hieß es aus diesem Anlaß unter der Schlagzeile »Ohne Willy wäre der Film verschwunden« im Westfalen-Blatt aus Bielefeld: »»Ich habe wahnsinnige Angst gehabt‹, gestand Willy Millowitsch, Angst vor seiner ersten Filmrolle im ersten Streifen nach dem Zweiten Weltkrieg in Nordrhein-Westfalen. Gesucht wird Majora hieß der Film, der bei heutigen Verhältnissen in der Sparte Krimi als absolut harmlos gelten würde. Doch damals, bei seinem Erscheinen 1949 in den Kinos, war er schon als Thriller anzusehen. Filmdebüt also für den alten Theaterhasen, Debüt aber auch für Heinz Erhardt, den unvergessenen Komiker, der in Majora einen Barpianisten spielte.

Willy Millowitsch ist es auch zu verdanken, daß dieser alte Film wieder gezeigt werden kann. Das Düsseldorfer Filmforum hatte sich vor einiger Zeit auf die Suche nach *Gesucht wird Majora* gemacht, denn das Negativ war in den 60er Jahren in Remagen verbrannt.

Fündig wurde man schließlich bei Willy Millowitsch, der aus seinem großen Fundus eine 16-Millimeter-Kopie zog. Trotz der neuerlichen Behandlung ist die Qualität des Filmmaterials recht schlecht, die Sprache teilweise kaum zu verstehen. Doch es macht Spaß, diesen Film zu sehen, mit seiner leicht verständlichen, manchmal etwas dünnen Handlung. Gemacht ist er, wie kann es anders sein, mit den Mitteln der Vorkriegszeit, doch ist es dem inzwischen verstorbenen Regisseur Hermann Pfeiffer gelungen, viel Spannung hineinzupacken.

Die Geschichte ist eigentlich schnell erzählt: Es geht um Majora, eine Formel für eine Baumwollfaser, die verschiedene Gruppen in ihren Besitz bringen wollen. Der Erfinder ist verstorben, hat sein Geheimnis aber wohlverwahrt hinterlassen. Nun gilt es, die Unterlagen zu finden. Sie landen, nach genießerischer Prügelei und wilden Verfolgungsjagden schließlich in den ›richtigen‹ Händen. Der Filmneuling Willy Millowitsch spielte an der Seite so bekannter Schauspieler wie Lotte Koch, Camilla Horn, Harald Paulsen, Paul Henckels, Wolfgang Lukschy und Hans Müller-Westernhagen, Vater von Marius. Und der Willy machte seine Sache prächtig. Allerdings mußte er damals seinen Namen in Millowitsch-Plank (der Name seiner Mutter) ändern, weil er eine ernste Rolle übernahm und der Produzent der Meinung war, sein richtiger Name wäre eine Belastung für diese Rolle.«

KRITIK

»Majora ist der Patentname für ein Verfahren zur Herstellung einer künstlichen Baumwollfaser. Daraus drehte Autor Theo Rausch den manchmal etwas dünn geratenen roten Faden des Drehbuchs für den Euphono-Film Gesucht wird Majora. Er hängte daran die Utensilien einer artig verbrämten Kriminalstory, mit Jagdhütte und Barmilieu, genießerischer Prügelei, Jagd per Schnellboot, nettem Werner-Bochmann-Schlager: ›Stündlich, aber verbindlich‹, und einer zuträglichen Portion Happy-End. Regisseur Hermann Pfeiffer, an Großaufnahmen sparend, filmte daraus ein Mosaik spannender Szenen... Im frisch renovierten Europa-Palast, mit 1.800 Plätzen eines der größten deutschen Kinos, ging die Premiere vonstatten. Im Vorgefühl kommenden Glanzes als Filmstadt des Westens ließ Düsseldorf vom Marx-Haus blaugoldene Fahnen über den Start des ersten in Düsseldorf gedrehten Nachkriegsfilms wehen. Lotte Koch machte im schweren Taftabendkleid die Honneurs. Das Publikum bemühte sich sehr, Majora zu suchen. Das Dickicht der Wirrnisse im Drehbuch machte es ihm schwer.« (Der Spiegel, 1949)

»Im friedensmäßig wiederhergerichteten Düsseldorfer Europapalast, der mit rund 1.800 Plätzen augenblicklich das größte Filmtheater Deutschlands sein dürfte, wurde der erste Euphono-Film aus der Düsseldorfer Produktion Gesucht wird Majora uraufgeführt. An diesem für die junge Landeshauptstadt denkwürdigen Tage, der sie endgültig zur Filmstadt stempeln sollte, wurde eine wochenlange Werbung mit Raketen bekrönt, die in den Sommerhimmel stiegen und lustig beflaggte Fallschirme auslösten, an denen Freikarten in die erwartungsvolle Stadt herniederschwebten. Fast amerikanisch, diese Reklame... Fast amerikanisch ist auch der Film. Das ›Fast‹ ist eine Einschränkung, leider muß das gesagt sein, aber es ist zugleich ein Trost. Auch ein reißerischer Kolportagefilm will gekonnt sein; die Amerikaner sind alte Routiniers in dieser Branche, und nicht erst heute haben sich deutsche Produzenten auf das Glatteis dieser geschäftstüchtigen Methode verleiten lassen. Da wird eine Bar zerdeppert, gerauft, geschossen, spioniert, sabotiert, Solo getanzt und Sekt getrunken, eine unheimliche Bergruine kommt vor und eine Verbrecherjagd in Motorbooten, kurzum: ein Mordsrummel. Aber jeder Ganove wird bestätigen, daß so etwas ganz anders gefingert werden muß, wenn es dufte sein soll, eben wie es die Amerikaner machen und wie es die Deutschen, letztlich zu ihrem Glück, nicht können. Ein Schritt weiter, und die beste, weil unfreiwillige Kriminalparodie wäre fertig gewesen. Hoffentlich spielt der Film soviel Geld ein, wie er soll, denn die junge deutsche Filmindustrie braucht nichts dringender als das. Oder braucht sie vielleicht doch etwas anderes noch dringender? Gesucht wird was? Der gute deutsche Film!« (Neue Ruhr-Zeitung Essen, 1949)

»Natürlich kommt Majora, das gestohlene Patent einer epochemachenden Erfindung, am Schluß glücklich wieder zum Vorschein. Aber unauffindbar bleibt das viel schmerzlicher vermißte, seit Jahren verschollene Rezept, in Deutschland wenigstens eine annehmbare filmische Hausmannskost zuzubereiten. In der Wochenschau wimmelt es von Leinwand-Prominenzen von vorgestern, die in einer Protestaktion die unverzügliche Rettung des deutschen Films fordern. Aber wenn sie einem dann begegnen, die geistigen Bügelfalten überalteter Stars und Chansonetten, die Brunnenvergifterphysiognomien losgelassener Provinzakteure, die schalen Witzeleien eitler Conférenciers und die dressierte Unnatur gestellter Kinderszenen, dann schweigt jede Debatte: Nicht finanzielle, sondern nur geistige Sofortmaßnahmen innerhalb der Produktion selbst können hier Wandel schaffen. Die beteiligten Damen und Herren seien nicht durch namentliche Nennung noch weiter kompromittiert, als sie es durch ihre Leistungen schon selbst getan haben.« (Hannoversche Presse, 1951)

»Der 5. Februar muß im Kalender alter und junger Düsseldorfer Filmfans rot angekreuzt werden. Er ist Tag der Erinnerung an eine Zeit, die märchenhaft fern, obwohl zum Teil nicht mal vierzig Jahre her ist. Damals, 1949, hatte der Berliner Filmpionier Franz Vogel vor, Düsseldorf zur Filmstadt zu machen. Er gründete hier die Euphono-Filmgesellschaft. Im Bunker am Paulsmühlenweg in Benrath fiel, nachdem die britische Besatzung die Genehmigung gegeben hatte, die erste Klappe. *Gesucht wird Majora* hieß der Krimi mit Camilla Horn, Paul Henckels, Willy Millowitsch, Hans Müller-Westernhagen, Heinz Erhardt und Werner Vielhaber aus dem Kom(m)ödchen-Ensemble. Ein Teil der Handlung spielt in den Chemielabors von Henkel. Majora ist nicht ein entführtes höheres Töchterlein, sondern das Patent auf eine Medizin. Der Mann, der es entwickelt hat, stirbt auf nicht genauer bezeichnete Weise (wohl in sowjetischer Kriegsgefangenschaft).

Auf den in einer Jagdhütte versteckten Schatz machen gleich mehrere Interessenten Jagd, unter anderem auch ein (süd!)amerikanischer Chemiekonzern. Den Nordamerikanern durfte so etwas wohl damals nicht unterstellt werden... der Film, dessen bislang einzige noch vorhandene Kopie aus Millowitschs Besitz stammt, wurde mit allen Mitteln der Technik und Chemie restauriert... Camilla Horn fühlt sich offenbar nicht sehr wohl als Marlene-Dietrich-Abklatsch, doch Millowitsch ist ganz in seinem Element. Es gibt Verfolgungsjagden zu Land und zu Wasser und sogar eine damals hochbrisante Äußerung zum Thema Atombombe. Vor allem aber – nichts von alter UFA-Herrlichkeit. Hier versuchte eine Gruppe Filmleute, im deutschen Unterhaltungsfilm einen neuen Anfang zu finden.« (Rheinische Post Düsseldorf, 1986)

»Stündlich, aber unverbindlich«
spielt und singt Heinz Erhardt

Heinz Erhardt als Fabrikant Meyer

Liebe auf Eis
(Männer um Angelika)
BR Deutschland, 1950
Erstaufführung: 4.8.1950
Produktionsfirma: H.M.K.
Produktion: Helmuth Schremenbeck
Regie: Kurt Meisel
Buch: Johannes Kai, Toni Schelkopf, Helmuth
M. Backhaus
Kamera: Heinz Schnackertz, Josef Illig
Musik: Friedrich Meyer
Lieder: »Bitte, bitte laß uns Polka tanzen«
»Immer das gleiche Lied«
Schnitt: Anneliese Schönnenbeck
Darsteller:
Margot Hielscher (Angelika Langhoff)
Kurt Meisel (Toni Staudtner)
Kurt Waitzmann (Kurt Frischauf)
Hannelore Bollmann (Jeanette Bergmann)
Friedrich Schoenfelder (Birger Sörensen)
Charlotte Witthauer (Charlotte Pappke)
Hubert von Meyerinck (Hoteldirektor)
Rudolf Schündler (Dr. Bergmann)
Gunther Philipp (Max)
Heinz Erhardt (Fabrikant Meyer)
Peter Wolf (Peter)
Sepp Nigg (Heini)
Otto Friebel (Otto)

INHALT

Spiegelglattes Eis, blitzende Schlittschuhe, der von den Schlägern in rasender Fahrt über das Eis gejagte Puck, in der Wucht des Angriffs zusammenkrachende Männerkörper, schwer gepanzerte Torhüter, Rundfunkreporter, Journalisten, Bildberichterstatter, schöne Frauen und die auf den Rängen der Tribünen tobenden Menschenmassen: Das ist das Bild des Olympia-Eisstadions in Garmisch-Partenkirchen während eines großen repräsentativen Eishockeyspiels.

Mittelpunkt dieses Spiels ist Toni Staudtner (Kurt Meisel), der beliebte und von den Frauen umschwärmte Crack des SC Rießersee. Nach einem rasanten Spiel, das die international bekannte Mannschaft des SC Rießersee gewinnt, trifft Toni auf Angelika Langhoff (Margot Hielscher), eine Pressefotografin, und versucht, an eine Jahre zurückliegende Freundschaft wieder anzuknüpfen. Aber Toni, der es gewohnt ist, daß es ihm die Frauen nicht besonders schwer machen, muß feststellen, daß er diesmal weniger Glück hat. Da sind noch zwei andere Männer, die sich ebenfalls um die Freundschaft Angelikas bemühen: Der Skispringer Birger Sörensen (Friedrich Schoenfelder) und der Rundfunkreporter Kurt Frischauf (Kurt Waitzmann). Auch ein Treffen mit Angelika auf der Zugspitze im Schneefernerhaus bringt Toni sei-

nem Ziel nicht näher. Auch hier wieder tauchen die beiden Rivalen auf, und es scheint ganz so, als ob Angelika sich für den liebenswürdigen Nordländer Birger entschieden hätte.

Als Toni schließlich erfährt, daß nicht Birger und auch nicht Kurt, sondern ein gewisser Peter (Peter Wolf) den ersten Platz in Angelikas Herz einnimmt, jagt er wütend und verzweifelt auf den Skiern ins Tal und kommt gerade noch zu einem Spiel zurecht, daß Rießersee als Vorrundenspiel um die deutsche Meisterschaft auszutragen hat. Aber die seelischen und körperlichen Anstrengungen waren zu viel für ihn, und durch seine Schuld verliert Rießersee. Eine letzte Chance bleibt der Mannschaft. Sie muß gegen EV Füssen gewinnen. Doch Toni Staudtner, von dem Sieg oder Niederlage in diesem Spiel mit abhängen wird, macht eine Dummheit nach der anderen.

Zu diesem Zeitpunkt tritt nun plötzlich der »dritte Rivale« Peter auf den Plan, und es passiert etwas, was Angelika ganz und gar nicht in den Kram paßt: Toni und Peter freunden sich schon bei ihrer ersten Begegnung an. Diese Freundschaft verläuft für Toni zunächst wenig ersprießlich, denn eine scharfe Auseinandersetzung mit Angelika ist die Folge. Mit ihr ist aber auch der Widerstand Angelikas gegen den Mann, den sie im Grunde genommen immer noch heiß liebt, gebrochen.

Und als beim großen Kampf um die Deutsche Meisterschaft es Angelika endlich gelingt, alle Mißverständnisse aufzuklären, fällt auch das Führungstor für die Rießerseer. Rießersee wird Meister. Angelika und Toni werden ein Paar, und keiner kann sich mehr darüber freuen als Peter. Warum? Das wird nicht verraten...

O-TON HEINZ ERHARDT

»Den meisten Leute ist alles wurscht, mir ist Wurscht alles.«

KRITIK

»*Liebe auf Eis* ist Margot Hielschers zweiter Film nach dem Kriege und der erste einer neuen Firma, die sie mitbegründet hat. Solche Pionierarbeit nutzt Fräulein Hielscher ruchlos aus. Die Kamera klebt an ihrem Gesicht, kein Stirnrunzeln Margots geht uns verloren. Die Handlung besteht darin, daß jeder gesunde Mann hinter Margot her ist, diese sich aber mit Anstand und Charme jedem entzieht, wenn er mehr will als singen und hüpfen. Erst auf den letzten Filmmetern schmilzt ihr Stolz. Kurt Meisel, Mitbegründer der Firma, Regisseur und Hauptdarsteller der Liebe auf Eis, wollte einen hübschen, gut verkäuflichen Film produzieren. Die sonnigen, bayrischen Schneeberge und einige erfahrene Berliner Komiker (Charlotte Witthauer und Hubert von Meyerinck) funktionieren für diesen Zweck nicht schlecht. Zu den Vorzügen des Films gehört außerdem der

Illustrierte
Film-Bühne
Nr. 793

Liebe auf Eis

HMK - Film
Liebe auf Ei[s]

schulterfreie Skianzug der niedlichen Hannelore Bollmann.« (Die Welt, 1950)

»Der neue deutsche Film *Liebe auf dem Eis* spielt in Oberbayern, am Fuße enorm hoher Berge; indessen sind die Gipfelpunkte der Komik, die der Film erreicht, weit weniger alpin... Der Film, in dem sehr viel Ski gelaufen und Eishockey gespielt wird, ist trotz seiner schönen Außenaufnahmen recht schlecht, seine Fabel ist dünn, wenig originell und in keiner Weise überraschend, seine Randfiguren sind mit jener vorsintflutlichen Derbheit gezeichnet, die vor 30 Jahren Dienstmädchen aus Pommern und Jugendliche unter 14 Jahren zum Lachen brachte. Indessen gibt er sich recht bedeutend mit gekippten Einstellungen, wirbelnden Montagen und gewichtigen Ansätzen, Lebensweisheit zu verbreiten, die dann etwa so aussieht: ›Ein Mann, der wirklich liebt, duldet nicht, daß seine Frau mit einem anderen flirtet.‹ Margot Hielscher, obgleich teilweise einseitig und ungünstig frisiert, wirkt auch hier noch durch ihren Charme und ihre schmeichelnde und liebenswürdige Stimme; Kurt Meisel spielt die männliche Hauptrolle, einstmals ein Darsteller des Wozzeck, des Franz Moor, des Hektor, des Henry in Wilders ›Wir sind noch einmal davongekommen‹, des Soldaten Tanaka, heute mit freundlichem Lächeln ein unverbindlicher, ganz nett aussehender Dutzendposeur. Schade also in jeder Beziehung.« (Sozialdemokrat, 1950)

»*Liebe auf Eis*, das hätte ein vergnügter Wintersportfilm aus dem Garmischer Schlittschuh- und Skiparadies werden können, heitere Unterhaltung, gute leichte Kost. Wenn man aber sieht, was Kurt Meisel mit seinen Drehbuchverfassern aus dem Gegenstand gemacht hat, geht einem die Liebe zum Unterhaltungsfilm einmal wieder mit Grundeis unter. Da tummeln sich zur nachmittäglichen Sportmodenschau auf dem Schneefernerhaus die Sambaprominenten, daß dem schlichten Bürger im Zuschauerraum angst und bange wird. Ein Rundfunkstar (Kurt Waitzmann), ein Skisprungsstar und ein Eishockeyprimadon (Kurt Meisel) umbalzen auf so trübsinnig komische Weise den aparten Photostar (Margot Hielscher), daß selbst die schöne Alpenlandschaft trüb und fade scheint ob all des Mißbrauchs, der mit ihr getrieben wird. In ganz wenigen Szenen zeigte wenigstens der Schauspieler Meisel, daß er etwas und was er kann. Aber das reichte nicht, um den Film des Regisseurs Meisel vor einem eklatanten Mißerfolg zu retten.« (Berliner Zeitung Ostberlin, 1950)

»Die *Liebe auf Eis* hätte man lieber auf Eis legen sollen, statt sie zu verfilmen. Das Hielscher-Meisel-Kollektiv sagte sich: Der Sport reißt mit und hat eine starke begeisterte Gemeinde – eine stärkere als der Film. So zeigten sie Eishockeykämpfe und flotte Skiläufe ums Zugspitzplateau. Drum herum bauten sie eine reichlich törichte Liebeshandlung: eine Hockey-Kanone, ein Skispringer und ein Sportfunkreporter rennen unentwegt in wachsender Eifersucht einer Sport-Pressefotografin nach. Ein Sportfilm müßte auch in seiner Gesamthaltung einen gewissen sportlichen Geist verraten. Aber dieses Katze-und-Maus-Spiel der Gefühle, das uns hier vorgeführt wird, diese platten Albernheiten der sogenannten komischen Figuren, zu denen sich Hubert von Meyerinck, Charlotte Witthauer, Heinz Erhardt und Rudolf Schündler hergeben – das alles wirkt um so kläglicher zwischen den ernsthaften Spielen der echten Hockeymannschaften und den Abfahrtsläufen hervorragender Skimeister. Besonders lächerlich ist der Schluß: In der letzten Sekunde schießt der enttäuschte, dem Suff ergebene Mittelstürmer das Entscheidungstor im Hockeykampf, als er endlich erfährt, daß er der Vater des sechsjährigen Sohns der Pressefotografin ist. Später Vaterstolz spornt müden Sportsmann zur Höchstleistung. Daß im Kino niemand pfiff, beweist, daß kein Sportbegeisterter dabei war, auf den das Hielscher-Meisel-Kollektiv unvorsichtigerweise spekuliert hatte.« (Der Tag Berlin, 1950)

Gähnen oder zubeißen,

das ist hier die Frage für Heinz Erhardt

»Drei Tage Mittelarrest«
Heinz Erhardt als Stadtschreiber Zippert

Drei Tage Mittelarrest
BR Deutschland, 1955
Erstaufführung: 9.9.1955
Produktionsfirma: Standard
Regie: Georg Jacoby
Buch: Bobby E. Lüthge, Klaus-Günter Neu-
mann, Georg Jacoby
Romanvorlage: nach dem Schwank von
Bobby E. Lüthge und Karl Noti
Kamera: Erich Claunigk
Musik: Michael Jary
Lieder: »Und im Grase sang eine Grille«,
»Das tut mir so wohl am Abend...«,
»Das ist die Nacht der blauen Träume...«
Schnitt: Martha Dübber, Ursula Reinfurth
Darsteller:
Ernst Waldow (Bürgermeister)
Grethe Weiser (seine Frau Klara)
Eva Probst (Grete)
Erwin Strahl (Oberleutnant von Feldern)
Maria Litto (Tänzerin Laja Patacki)
Walter Müller (Musketier Max Plettke)
Ruth Stephan (Köchin Auguste)
Elfie Pertramer (Dienstmädchen Frieda)
Ilse Petri (Dienstmädchen Bertha)
Willy Fritsch (Major von Faber)
Willi Rose (Feldwebel Krause)
Franz Muxeneder (Musketier Franz Nowalski)
Klaus Günther Neumann (Musketier Mielke)
Charles Palent (Musketier Junigkeit)
Günther Jerschke (Musketier Sanftmut)

Joachim Teege (Standesamtsdiener Storch)
Heinz Erhardt (Stadtschreiber Zippert)
Manfred Steffen (Adjutant)

INHALT

Seit die kleine Stadt Garnisonstadt wurde, ist der Bürgermeister (Ernst Waldow) nicht wiederzuerkennen. Schon immer kein besonderer Freund des Militärs, wird er durch den Wirbel, in den seine Stadt durch die Soldaten versetzt wurde, zum ausgesprochenen Militärgegner. Seine Frau (Grethe Weiser), die ihren Stammbaum von alten Militärs ableitet, versucht immer wieder, aber stets vergebens, einzulenken und auszugleichen. Nicht nur ihren militärischen Urahnen zuliebe, auch aus Gründen der Familienplanung. Da ist nämlich der fesche Oberleutnant von Feldern (Erwin Strahl), der ihr so gut gefällt, daß sie ihn gern zum Schwiegersohn hätte. Und auch ihr Töchterchen Grete (Eva Probst) sieht den schneidigen Offizier gern.

Als sich herausstellt, daß des Bürgermeisters Köchin Auguste (Ruth Stephan) heimlich ein uneheliches Kind geboren hat und der Vater unter den Soldaten zu suchen ist, geht der Bürgermeister zum offenen Kampf gegen das Militär über. Er fordert vom Garnisonskommandeur (Willy Fritsch) Genugtuung, die Ehrenrettung seiner Köchin: der fragliche

Soldat soll sich zu seiner Vaterschaft bekennen. Die Gegenüberstellung Augustes und der in Frage kommenden Kompanie führt nicht zum erhofften Ergebnis, denn der Schuldige hat es verstanden, sich zur Zeit dieses Appells »Drei Tage Mittelarrest« aufbrummen zu lassen. Daß sich der Musketier Nowalski (Franz Muxeneder) freiwillig als Vater meldet, weil ihm die verzweifelte Auguste vor der Kompaniefront leid tut, führt auch zu keiner Lösung. Auguste lehnt dieses großmütige Opfer ab.

Um den fortwährenden Stänkereien des Bürgermeisters endlich ein Ende zu setzen, verhängt der Kommandeur Ausgangssperre für das ganze Bataillon. Das bedauern natürlich die Soldaten, aber auch die weibliche Bevölkerung der Stadt und die Geschäftsleute. Und auch das Verhältnis des Oberleutnants zum weiblichen Teil im Hause des Bürgermeisters erfährt eine arge Trübung, als durch die Tollpatschigkeit seines Burschens Nowalski Frau Bürgermeister für die Geliebte des Oberleutnants gehalten wird. Der Bürgermeister ist dem Wahnsinn nahe und durch seine Dickköpfigkeit beginnt seine Stellung zu wackeln – außerdem stehen auch noch Neuwahlen an. Das ist für seine Frau der richtige Moment, um den Weg der Kompromisse zu gehen. Beide versuchen, einen Ersatzvater für Augustes Kind zu finden: Warum sollte nicht ein Zivilist der Papa sein? Während sie den Stadtschreiber (Heinz Erhardt) überredet, will er den Standesbeamten (Joachim Teege) für die Vaterschaft gewinnen.

Am Ende gibt es ein großes Versöhnungsfest, bei dem gleich drei Väter aufmarschieren, doch weder Stadtschreiber noch Standesbeamter oder der leibliche Vater kommen zum Zuge: Auguste wählt Kandidat Nummer vier, den Nowalski, der ihr vor der Kompanie helfen wollte...

WAS NICHT JEDER WEISS

Regisseur Georg Jacoby (1882-1965) drehte weit über 200 Filme, fast alle im unterhaltenden Genre. In zweiter Ehe war er ab 1940 mit Marika Rökk verheiratet: In modernisierten Operettenfilmen wie *Gasparone* (1937) und in Revuefilmen wie *Und Du, mein Schatz fährst mit* (1936) stellte er die musikalischen, tänzerischen und komödiantischen Qualitäten seiner Frau in den Vordergrund. Die erfolgreichen Filme der Nazi-Zeit wie *Kora Terry* (1940), *Frauen sind doch bessere Diplomaten* (1941) und *Tanz mit dem Kaiser* (1941) fanden nach 1945 zunächst keine Fortsetzung. Marika Rökk, die kurzfristig Berufsverbot erhielt, verlegte gemeinsam mit ihrem Mann ihr Domizil nach Österreich. In den unter sowjetischer Verwaltung stehenden Rosenhügelateliers der Wien-Film drehte Georg Jacoby drei Filme, einen mit Marika Rökk (*Das Kind der Donau*, 1950) und zwei ohne (*Frühling auf dem Eis*, 1951; *Das Herz einer Frau*, 1952), doch sie fanden keinen Anklang beim Publikum – zumal Jacoby von seinen Auftraggebern dazu veranlaßt worden war, sich vom Illusionskino zu

entfernen. Sozialistischer Realismus war angesagt, auch wenn er partout nicht zum Musikfilm passen wollte. Danach griff Jacoby wieder auf bewährte Rezepte zurück, drehte reihenweise Remakes eigner und fremder Erfolge wie *Drei Tage Mittelarrest* (1955) oder setzte Marika Rökk wieder als Star in Szene wie in *Nachts im Grünen Kakadu* (1957) oder ein Jahr später in *Bühne frei für Marika*.

O-TON HEINZ ERHARDT

Obwohl Heinz Erhardt bereits 1949 in *Gesucht wird Majora* und 1950 in *Liebe auf Eis* vor der Filmkamera gestanden hatte, gab er regelmäßig den Film *Drei Tage Mittelarrest* als Start seiner Filmkarriere aus. Den Einstieg ins Filmgeschäft beschrieb er so: »Kaum hatte ich das zarte Alter von 46 erreicht, als man mich auch schon entdeckte – und zwar auf einer winzigen Bühne in einem witzigen Stück. Das Publikum scharte sich in Scharen um das Geschehen, aber, wie ich später erfuhr, weniger meinetwegen, als wegen einer bedeutend jüngeren Kollegin, die es meisterhaft verstand, ihre Rolle vor allem zu verkörpern! Hauptsächlich die Filmproduzenten, die ja immer auf der Jagd nach jungen Talenten – besonders, die weiblichen Geschlechts sind – sind, eilten in rauhen Massen herbei, um den Maßen der Künstlerin nachzuspüren... schließlich aber kam einer dieser Herren nicht nur ins Theater, sondern auch auf die Idee, daß eigentlich ich den Maßen der Breitwand eher entspräche! Also – und das spricht für den Fachmann! – bot er mir für ein Filmvorhaben, das nach einem Drama eines gewissen Franz Grillparzer

gedreht werden sollte, eine der Hauptrollen an mit der Bemerkung, er habe an den Autor wegen der Vergebung der Filmrechte bereits geschrieben... ›Vergebung‹, sagte ich, ›aber Grillparzer ist meines Wissens seit langem tot!‹ – ›Oh‹, meinte der Produzent, ›deshalb hat er wohl auch nicht geantwortet.!‹«

KRITIK

»Wie beglückend, den ranzigen ›Humor‹ der alten Militärschwänke endlich wieder einmal aus dem verdienten Grab gerissen zu sehen! Bobby E. Lüthge, unvermeidlicher Altmeister deutscher Heimatfilme, hat mit seiner nimmermüden Feder den Text geschrieben, beseligt durch den bejahrten Schmiß, der aus dem alten Soldatenlied klingt: ›Wenn die Soldaten durch die Stadt marschieren...‹ Der Film spielt um die Jahrhundertwende, wohin er auch geistig gehört, und er geht in seiner exakt historischen Treue unter der Regie von Georg Jacoby so weit, daß er von seinem vor über fünfundzwanzig Jahren gedrehten Vorbild kaum zu unterscheiden ist. Man benötigt dringend etliche Mollen, um den penetrant-muffigen Militärklamottenstaub hinunterzuspülen, den sich da alte und junge Filmhasen nicht entblödeten, mühsam eineinhalb Stunden aufzuwirbeln.« (Berliner Morgenpost, 1955)

»Georg Jacoby erinnerte sich des alten Militärschwanks und frisierte ihn. Grethe Weiser, sehr madamig, und Maria Litto mit tanztüchtigen Beinen, Willy Fritsch sehr kavalierig und Heinz Erhardt mit groteskem Ulk, Ilse Petri als reizendes Dummchen und Walter Müller als unverwüstlicher Spaßvogel, Ernst Waldow (in der Adalbert-Rolle) und Willy Rose mit großer Schnauze, wie gehabt, unterwarfen sich den Schwank-Absichten der Regie.« (Hamburger Anzeiger, 1955)

»Die Wirklichkeit läßt sich offenbar nirgends so publikumswirksam verharmlosen wie im ›Soldatenschwank‹. Dieser ›Mittelarrest‹ spielt in der ›guten, alten Zeit‹, weil da ja ohnehin das Soldatenleben lustig war. Die Feldwebel brüllten, die Rekruten waren einfältig oder gerissen, die Offiziere liebe Leute, die Zivilisten fast noch komischer als die komischen Rekruten. Der Irrtum solcher Filme ist, zu glauben, daß Komik nicht präzis dargestellt zu werden braucht. Der wirkliche Irrtum aber liegt tiefer.« (Die Welt, 1955)

»›Es war in der guten alten Zeit, die noch so geruhsam war, daß man selbst beim Anblick einer Kaserne noch lachen konnte‹,

meint ein Sprecher im Vorwort zu diesem Film. Bei dem, was sich dann über die Leinwand quält, kann man höchstens noch weinen. Der Dialog schwankt zwischen Plattheiten und Geschmacklosigkeit dahin, ausgemergelt von der Anstrengung, 80 Minuten ausreichen zu müssen. Das klingende Spiel bekannter Namen des komischen Metiers verhallt unter der Anstrengung jedes einzelnen, sich so unauffällig wie möglich aus der Affäre zu ziehen. Wo hundertmal abgedroschener Klamauk billigster Art herhalten muß, die Blößen der Einfallslosigkeit des Regisseurs (Jacoby) notdürftig zu verhüllen, muß selbst Grethe Weiser kapitulieren.« (Mannheimer Morgen, 1955)

»Fade Erinnerung an Preußens Gloria. Posemuckel wird Garnsionstadt. Bürgermeisters Töchterlein ist das nur recht; denn unter dem Mieder bubbert das Herzchen für einen schicken Gardeleutnant. Sonst spielen: Ein schnauzender Spieß, Musketiere abwechselnd in Uniform oder Unterhosen, eine Köchin nebst unehelichem Kind, ein kleiner Halbidiot und andere Witzlinge, die ständig kalauern und faule Witze reißen. Grethe Weiser, Ruth Stephan, Eva Probst. Ernst Waldow, Klaus Günther Neumann, Willy Fritsch und andere haben sich für diesen schalen Zweitaufguß anstellen lassen.« (Der Tag Berlin, 1955)

»Der Major hat einen Bart, und der Spieß und der Musketier Plettke – den längsten Bart aber haben hier die Witze. Die gehen etwa so: Was soll ich denn mit der Dame machen, Herr Oberleutnant? – Mann, fragen Sie nicht so dumm, spielen Sie von mir aus Schach mit ihr. – Ich kann aber nicht Schach. Darf ich vielleicht Domino spielen? So lustig war's bei

Preußens. Und so fröhliche Lieder sang man: ›Und im Grase sang eine Grille, und da hab ich meinen Schatz geküßt‹. Männer in Unterhosen und Frauen in Unterhosen, Männer in Frauenkleidern und krachende Betten, ein uneheliches Kind und drei falsche Väter – aus Bobby E. Lüthges Kalauerfabrik kamen diese Einfälle. Ruth Stephan bringt einige menschliche Züge in diesen Film, der eine Neuauflage des 25 Jahre alten Militärschwanks ist. Nun: aufgewärmter Kohl ist Geschmackssache. Manchem schmeckte er.« (Der Abend Berlin, 1955)

»Remakes auf der ganzen Linie und obendrein der stolze Kassensturz von *08/15*! Da müßte man schnell den alten Soldatenschwank ausgraben, sagten sich Bobby E. Lüthge und Regisseur Georg Jacoby. Die beiden garantieren dafür, daß der Kommiß als Stimmungsmacher nicht angetastet wird, im Gegenteil, die Devise ist nun wieder ›lustig ist das Soldatenleben‹. Da feiern also wiederum alle die breiten, lauten Soldatenulks sehr bequem fröhliche Urständ. Von der Fahnenflucht halten uns Mitwirkende wie Grethe Weiser, Ruth Stephan und Joachim Teege zurück.« (Telegraf Berlin, 1955)

»Wenn man diesem Filmschwank aus Bobby E. Lüthges anscheinend unerschöpflichem Witzarchiv glaubte, dann hätte das Soldatenleben in den ›vergangenen Tagen‹, auf die unsere Vergnügungsindustrie sich so gern beruft, nur aus Bettgeschichten mit Dienstmädchen, Suff und Tanzerei bestanden. Georg Jacobys Film ist eine Sammlung bunt garnierter Plattheiten aus alten Schubladen, über die jedes weitere Wort verloren wäre. Es ist zum Weinen, daß viele Leute immer noch darüber lachen und den Produzenten damit

eine fadenscheinige Rechtfertigung ihres
Tuns verschaffen. In den Hauptrollen
bemühen sich Walter Müller und Franz
Muxeneder im Souterrain der Musketiere,
Willy Fritsch und Ernst Waldow in den höhe-
ren militärischen und zivilen Chargen um die
Herstellung von Heiterkeit. Grethe Weiser,
Maria Litto und Ruth Stephan erproben ihre
Wirksamkeit in verschiedenen Varianten
weiblicher Situationskomik billigster Art.«
(Der Tagesspiegel Berlin, 1955)

»Regisseur Georg Jacoby muß wohl selber
kein gutes Gewissen gehabt haben, als er diesen primitiven Kasernenhofschwank herun-
terdrehte. Er verlautbarte dazu, daß er weder
einen wehrfreudigen noch wehrzersetzenden
Film machen wolle (was ihm gelungen ist),
sondern daß nur der köstliche Humor ihn
verführt habe und die ›höchst museale
Komik‹ der Uniformen von 1910... Es geht
um das uneheliche Kind einer Köchin, das –
sozusagen – mit sämtlichen Kommißstiefeln
breitgetreten wird. Gipfel des Witzes: ›Das
Kind ist vom Storch!‹ – weil natürlich ein
Mann namens Storch vorhanden ist (dessen
Episoden-Darsteller Joachim Teege ein Lichtblick dieses Streifens ist). Wenn schon die
Kasernenhofblüte des deutschen Films nicht
mehr aufzuhalten ist – dies hier ist eine
Distel.« (Münchner Merkur, 1955)

»Heinz Erhardt und J. Teege wird man sich
als sichere Komiker in den Nebenrollen merken müssen.« (Münchner Abendzeitung,
1955)

Falsche Väter in zivil: Joachim Teege und Heinz Erhardt

»Ich und meine Schwiegersöhne«
Heinz Erhardt als Dr. Mindermann

Ich und meine Schwiegersöhne
BR Deutschland, 1956
Erstaufführung: 4.5.1956
Produktionsfirma: Real
Produktion: Gyula Trebitsch
Regie: Georg Jacoby
Buch: Gustav Kampendonk
Kamera: Erich Claunigk
Musik: Michael Jary
Lieder: »Ich hab' dir aus Ägypten einen Kaktus mitgebracht«
Schnitt: Walter Wischniewsky
Darsteller:
Grethe Weiser (Agathe Zausel)
Walter Giller (Fred Windberg)
Rudolf Platte (Dr. Otto Zietz)
Christiane Jansen (Gisela)
Gisela Tantau (Karin)
Bibi Johns (Tilde Tarloni)
Ursula Herking (Dr. Dora Stingel)
Heinz Erhardt (Dr. Mindermann)
Ingrid Lutz (Olly)
Kai Fischer (Fräulein Lisa)
Oskar Sima (José Pampanillo)
Paul Henckels (Herr Gramberg)
Bully Buhlan (Theo Brockmann)
Wolfgang Wahl (Karl Löschenkohl)
Werner Finck (Dr. Koch)
Ruth Hagen (Sekretärin)
Ludwig Linkmann (Hauswart Zielke)
Es tanzen: Maria Litto und Heinz Schmiedel

Es singen: Bibi Johns, Bully Buhlan, Nana Gualdi und die drei Peheiros

INHALT

Agathe Zausel (Grethe Weiser) hat von ihrem verstorbenen Mann eine Spielzeugfabrik geerbt, die leider nicht mehr recht floriert. Dr. Otto Zietz (Rudolf Platte), ihr Lieblingsschwiegersohn, will als leidenschaftlicher Bastler dem Umsatz mit einem Düsenflugzeug im Westentaschenformat auf die Sprünge helfen. Leider wird bei der nächtlichen Erprobung des Prototyps ein Bild des seligen Zausels derart in Mitleidenschaft gezogen, daß Otto das seiner Schwiegermama wohlweislich verschweigt.

Ein kleines Geheimnis vor der resoluten Witwe hat auch ihr jüngerer Schwiegersohn Fred Windberg (Walter Giller), ein talentierter Schlagerkomponist. Da er zu Hause bei seiner Frau Karin (Gisela Tantau) nicht komponieren darf – Schwiegermama hat etwas gegen Musiker –; leistet Fred sich heimlich eine zweite Wohnung. Das führt dazu, daß sein Schwager Otto bei Agathes anderer Tochter Gisela (Christiane Jansen) in den falschen Verdacht gerät, sie zu betrügen. Mutter Zausel will ihm das schleunigst austreiben und wird entsprechend aktiv.

Nicht einmal Dr. Mindermann (Heinz Erhardt), seines Zeichens Nervenarzt, ist ihr gewachsen, als sie irrtümlich in seiner Praxis landet. Eine jahrhundertealte Erfahrung besagt: »Wenn du eine Schwiegermutter hast, so gib deinen schauspielerischen Fähigkeiten etwas Spielraum und spare nicht mit süßholzraspelnden Komplimenten. Lebe nie auf Kriegsfuß mit ihr, sie wird dann das scharfe Beil der Unterdrückung und Bevormundung begraben.« Vielleicht hätte diese Weisheit Fred und Otto vor viel Unheil bewahrt, doch die beiden – aber auch die Schwiegermutter – werden erst durch Schaden so klug...

WAS NICHT JEDER WEISS

Der Arbeitsausschuß der FSK (Freiwillige Selbstkontrolle der Filmwirtschaft) gab der Filmkomödie keine Jugendfreigabe. Die Begründung der Beurteilung nach § 6 des Gesetzes zum Schutze der Jugend in der Öffentlichkeit vom 3. Mai 1956 lautet so: »Der Film behandelt das Thema einer herrschsüchtigen, taktlosen Schwiegermutter, die sich in die jungen Ehen ihrer beiden Töchter einmischt, um sie zu unterstützen, damit ihre beiden Schwiegersöhne gefügige Ehemänner werden. Dabei kommt es zu unglaubwürdigen, zweideutigen Verwicklungen und Verwechslungen, immer um das Problem des Ehebruchs herum, der faktisch nicht besteht. Das Ganze ist mit zotigen Frivolitäten gespickt, die man heranwachsenden jungen Menschen nicht bieten kann. Aber nicht um der textlichen Entgleisungen willen ist der Film für Jugendliche ungeeignet, er ist in der Gesamtanlage verlogen und seicht. Der Erpresser wird zur Witzfigur gemacht, der einer idiotischen Umwelt gegenüber völlig freie Bahn hat. Die Kabarettsängerinnen sind kleine Hurchen neben ihren Managern als Galane und ›Bräutigame‹. Die Psychiater sind konstruiert Blödsinnige. Eine aufgesetzte Situationskomik versucht hektische Lacherfolge zu bewirken. Der Film bietet rein gar nichts, was die abträgliche Wirkung der Themenbehandlung auch nur entfernt wettmachen könnte. Er wurde einstimmig für Jugendliche abgelehnt.«

O-TON HEINZ ERHARDT

»Blicken Sie mir mal in die Augen, in sämtliche Augen. Setzen Sie sich und schlafen Sie. Wann hatten Sie zum ersten Mal ein Bedürfnis – ein Bedürfnis, in fremde Taschen zu greifen?«

»Wir sind gefallen, einem Irrtum zum Opfer.«

Illustrierte Film-Bühne

Nr. 3243

Nr. 21

Ich und meine Schwiegersöhne

KRITIK

»Witwe Agathe Zausel: Grethe Weiser. Eine ihrer zwerchfellerschütternden Schwiegermütterrollen. Diesmal tobt sie als Chefin einer Puppenfabrik ihr unverwüstliches Temperament an den beiden Schwiegersöhnen (Rudolf Platte und Walter Giller) aus. Die haben nichts zu lachen, wir im Parkett vor der Leinwand um so mehr. Höhepunkt des vom Regisseur Georg Jacoby flott inszenierten Filmschwankes ist das Terzett Heinz Erhardt, Werner Finck und Ursula Herking, die sich als Nervenärzte um die falsche Patientin bemühen. Da hat man wahrlich Mühe, vor Lachen nicht vom Stuhle zu fallen.« (Lüneburger Landeszeitung, 1956)

»In diesem witzsprühenden Film hat der Regisseur Georg Jacoby etliche Trümpfe der Heiterkeit ausgespielt: Grethe Weiser als Schwiegermutter Agathe sowie Walter Giller und Rudolf Platte als Schwiegersöhne, die von ihr erzogen werden. Daß dabei eine tollkomische Situation die andere ablöst, kann man sich denken. Bei ihrem Bemühen, die Seitensprünge ihrer Schwiegersöhne aufzudecken, gelangt Agathe sogar als Patientin in eine Nervenklinik, wo ausgerechnet Werner Finck und Heinz Erhardt als Irrenärzte auftreten. Trotz vieler turbulenter Szenen

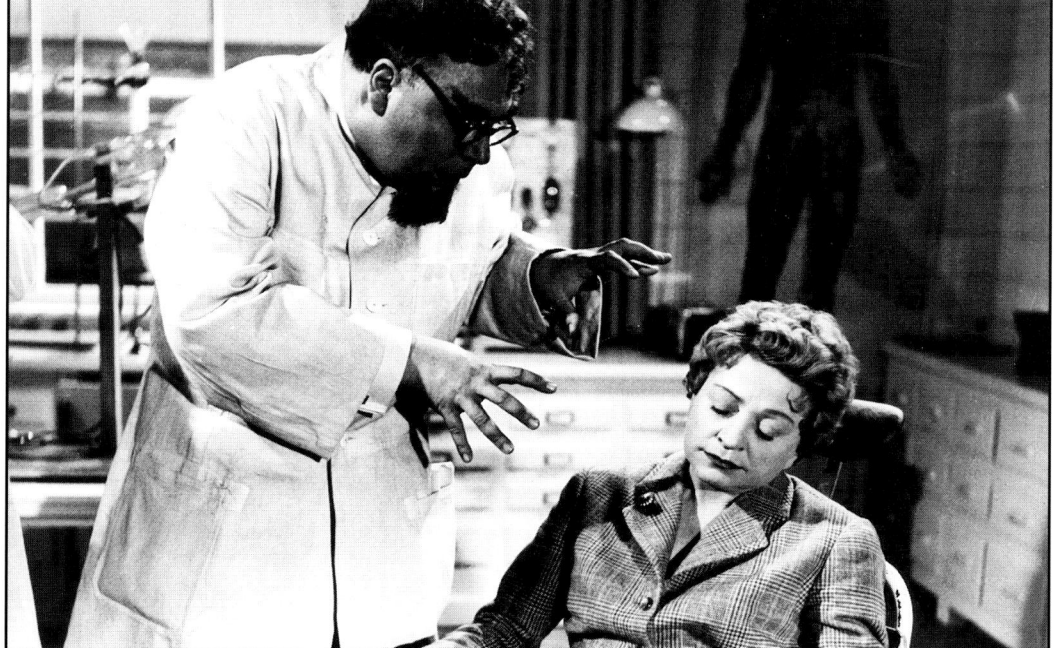

Oben: Die resolute Grethe Weiser mit ihren Töchtern Gisela Tantau und Christiane Jansen
Unten: Grethe Weiser als schwieriger Fall für Nervenarzt Heinz Erhardt

behält der Film überall Niveau und rutscht nie in einen allgemeinen Klamauk ab. Musikalische Einlagen mit Chansons von Bibi Johns und Bully Buhlan und kleine Tanzrevuen bringen auch noch andere Saiten zum Klingen.« (Weser-Kurier Bremen, 1956)

»Grethe Weiser (als Schwiegermutter) hat es nicht leicht mit den Männern ihrer Töchter, die an ihrer geistigen Zurechnungsfähigkeit zweifeln. In manche Situationen platzte fröhliches Gelächter. Viele Gags waren darauf angelegt. Georg Jacoby, der Regiemann, hat Erfahrungen auf diesem Gebiete und nie Angst vor richtigem Klamauk. Rudolf Platte und Walter Giller müssen mancherlei (ihres Humors) aufwenden, um neben der paradierenden Grethe nicht abzufallen. Gisela Tantau und Ingrid Lutz sind reizende junge Mädchen; auch Christiane Jansen. Bibi Johns, Bully Buhlan sind die Anwälte der Noten Jarys. Spaßmacher Werner Finck und Heinz Erhardt.« (Hamburger Anzeiger, 1956)

»›Ich‹ – das ist natürlich Grethe Weiser. Und die Schwiegersöhne? Na, die haben anscheinend allerhand angestellt. Man munkelt von Geheimwohnungen, von nächtlichem Damenbesuch, von Einbrüchen und Schlägereien... Grethe Weiser hat also nach dem Rechten zu sehen – ein Auftrag, der ihr liegt. Bedauerlich nur, daß aus diesem Auftrag keine Rolle geworden ist, keine Rolle, die dem großen Talent dieser prachtvollen Schauspielerin auch nur entfernt gerecht wurde. Kampendonks Drehbuch und Georg Jacobys auf Tempo bedachte Regie sorgen zwar für einen flotten, etwas klamaukigen Verwechslungsschwank mit hundert Verwicklungen und immer neuen komischen Situationen,

aber den Eindruck, daß da oben auf der Leinwand Menschen, richtige Menschen agieren, gewinnt man kaum einmal. Und die Weiser ohne ›Kern‹, ohne herzhaften, menschlichen Zuschnitt der Rolle, kann auch nicht zaubern. Bis alles wieder im Lot und in der rechten schwiegermütterlichen Liebe ist, gibt es allerlei buntes Zeug zu sehen und zu hören, so etwa ein paar neue Schlager von Jary und ein Puppenballettchen mit Maria Litto und dem früher an der Kölner Oper engagierten Solotänzer Heinz Schmiedel. Erfreulich bei allem, daß die Weiser nicht überdreht, daß Künstler wie Henckels und Linkmann mit wenigen Strichen einen Charakter umreißen können und daß man gewissermaßen im Vorübergehen mal eben Wiedersehen feiern kann mit Bibi Johns, Ursula Herking, Werner Finck und Heinz Erhardt. Die bedrängten Schwiegersöhne sind bei Walter Giller und Rudolf Platte gut aufgehoben.« (Kölnische Rundschau, 1956)

»Ob sie will oder nicht, die arme Schwiegermutter muß halt immer wieder einmal daran glauben. Denn in diesem Thema, und darauf baut der deutsche Lustspielschreiber, liegt Zündstoff genug für ganze Salven von Publikumsgelächter. Auch sonst kommt einem in diesem Film einiges schon nicht mehr so ganz neu vor. Die Grethe Weiser aber, als Heldin des Stücks und mit dem schönen Namen Agathe Zausel, belebt auch diesmal wieder alle 90 Spielminuten. Die beiden Ehemänner ihrer Töchter haben es nicht leicht, denn sie führt ein strenges Regiment, und jede Eskapade, jedes Abenteuerlein wird gleich als Seitensprung geahndet und verfolgt. Die robuste Verfolgungsjagd bedingt natürlich Seitensprung-Inszenierungen aus

Revanchegründen, und so fällt man aus einer bewegten Familienszene in die andere, bis Regisseur Georg Jacoby sich erbarmt und den gordischen Knoten, sämtliche Schwiegermama-kontra-Söhne-Verwicklungen, mit einem drastischen Sprung zum Happy-End entwirrt.« (Stuttgarter Zeitung, 1956)

39

»Die gestohlene Hose«

Heinz Erhardt als Ferdinand Kofler

Die gestohlene Hose
BR Deutschland, 1956
Erstaufführung: 17.5.1956
Produktionsfirma: DFH
Produktion: Otto Meissner
Regie: Geza von Cziffra
Buch: Peter Trenck
Kamera: Willy Winterstein
Musik: Michael Jary
Schnitt: Helga Kaminski
Darsteller:
Susanne Cramer (Edith Martens)
Ruth Stephan (Grete Giesemann)
Siegfried Breuer jr. (Hans Wellner)
Peter Weck (Toni von Rabenstein)
Margarete Haagen (Tante Amalie)
Oskar Sima (Sebastian Wellner)
Paul Westermeier (Wilhelm Meyer)
Heinz Erhardt (Ferdinand Kofler, Diener)
Hubert von Meyerinck (Signore Ricoli)
Lotte Lang (Köchin)
Beppo Brem (Gendarm)
Rudi Hofstetter (Heurigensänger)
Rudolf Carl (Hausmeister)

INHALT

Grete Giesemann (Ruth Stephan) hat mit ihrer Freundin, der Kunststudentin Edith Martens (Susanne Cramer), eine reizende Junggesellenwohnung in Wien gemietet und einen Tag zu früh bezogen. Toni von Rabenstein (Peter Weck), der etwas vertrottelte, gutmütige Sohn von Gretes Tante Amalie (Margarete Haagen), nimmt Grete, in die er schüchtern verliebt ist, gleich am ersten Abend zu einer Geburtstagsfeier nach Grinzing zum Heurigen mit. So bleibt Edith in der neugemieteten Wohnung allein. Zur gleichen Zeit melden der Wiener Hotelier Sebastian Wellner (Oskar Sima) und sein leichtlebiger Sohn Hans (Siegfried Breuer jr.) das Verschwinden ihres Dieners Ferdinand Kofler (Heinz Erhardt) und einer nagelneuen Hose, deren Taschen mit Dollars und Schweizer Franken gefüllt waren. Die Polizei will sofort steckbrieflich nach Ferdinand fahnden.

Hans Wellner, der spätabends in seine Wohnung kommt, findet in seinem Bett ein Mädchen, das über sein Eindringen empört ist. Tatsächlich will Hans, dessen Onkel Wilhelm Meyer (Paul Westermeier) für ihn die Wohnung vermietet hatte, ausziehen, um auf Wunsch seines Papas in Tirol die Hotelbranche zu erlernen. Am nächsten Morgen, bevor Hans das Feld geräumt hat, erscheinen Tante Amalie und Grete, um die möblierte Woh-

nung zu besichtigen. Hans zieht geistesgegenwärtig die gestreifte Dienstjacke seines ungetreuen Ferdinand an und tut so, als ob er die Koffer seines verreisten Herrn abholen will. Tante Amalie ist entzückt von seiner liebenswürdigen Art, und da sie ohnehin einen Diener für ihr Schloß sucht, das sie nach zehn Jahren Besatzungszeit wieder bewohnen will, engagiert sie ihn vom Fleck weg. Als Hans hört, daß auch Edith und Grete zunächst aufs Schloß Rabenstein sollen, sagt er natürlich prompt zu.

Hans, allein geblieben in der Wohnung, wird durch den zurückkehrenden »richtigen Ferdinand« überrascht. Nicht nur die angeblich gestohlene Hose, sondern auch sämtliche Devisen bringt er zurück. Daß die hübsche Kunststopferin ihn mit seinem Lieblingsgericht und noch mehr Verliebtheit so lange aufgehalten hatte, dafür konnte der brave Ferdinand gewiß nichts. Nach einigem Zögern ist Ferdinand schließlich bereit, mit Hans Wellner die Rolle zu tauschen: Aus Hans wird Ferdinand auf Schloß Rabenstein, und aus Ferdinand wird Hans bei Signore Ricoli (Hubert von Meyerinck), dem Hotelbesitzer in Tirol.

Schloß Rabenstein entpuppt sich zwar als Bruchbude, die unbedingt verkauft werden muß, aber die jungen Damen Edith und Grete und die jungen Herren Toni und Diener Fer-

40

dinand alias Hans kommen sich immer näher. Als Tante Amalie Edith und »Ferdinand« bei einem Kuß überrascht, muß Hans wohl oder übel seine vertauschte Rolle beichten. Möglich, so meint er, daß sein Vater das Schloß zum Hotel umbauen läßt und ihn zum Inhaber macht, vorausgesetzt, daß er sich gleichzeitig verheiratet. In diesem Moment platzt der Landgendarm herein: er entlarvt »Ferdinand« als den steckbrieflich gesuchten Hosen- und Devisendieb und schleppt ihn mit zur Wache. Tante Amalie, von dieser Wendung verwirrt, glaubt Hans jetzt Wort mehr.

Im Tiroler Hotel des Signore Ricoli hat inzwischen auch den echten Ferdinand sein Schicksal ereilt. Er ist ein vollkommener Versager und macht alles verkehrt. Signore Ricoli beschwert sich telefonisch bei Sebastian Wellner über dessen faulen, dummen, ungeschickten Sohn. Wellner sen. ist außer sich über die Untaten »seines Sohnes«, von denen er hört, während er sich gerade wegen des Schloßverkaufes berät. Da fragt auch noch die Polizei aus Rabenstein an, ob ein Ferdinand Kofler sein Sohn sei. Aber Wilhelm Meyer klärt seinen alten Freund über alles auf.

Am nächsten Tag, bei der feierlichen Übergabe des Schlosses, ist die Begegnung des echten und falschen Sohnes unvermeidlich. Wellner sen. nimmt jetzt mit Schadenfreude Rache an der Jugend, die ihn derart an der Nase herumgeführt hat. Er begrüßt Ferdinand als seinen Sohn und gratuliert ihm zur Wahl Ediths. Doch damit die Verwechslung nicht auf die Spitze getrieben wird, darf Edith, die schon in Tränen ausbrechen will, die väterlichen Ohrfeigen an Hans verabfolgen. Sie werden sehr sanft und enden in einem Kuß, den sich auch Toni und Grete geben.

Illustrierte Film-Bühne
Nr. 3259

HEINZ ERHARDT IN

Die gestohlene Hose

WAS NICHT JEDER WEISS

»Auch Heinz Erhardt spielte seine erste Filmrolle bei mir, in dem Film *Die gestohlene Hose*, den ich in Göttingen drehte«, erinnert sich Geza von Cziffra in seiner Biographie »Kauf dir einen bunten Luftballon«: »Die weibliche Hauptrolle war der bildhübschen, männerfressenden Susanne Cramer anvertraut. Ich muß zugeben, wir ließen uns alle sehr gerne von ihr fressen. Sie starb unter tragischen Umständen in Hollywood an Schlafmittelvergiftung. Man weiß bis heute nicht, ob es ein Unfall war oder Selbstmord. Fast unter den gleichen Umständen starb in München, noch vor ihr, ihre beste Freundin Renate Ewerts... Sie war tablettensüchtig.«

KRITIK

»Die Hose ist natürlich nur vermeintlich gestohlen worden, und damit ist einer der Angelpunkte für eine ganze Serie von Verwechslungen und Verwicklungen gegeben, mit denen das Handlungsgerüst dieses neuen Filmschwanks von Geza von Cziffra angefüllt ist. Zwei junge Berlinerinnen (Ruth Stephan und Susanne Cramer) geraten noch mit in diesen Wirbel, an dem ursächlich der luderlebige Hoteliers-Sohn Hans Wellner (Siegfried Breuer jr.), Heinz Erhardt als ewig blödelnder Diener Ferdinand und besagte Hose beteiligt sind... Die Sache zieht die unvermeidlichen Kreise, Wellner sen. (Oskar Sima) weiß nicht mehr, woran er ist, und Erhardt-Ferdinand bringt mit unnachahmlicher Blödheit den Betrieb eines eleganten Kur-Hotels durcheinander, Tante Amalie (Margarethe Haagen) erkennt ihr kleines Schloß, das zum Hotel umgebaut werden soll, nach zehn Jahren Besatzung kaum noch wieder, fällt durch die Decke und bald darauf fast in Ohnmacht... ach ja, es ist schon recht turbulent... Zu der bewährten Komikergarde mit Oskar Sima, Margarethe Hagen und Paul Westermeier ist noch Heinz Erhardt gestoßen, dessen eigenwillige Blödeleien ein wenig zur Belebung des ansonsten zuweilen altbekannten Film-›Humors‹ beitragen. Die jüngere Generation bemüht sich nach Kräften, es der alten gleichzutun, und nach den gezeigten Ansätzen darf man wohl annehmen, daß auch sie bald unser gewohntes Niveau erreicht haben wird. Von Cziffra hat sich bemüht, dem Schema des Verwechslungsulks ein paar neue Seiten abzugewinnen, und so läuft denn der Streifen nicht immer nur in den schon sattsam bekannten Gleisen. Konventionell und bar origineller Einfälle ist jedoch Michael Jarys Musik, und Willy Wintersteins Photographie überläßt die Komik – von rudelweise auftretenden Gags abgesehen – zumeist dem Dialog. Als erfahrener Filmschwank-Produzent weiß von Cziffra indessen, was er seinem Publikum schuldig ist, und so werden die Liebhaber dieses Genres ohne Zweifel auf ihre Kosten kommen.« (Erlanger Tageblatt, 1956)

»Eine Groteske im Stile der Ufa-Super-Klamotten *Sieben Jahre Pech* und *Sieben Jahre Glück*, die einem vielleicht nur aus der Sicht der Erinnerung heraus noch einfallsreicher erscheinen. Die Story legt auf Wahrscheinlichkeit keinen Wert. Im Grunde kann man auch gar nicht von einer zusammenhängenden Handlung sprechen. Es sind einfach Charaktere und Schauplätze zusammengestellt, die möglichst viel Gelegenheit zum Geschirrzerbrechen, Zusammenbrechen mit Stühlen, Durch-Falltüren-Fallen, zu dummen Bemerkungen, Ohrfeigen, Verwechslungen und zum Zertrümmern von Mobiliar versprechen. Das ist mit Konsequenz durchgeführt. Die Liebesgeschichte, die sich als roter Faden durch das Ganze zieht, hat Hand und Fuß, ist sauber konstruiert und läßt, wenn man geneigt ist, die Grundvoraussetzung zu akzeptieren, daß hier Blödsinn Trumpf ist, die Geschichte kaum noch unwahrscheinlich erscheinen. Das Gute an diesem Film ist zweifellos seine Ehrlichkeit. Er will Groteske und nichts als das und versucht nicht, sich als Lustspiel zu verkaufen, wie das leider bei vielen Filmen nicht nur der deutschen Produktion der Fall ist. Wer eigentlich die Hauptrolle spielt, ist schwer zu entscheiden. Da ist Heinz Erhardt, erfrischend blöd wie immer. Oskar Sima, Paul Westermeier und Hubert von Meyerinck stehen ihm kaum nach. Glänzend auch Beppo Brem und, in einer ganz kurzen Charge, Rudolf Carl.« (Westfälische Rundschau Dortmund, 1956)

»Zum Titel: Er könnte auch genausogut *Die zerquetschte Eisbombe* oder *Die verbrannte Hand* heißen. Ich sah nicht viel von Hosen. Zur Handlung: Ein Schwank mit einem vielversprechend heiteren Anfang, einem großen Loch mit viel Langweile, zwischendrin aber manchmal auch die komischsten Überrumpelungen, und zum Schluß eine herzhafte Gaudi. Zu den Darstellern: Wenn Heinz Erhardt auftaucht, schwimmt man in Tränen und sieht keine anderen mehr, mögen sie Ruth Stephan, Oskar Sima oder Margarethe Haagen heißen. Zu dumm, daß er so selten taucht. Ich meine, auftaucht.« (Kölnische Rundschau, 1956)

»Heinz Erhardt hat zusammen mit Ruth Stephan die Hauptlast auf seinen massigen Schultern zu tragen und entledigt sich dieser Aufgabe mit hinreißender Komik. Ansonsten ist der Film wie die meisten seiner Vorgänger – nicht besser und nur wenig schlechter.« (Mannheimer Morgen, 1956)

»Das ist ein lautes, vorwiegend schwankhaftes Spiel im österreichischen Schloß- und Hotelmilieu mit vertauschten Rollen und den üblichen Zutaten des Genres... Sympathisch Susanne Cramer und Siegfried Breuer jun., belachenswert Ruth Stephan, wie sie ein Heurigenlied zum besten gibt. Ein rechter Jungtrottel Peter Weck. Außerdem Margarete Haagen, Sima, Westermeier, Meyerinck und Heinz Erhardt, der ganz trockene Komik serviert.« (Telegraf Berlin, 1956)

»Alle Achtung! Dieser Lehrfilm für Filmseminare (Kapitel: Klamotte) läßt wirklich nichts aus. Da gibt's Verwechslungen und Mißverständnisse, unfreiwillige Bäder und deutliche Witze, Türen stürzen, Fenster stürzen, Teller stürzen, Menschen stürzen – das Ganze ist mit einem Wort: bestürzend. Dabei sieht die junge Susanne Cramer wirklich reizend aus, und Ruth Stephan und Heinz Erhardt zum Beispiel haben doch schon bewiesen, daß sie auch anders können. Hier aber fallen auch sie auf die Nase. Geza von Cziffra fabrizierte diesen Schwank.« (Der Abend Berlin, 1956)

»Klamauk ist laut Sprachbrockhaus eine ›lärmende Veranstaltung‹. In der Tat geht es bei der Vorführung dieses Films sowohl auf der Leinwand als auch im Zuschauerraum recht lärmend zu. Das Publikum schreit vor Vergnügen, wenn die betuliche Margarethe Haagen durch ein Loch im Fußboden fällt oder die urkomische Ruth Stephan ein Opfer des Wiener Heurigen wird. Spaßmacher wie Hubert von Meyerinck, Oskar Sima, Paul Westermeier, Heinz Erhardt, Beppo Brem und Rudolf Carl reizen schon durch ihre Erscheinung die Lachmuskeln. Die angeblich gestohlene Hose hat nur sehr wenig mit der Handlung zu tun; es geht mehr um ein verfallenes Schloß und um eine von Susanne Cramer und Siegfried Breuer jr. nett gespielte Liebesgeschichte mit Hindernissen.« (Der Tagesspiegel Berlin, 1956)

Oben: Jeder Topf findet seinen Deckel: Heinz Erhardt erobert die Köchin Lotte Lang
Unten: Erstaunliche Tischsitten bei Schokotorte mit Heinz Erhardt und Susanne Cramer

Heinz Erhardt als Fotograf Albert

Mädchen mit schwachem Gedächtnis
BR Deutschland, 1956
Erstaufführung: 12.7.1956
Produktionsfirma: Arion
Produktion: Otto Meissner
Regie: Geza von Cziffra
Buch: Peter Trenck, Oliver Hassencamp
Kamera: Willy Winterstein
Musik: Michael Jary
Lieder: »Du wirst niemals ein Cowboy«
»Ki-su-a-he-li-Boogie«
»Ohne Liebe hat das Leben keinen Sinn«
»Ein kleines Stück vom großen Glück«
Schnitt: Martha Dübber
Darsteller: Germaine Damar (Anny Prechtl)
Rudolf Platte (Paul Howard)
Peter Weck (Poldi Kohlegger)
Loni Heuser (Babett)
Heinz Erhardt (Pressefotograf Albert)
Hans Leibelt (Mr. Turner)
Bully Buhlan (Billy Turner)
Willy Maertens (Herr Prechtl)
Else Knott (Frau Prechtl)
Oskar Sima (Hotelportier Huber)
Bum Krüger (Hoteldirektor)
Hermann Nehlsen (Kommissar Hübner)
Wolfgang Neuss (Polizeiarzt)
Christiane König (Mary Howard)
Michel Lang (Wirt der »Sonne«)
Albert Florath (Zigarrenladeninhaber)
Josef Offenbach (diebischer Herr)

INHALT

Wie so viele träumt auch die talentierte Anny (Germaine Damar) den Traum vom großen Glück und möchte Karriere als Revuestar machen. Sie verläßt ihr Heimatdorf und reist nach München. Ihr Jugendfreund Poldi (Peter Weck), der vor Jahren aus gleichem Grund der Provinz den Rücken kehrte, und der es anscheinend inzwischen »geschafft« hat, soll sie dabei unterstützen.

Doch die Realität sieht ganz anders aus: Poldi ist keineswegs ein »Star« geworden, sondern lediglich ein Hotelkellner. Man sollte daheim nur nicht über ihn lachen – deshalb hat er die Leute glauben lassen, er sei berühmt geworden. Kaum ist Annys Schreck über dieses Mißverständnis überwunden, wird ihr zu allem Überfluß auch noch das Geld gestohlen, das der Vater ihr mitgab. Poldi kann sie zwar für einige Tage im Hotel verpflegen, aber über kurz oder lang muß etwas geschehen.

Die rettende Idee kommt schließlich von Albert (Heinz Erhardt), Pressefotograf und Poldis bester Freund. Er hat gelesen, daß in Amerika eine junge Frau, die das Gedächtnis verloren hatte, sagenhaft beschenkt wurde. Anny »verliert« also ihr Gedächtnis. Zufällig entdeckt die Polizei die Suchanzeige eines amerikanischen Ehepaares, das seit Tagen seine Adoptivtochter Mary vermißt. Der ver- meintliche Adoptivvater wird benachrichtigt und Anny völlig überrascht – wird als die ver- schwundene Tochter Mary mit offenen Armen aufgenommen. Keiner weiß jedoch, daß das Ehepaar in Erbschaftsschwindeleien verstrickt ist und deshalb eine Tochter sucht. Poldi und Albert wittern eine Sensation.

Erst nach vielen Nachforschungen gelingt es Poldi und Albert, Annys Aufenthaltsort zu erfahren, denn das Mädchen wird vor der Öffentlichkeit versteckt. Mit List und Tücke nehmen die beiden Freunde Verbindung zu der streng bewachten Anny auf und entwir- ren das Geheimnis um das betrügerische Ehe- paar.

WAS NICHT JEDER WEISS

»Germaine Damar, der reizend charmant und graziöse Tanzstar, reißt in Spiel, Dialog und Bewegung das Publikum aus dem Alltag her- aus und gibt ihm Beschwingtheit und Lebens- freude! Beliebte Tanzkapellen servieren einen spritzigen musikalischen Cocktail... Der Ein- satz des musikalischen Filmlustspiels Mädchen mit schwachem Gedächtnis wird Ihnen Freude und gute Kassen bringen und ihr Publikum wird von diesem lebensbeja- henden, lustigen und musiksprühenden Film gern sprechen!« (Werbematerial)

Die Freiwillige Selbstkontrolle der Film-wirtschaft (FSK) urteilte im Jugendprotokoll: »Ein deutscher Film mit dem alten Thema des begabten Mädchens vom stillen Lande, das zum Film möchte. Zuerst wird ihr auf der Reise in die Stadt das Geld gestohlen. Dann trifft sie ihren Jugendfreund, und weil man so einfach und ohne Knall nicht zum Filmstar wird, muß sie zunächst ihr Gedächtnis ver-lieren. Da gerade zur Erschleichung einer Erbschaft aus Amerika eine Tochter mit Gedächtnisschwund gesucht wird, fällt ihr und ihrem Freund die ehrenvolle Aufgabe zu, das Verbrecherehepaar zu entlarven.

Der Arbeitsausschuß stimmte der Freigabe für Jugendliche von 10 – 16 Jahren zu, wenn im Dialog folgende Stellen gestrichen wer-den:

1) ›Der Körper ist meine Domäne, beson-ders der Körper der Frau‹;
2) ›Was ein rechter Stier ist, der riecht das schon‹;
3) ›Bei Unterwassermassage ist kein Bade-anzug nötig‹.«

O-TON HEINZ ERHARDT

»Ich bin als Bohnerer berühmt. Ich habe ein-mal den ersten Preis gemacht bei einem Wett-bohnern.«

»Im Bügeln habe ich allerdings nur den Zweiten gemacht, aber das war Schiebung.«

»Selbstverständlich, gnädige Frau. Der menschliche Körper ist meine Domäne – besonders der weibliche.«

Stellen wir uns mal ganz dumm:
Heinz Erhardt als getarnter Diener
und Masseur von Loni Heuser

KRITIK

»Eine bunte Mischung von Heimat- und Revuefilm... Die Komik des jungen Peter Weck, der so herrlich dumm-schlau gucken kann, ist bemerkenswert. Anmutig und gelöst spielt Germaine Damar die Titelrolle.« (Film-blätter, 1956)

»Doch auch hier gibt's unter Geza von Cziffras Regie und zu Michael Jarys Musik einige hübsche Sprünge in die gute Laune, und dies besonders, weil Heinz Erhardt mal wieder in einer richtigen Rolle aufs beste in Form ist und als Fotoreporter, Amateur-Kabarettist und herrschaftlicher Diener unentwegt Gelegenheit hat, seine Witzeleien an Mann und Frau zu bringen. Ohne ihn wäre es deutlicher geworden, daß der Film in der zweiten Hälfte an echter Situationskomik etwas müde wird, denn er holt einige Pointen heran, die, allzu bekannt, keine mehr sind.« (Hannoversche Presse, 1956)

»Das Publikum hatte seinen Spaß an dem ebenso heillosen wie unwahrscheinlichen Leinwanddurcheinander um ein hübsches Mädchen und eine Millionenerbschaft. Die gute Laune des Premierenpublikums ging in erster Linie auf das Konto Heinz Erhardts, der mit unbeweglicher Miene seinen Wortsalat servierte.« (Hannoversche Allgemeine Zeitung, 1956)

»Da ist dann noch dieser famose Heinz Erhardt, der durch seine Wort-Eskapaden nach wie vor auch die sommerlichen Gemüter zum herzwarmen Lachen bringt. Er ist ein Komiker, dem es aus der Nonchalance kommt und der etwas von der Werner Finck-schen geistreichen Wortverdrehung mit-bringt. Es ist, wenn er auf der Leinwand erscheint, ein Lächeln und Lachen ohne Ende.« (Fränkische Tagespost, 1956)

»Eine einfältig-gestrickte Handlung, die sich dann nach bekannter Vorlage ebenso einfältig aufwirbeln läßt: da ist ein Mädchen in einer süddeutschen Kleinstadt, das den Sprung auf die Bretter, die die Welt bedeuten, wagt. Das geht, natürlich erst mal schief. Die hoffnungsvolle Begabung sitzt auf der Straße. Und spielt jetzt ihre Rolle als Detektivchen in einer Erbschaftsschiebung. Die platzt dann prompt dank solcher Talente. Umarmung, Erfolg, Gerechtigkeit – niemand hat zum Schluß Veranlassung, traurig zu sein... Germaine Damar, deren Beinchen die eigentlichen Regieeinfälle sind, dreht das Ding mit dem linken Fuß. Viel zeigt sie ja nicht – großzügig ist da von einer Choreographie Billy Daniels im Vorspann die Rede –; aber was sie zeigt, macht Vergnügen... Publikumsliebling Nr. 1 ist für anderthalb Stunden der Supersäugling Heinz Erhardt. Allein schon sein Gesicht ist für eine ganze Anzahl Lacher gut. Und dann natürlich seine raffiniertdümmlichen Texte, die er sich selbst auf sein Babybäuchlein geschrieben haben dürfte.« (Der Abend Berlin, 1956)

»Geza von Cziffra inszenierte das ziemlich anspruchslos und ohne Anstrengung. Lautstark von zwei Kapellen mit den üblichen Jary-Schlagern ausgestupst, würde das Filmchen redlich langweilen, wenn nicht Oskar Sima, Wolfgang Neuss und der blödelnde Heinz Erhardt durch einige nette Albernhei-

ten, die wohl vom Kabarett-Texter Oliver Hassencamp stammen, der Routinebelustigung ein paar freundliche heitere Lichter aufgesetzt würden.« (Der Tagesspiegel Berlin, 1956)

»Geza von Cziffra, der Seniorchef des deutschen Revuehandwerks, hatte eine Idee, oder besser, er hatte ein paar vakante Schauspieler, Komiker, Sänger und Tänzer, denen er einen Film nach Maß bauen ließ. Ihnen allen scheinen die Schnulzen schon an der Wiege gesungen worden zu sein; denn wie anders wäre diese aalglatte Perfektion zu erreichen. Millimeterscharf sitzen die Gags neben ihren alten Vorgängern, die Musik wurde von Michael Jary nach dem sicheren Erfolgsrezept ›Für jeden etwas‹ gemischt, die Choreographie verwechselte andauernd Tanz mit Tingeltangel, und Rudolf Platte durfte neben

Loni Heuser die alte Platte von eh und je abspielen. Die Geschichte ist dem derzeitigen Klima des deutschen Lustspiels trefflich angepaßt, mal wieder versteckt sich ein Mann in Frauenkleidern, die unglückselige Charly-Tante scheint den Transvestiten im deutschen Film Tür und Tor geöffnet zu haben. Dazu schwindelt sich ein junges Mädchen, angeblich ohne Gedächtnis, bis zum Happy-End durch. Aber es gibt, und das sollte man der Gerechtigkeit halber vermerken, auch ein paar schüttere Lichtblicke. So ist zum Beispiel Heinz Erhardt zum Brüllen komisch, auch wenn wir seine Späßchen und Kalauer schon vom Lautsprecher her kennen. Das Hazy-Osterwald-Sextett improvisiert eine flotte kleine Show mit viel musikalischem Effekt, und Germaine Damar ist ein liebenswerter Blondschopf.« (Kölnische Rundschau, 1956)

Links: Heinz Erhardt bei der Premiere des Films im August 1956 in Frankfurt am Main
Rechts: Schwindler unter sich: Rudolf Platte als echter Erbschleicher und Heinz Erhardt als falscher Diener

Heinz Erhardt als Resi-Direktor

II-A in Berlin
Drei Bayern an der Spree
BR Deutschland, 1956
Erstaufführung: 30.8.1956
Produktionsfirma: Ariston
Produktion: Jochen Genzow
Regie: Hans Albin
Buch: Hans Fitz, Hans Albin
Kamera: Ernst W. Kalinke
Musik: Peter Igelhoff
Lieder: »Wir spannen unsern Schimmel ein«
Schnitt: Anneliese Schönnenbeck
Darsteller:
Paul Westermeier (Bullerjahn)
Hans Fitz (Bürgermeister)
Beppo Brem (Michl)
Peter Garden (Martl)
Ursula Barlen (Lotte)
Christiane Jansen (Renate)
Heinz Erhardt (»Resi«-Direktor)
Lucie Englisch (Emerenzia)
Willi Rose (Diener Fritz)
Maria Stadler (Kuni)
Ilse Trauschold (Zofe Anna)
Steffie Stroux (Vroni)
Ariane Stopp (Stewardeß)
Georg Bauer (Gschwendner)
Lisl Karlstadt (Geschwendnerin)

INHALT

Generaldirektor Bullerjahn (Paul Westermeier), Berlin, will seine langjährige Haushälterin Lotte (Ursula Barlen) heiraten. Die Hochzeit soll in dem oberbayerischen Dorf Schlaffenhofen stattfinden, wo Bullerjahn eine Jagd besitzt und unter den schlichten Bauern gute Freunde gefunden hat. Doch Lotte besteht auf einer repräsentativen Hochzeit in Berlin. Bullerjahn zieht bei diesem Streit den kürzeren, setzt aber durch, daß wenigstens drei seiner Schlaffenhofener Freunde, nämlich der Bürgermeister (Hans Fitz), der Forstgehilfe Martl (Peter Garden) und der Knecht Michl (Beppo Brem) nach Berlin eingeladen werden.

Die Begegnung der biederen Bayern mit der Weltstadt, ihren Menschen, Lebensformen und technischen Errungenschaften, führt zu zahlreichen Zwischenfällen. Während der Bürgermeister Lallinger versucht, das Ausmaß und die Ursachen der in Schlaffenhofen als geradezu sprichwörtlich geltenden Berliner Unmoralität zu erforschen, stolpert der ebenso kauzige wie eigenwillige Knecht Michl von einer komischen Situation in die andere, wobei er konsequent immer das tut, was er eigentlich »gar nie nicht« hätte tun dürfen.

Hallodri Martl vermag trotz des seiner Mutter vorher gegebenen Versprechens, sich von wegen der Gefahr einer Rassenverschandelung nicht in eine Preußische zu verlieben, der Lieblichkeit von Renate (Christiane Jansen), einer Nichte des Herrn Bullerjahn, nicht zu widerstehen. Mit der Verlobung von Martl und Renate bei einem Fest im Lokal »Hasenheide« lösen sich glücklich alle preußisch-bajuwarischen Verwicklungen, und ein altes Mütterchen seufzt mit Rührung: »Die Bayern in Berlin! Daß ich das noch erleben konnte!«

WAS NICHT JEDER WEISS

»*II-A in Berlin* heißt der von Hans Albin inszenierte Schwank, der eine Art Fortsetzung des Films *I-A in Oberbayern* aus dem Jahre 1955 ist (Regie ebenfalls Albin)«, bemerkt Rolf Thissen in dem Buch »Heinz Erhardt und seine Filme«. – »Die Titel beziehen sich auf die einst in München beziehungsweise Berlin verwendeten Autokennzeichen. Die gab es damals schon nicht mehr, so wie es heute II-A in Berlin nicht mehr gibt: Der Film gilt als verschollen; weder das Negativ noch Kopien sind auffindbar. Was vielleicht auch ganz gut so ist. Heinz Erhardt spielt – auf der Seite der

Ganz im klassischen Element:

Direktor Heinz Erhardt conferiert

Illustrierte
Film-Bühne
Nr. 3390

ZENTRALFLUGHAFEN
BERLIN

II-A
in Berlin

(DREI BAYERN AN DER SPREE)

Preußen – nicht nur eine Winzrolle (als ›Resi‹-Direktor), sondern der ganze Film muß eine schwache Leistung gewesen sein. Der Untertitel, *Drei Bayern an der Spree,* läßt schon Böses ahnen...«

KRITIK

»Könnte man sich nicht mit eigenen Augen und Ohren davon überzeugen, man würde es niemandem glauben, einen wie schlechten Film Hans Albin produzierte. Drei Bayern (Beppo Brem, Hans Fitz und Peter Garden) werden von einem Generaldirektor (Paul Westermeier), dem es in Oberbayern immer so gut gefiel, in die pompöse Grunewaldvilla eingeladen. Berlin besteht für Hans Albin aus der Villa, einem gehobenen Nachtlokal mit Leuchtfontäne und zwei Fiakern, in denen der Gastgeber ›janz orijinell‹ seine Gäste vom Flughafen abholt. Die Bayern saufen Bier, Schnaps und Sekt, landen bei leichten Damen und sind erst nach der fünfzehnten Verbrüderungsrede bereit, der Heirat des Jüngsten von ihnen mit einer ›Preußin‹ zuzulächeln. Die Leute auf der Leinwand lachen fortgesetzt, um damit zu beweisen, wie komisch das Ganze ist, die Grabesstille im Parkett wird nur von Gähngeräuschen unterbrochen... Einfallslosigkeit und Geistlosigkeiten feiern einen schwer unterbietbaren Triumph.« (Rheinische Post Düsseldorf, 1956)

»...Heinz Erhardt sehen wir in letzter Zeit überhaupt häufiger in deutschen Filmen, und wo er dabei ist, haben die Lachmuskeln stets

Rechts: Heinz Erhardt, Beppo Brem,
Paul Westermeier, Peter Garden und Hans Fitz

viel Arbeit, eine Arbeit allerdings, der man sich im Kino gerne unterzieht.« (Westfalenpost, 1956)

»Die Hochzeit eines Ur-Berliner Generaldirektors mit seiner Haushälterin ist für drei Ur-Bayern hochwillkommener Anlaß, samt lebendig-grunzendem Dörfler-Präsent den Weg nach Berlin anzutreten. Und im ›Sündenbabel‹ an der Spree erleben sie dann allerlei Allotria – sehr zur Beunruhigung der daheim gebliebenen Ehefrauen, die es sich schließlich nicht nehmen lassen, ihre neongeblendeten Männer den Großstadtgefahren höchstpersönlich zu entreißen. – Regisseur Hans Albin drehte mit vielen Darstellern aus dem IA-Team diesen ll-A und bewies, daß der zweite Aufguß genau so gut gelingen kann wie der erste. Ihm sind eine Fülle köstlicher Details prächtig gelungen. Brem, Fitz und Westermeier in bewährter, niemals überzogener Urwüchsigkeit. Peter Garden charmant als junger Bayer. Artig, lieb und kultiviert: Christiane Jansen. Das Premierenpublikum vom Parkett bis zur Loge brüllte fast in die Dialoge hinein. Es ist ein Mordsgaudi – die gefüllten Kassen werden ein klingender Beweis dafür sein.« (Filmblätter, 1956)

»Der müde Theodor«

Heinz Erhardt als Theodor Hagemann

Der müde Theodor, BR Deutschland, 1957
Erstaufführung: 7.6.1957
Produktionsfirma: DFH
Produktion: Otto Meissner
Regie: Geza von Cziffra
Buch: Franz Gribitz, Peter Trenck
Romanvorlage: nach dem Schwank von Max
Neal und Max Ferner
Kamera: Willy Winterstein
Musik: Heino Gaze
Lieder: »Weck' mich nicht«
»Kuß-Lied (Bei diesem Lied)«
Schnitt: Martha Dübber
Darsteller:
Heinz Erhardt (Theodor Hagemann)
Loni Heuser (Rosa Hagemann)
Karin Baal (Jenny)
Peter Weck (Felix)
Renate Ewert (Lilo Haase)
Kurt Grosskurth (Walter Steinberg)
Albert Rueprecht (Harald Steinberg)
Ralf Wolter (Storch)
Werner Finck (Dr. Karl Findeisen)
Horst Beck (Regierungsrat Stammfest)
Wolfgang Neuss (Direktor Noll)
Hubert von Meyerinck (Wilhelm Schulze)
Josef Offenbach (Rafael Cacozzo)
Wolfgang Heyer (Fritz Kümmel)
Elfie Pertramer (Frieda)
Franz Otto Krüger (Prof. Link)
Wolfgang Müller (Chefkoch)

INHALT

In seiner ersten Film-Hauptrolle spielt Heinz Erhardt den herrlich vertrottelten Fabrikanten Hagemann, der bei der Wahl zwischen Marmelade und Muse sich immer für die Muse entscheidet. Das wiederum ist der gestreng-tyrannischen Gattin (Loni Heuser) ein Dorn im Auge: Sie achtet auf Erhalt und Mehrung der Penunse, während Kunstmäzen Theodor schon mehr als Kleingeld verteilt. Die Konten werden gesperrt und die Kassen verschlossen: Theodor muß auf geheime Weise Geld verdienen – als Zimmerkellner in einem Hotel. Viel Porzellan wird zerschlagen, zur Freude von Direktor Noll (Wolfgang Neuss): Er kann endlich das altmodische Geschirr durch neues ersetzen. Zur Durchsichtigkeit der Handlung bei Komödien der fünfziger Jahre gehört es, daß am Ende jedes Töpfchen sein Deckelchen findet. Tochter Jenny (Karin Baal) den komponierenden Keksfabrikanten-Sohn Harald (Albert Rueprecht) und Vetter Felix (Peter Weck) die junge Sängerin Lilo (Renate Ewert). Absolute Krönung ist allerdings der Rollentausch im Hause Hagemann: Theodor führt jetzt das Marmeladen-Regiment, Ehefrau Rosa kehrt an den häuslichen Herd zurück. Daß der Zuschauer immer schon weiß, wie das Ende wohl aussehen wird, kann häufig den Spaß trüben: Noch 'ne Verwicklung und noch 'ne Ver-

wicklung. *Der müde Theodor* ist da eine Ausnahme, die Komödie hat ein wahnsinniges Tempo und die witzigen Sketcheinlagen mit Werner Finck, Hubert von Meyerinck und Ralf Wolter tun ein übriges: Die eigentlich banale Filmstory wird zur Nebensache.

WAS NICHT JEDER WEISS

Die Qualität dieser westdeutschen Filmkomödie überzeugte auch die Einkäufer des Filmverleihs Progreß im Arbeiter- und Bauernstaat DDR, sie brachten den müden Theodor 1957 in die Kinos. Der bekannte und beliebte Eugenspiegel-Satiriker Hansgeorg Stengel wurde engagiert, um für das Progreß-Filmprogramm über den Heinz-Erhardt-Film zu schreiben: »Der Marmeladenfabrikant Theodor Hagemann ist müde. Warum müde? Er arbeitet heimlich als Nachtkellner in einem vornehmen Hotel. Warum arbeitet? Er braucht dringend Geld. Warum Geld? Seine eigene Frau, die das profitable Marmeladen-Unternehmen in die Ehe einbrachte und argwöhnisch an der Kasse sitzt, weigert sich hartnäckig, dem Gatten das von ihm benötigte Geld auszuhändigen. Warum weigert sie sich? Er verschenkt hohe Summen an junge Künstler und Künstlerinnen bzw. an Leute, die er, Theodor, dafür hält. Warum verschenkt? Er hat einen Tick. Warum Tick? Weil es den Produzenten des Filmes Der müde Theodor gefallen hat, eine Neuauflage der Legende vom menschenfreundlichen herzensguten Kapitalisten zu verzapfen.

Aber, siehe da! Was die Schöpfer des heiteren Zelluloidstreifens vermutlich gar nicht beabsichtigt hatten, das unterlief ihnen einfach: Im Ergebnis wirkt der Film doch mehr wie eine Parodie als ein Lobgesang auf die lammfromme Zunft der Großunternehmer. Die Tücke der gesellschaftlichen Realität und objektiven Entwicklungstendenz macht einen Strich durch die kosmetische Rechnung derjenigen, die aus Raubtiergesichtern das Antlitz vom guten Samariter zu modellieren gedachten. Die edlen Züge der vieledlen Ausbeuter- und Müßiggängerclique entgleisen hör- und sichtbar in den Gesichtern des Hagemann-Tochter-Schwiegervaters Steinberg (Steinberg-Keks sind die besten!), des dandyhaften, blasierten Hagemann-Neffen Felix und nicht zuletzt auch in den Gesichtern des Fabrikantenehepaars Theodor & Rosa Hagemann selber.

Und weil uns das lautere und tugendhafte Gehabe des trottelhaften Mäzens und Wirtschaftswundertäters Theodor Hagemann (in seinem Gedicht ›Wohltätigkeit‹ fragt einst schon Kurt Tucholsky: ‚Das ist der Pfennig. Und wo ist die Mark – ?‹) und das Getue seiner mondän aufgeputzten Umwelt wie eine Karikatur echter Menschlichkeit und Opferwilligkeit erscheinen müssen, deshalb fällt es uns leicht, über die wortspielreiche und mit viel Situationskomik gewürzte Komödie Der müde Theodor je nach Temperament herzlich, stillvergnügt oder cholerisch zu lachen.«

Geza von Cziffra, der nach dem Krieg mehr als 70 Unterhaltungsfilme drehte, gilt als

einer der »Erfinder« des Revuefilms made in Germany. In seinem Erinnerungsbuch »Kauf dir einen bunten Luftballon« berichtet er von seiner ersten Begegnung mit dem Kabarettisten Wolfgang Neuss: »Mit doppelten Vergnügen apostrophierte Wolfgang Neuss an diesem Abend zu einer Melodie von Lothar Olias den Hamburger Film: ›Von Cziffra bis zum Trebitsch, immer der gleiche Drehkitsch‹. Aus Rache engagierte ich ihn für meinen nächsten Film *Der Mann, der sich selber sucht*, aber erstaunlicherweise konnte ich ihm keinen Schaden zufügen, er machte trotzdem Karriere.« Und auch Heinz Erhardt hatte 1956 unter der Regie von Geza von Cziffra sein Filmdebüt als Darsteller in *Die gestohlene Hose*. Schon ein Jahr später arbeiteten Geza von Cziffra und Heinz Erhardt wieder zusammen, bei diesem Streich war auch Wolfgang Neuss mit von der Partie: *Der müde Theodor* entstand nach einem Stoff, der 1936 schon einmal mit Weiß Ferdl in der Titelrolle verfilmt worden war.

O-TON HEINZ ERHARDT

»Immer wenn ich traurig bin, muß ich essen.«

»Ihr seid leider Gott sei dank schon da, ist denn heute schon übermorgen?«

»Es passieren jede Menge Mißtümer und Irrverständnisse.«

Über die Dreharbeiten des Films berichtete die Journalistin Heidi Ritter in der Zeitschrift Filmblätter, daß Regisseur von Cziffra unerbittlich ist, »auch die kleinste Szene wird so lange wiederholt bis sie richtig sitzt. Reibt sich Erhardt nach der sechsten Wiederholung seine Sitzfläche: ›Wenn der Film so gefällt, wie ich fallen muß, dann ist's bestimmt gut.‹«

KRITIK

»Der deutsche Film wurde um einen guten Schauspieler reicher, als Geza von Cziffra, oder wer immer die Idee hatte, Heinz Erhardt mit einer durchgehenden Hauptrolle betraute. Ein Wohlbekannter wurde neu entdeckt, und es erwies sich gleich beim erstenmal, daß Erhardt mehr als ›noch 'n Gedicht‹ zu sagen hat. Er ist nicht nur Momentkomiker, sondern kann einen Charakter konsequent durchzeichnen, er bleibt so komisch wie er ist, spannt aber den großen Bogen einer Rolle ohne Knick. Er gibt den unter dem Pantoffel stehenden Marmeladenfabrikanten, der heimlich junge Künstler unterstützt jenen liebenswerten Wesenszug, der für Menschendarstellung besonders im komischen Fach unerläßlich ist. Als Nachtdiener in einem Hotel zerbricht er zwar viel Porzellan, aber er verdient sich auch das Geld für seine selbstlosen Zwecke. Daß er dabei dem Schwiegervater seiner Tochter begegnet, mit ihm und den jungen Menschen einig wird, seiner Frau das Chefspielen abzugewöhnen und künftig von seinem Mäzenaten-Tick abzulassen, ist der gerade Weg ins allseitige Happy-End. Loni Heuser ist ein prächtiger Ehedragoner und ein Komiker-Großaufgebot (Hubert von Meyerinck, Werner Finck, Wolfgang Neuss und Wolfgang Müller) ist als dezente Randverzierung eingesetzt, nur der Nachwuchs läßt noch einige Wünsche offen. So bringt Karin Baal nicht viel mehr als ihre Jugend mit, Renate Ewert gutes Aussehen und Albert Rueprecht sympathisches Wesen, während Peter Weck schon eigene Töne hat. Im ganzen aber ist der Film ein bedeutender Fortschritt innerhalb der vielgeschmähten Gattung des deutschen Filmlustspiels.« (Rheinische Post Düsseldorf, 1957)

»Noch 'ne Hauptrolle für Heinz Erhardt. Der Chef-Kalauer unter den deutschen Komikern ist mitneffen – mitnichten! – für diesen Film verantwortlich zu machen. Heinz-Theodor ist müde (an dieser Stelle mag der Leser einmal gähnen) – sein Regisseur Geza von Cziffra auch (hier nach Bedarf zweimal gähnen). Im Film hält man viel von Marmelade. Zur Marmelade kommen dann noch Kekse und zwei Brautpaare. Der gelegte Neiser – der geneigte Leser – wird wohl schon gemerkt haben, daß diese Konstellation eine ausgesprochene Rarität ist, was die Neuartigkeit der Idee an geht. Als besonderen Gag möge man es betrachten, daß der glatzköpfige Hubert von Meyerinck eine an den Haaren herbeigezogene Rolle spielt. Komiker vom Dienst Erhardt dürfte nach diesem Film der erste Anwärter auf die Rettungsmedaille für einheimische Lustspiele sein; denn allein ihm ist es zu verdanken, daß die Müdigkeit des Theodors nicht auch aufs Parkett übergreift. Karin Baal ist zwar vom Halbstarkenkeller in solide Filmdekorationen gewechselt, hat aber bei diesem Stellungswechsel scheinbar auch den Rest ihrer Begabung eingebüßt. Fällt aber gar nicht auf, die anderen sind auch nicht besser.« (Kölnische Rundschau, 1957)

»Dieser neue deutsche Lustspielfilm zeichnet sich vor anderen dadurch aus, daß die Hauptrolle mit einem Schauspieler besetzt wurde, der unter Humor nicht nur Klamauk versteht, sondern einen ganzen Film über sympathische Menschlichkeit auszustrahlen vermag. Heinz Erhardt beweist damit, daß er nicht nur Gelegenheitskomiker ist, sondern Talente besitzt, die ihn über den Durchschnitt der deutschen Film-Spaßmacher hinausheben. Ihm ist es zu verdanken, daß der im Drehbuch keineswegs sehr starke Film zu einer recht ordentlichen Unterhaltung wurde.« (Evangelischer Filmbeobachter, 1957)

»Heinz Erhardt kämpft sich ganz munter über die Runden. Ob man will oder nicht, man lacht, wenn er musikalisch untermalt im Kellnerfrack durch Hotelgänge fegt.« (Der Abend Berlin, 1957)

»Er heißt im Zivilleben Heinz Erhardt und ist von Bühne und Funk wohlbekannt. Dieser Film gibt ihm reichlich Gelegenheit, seinen trockenen Humor und seine unnachahmlichen Wortspielereien zu servieren. Über ihn kann man wirklich lachen, denn er ist ein vorzüglicher Komiker mit eigenem Stil. Das Drumherum freilich ist lieblose Schablone, eilig zusammengeschusterte Serienarbeit. Wieder sitzt Geza von Cziffra auf dem Regiestuhl. Er scheint ein vielbeschäftigter Mann zu sein. Man merkt es.« (Stuttgarter Zeitung, 1957)

»Diese komische Rolle ist Heinz Erhardt sozusagen ins Gesicht geschrieben, und der ›abstrakte Komplex‹, den man ihm einreden will, besteht in seiner Schwäche für verkannte Künstler, denen er als Mäzen vorwärts helfen will... Denn Theodor ist selbst ein verhinderter Musiker.« (Neue Rhein-Zeitung Düsseldorf, 1957)

**Der Fabrikant als Kellner,
denn die Kunst verschlingt das Geld**

»Witwer mit fünf Töchtern«

Heinz Erhardt als Friedrich Scherzer

Witwer mit fünf Töchtern
BR Deutschland, 1957
Erstaufführung: 6.9.1957
Produktionsfirma: DFH
Regie: Erich Engels
Buch: Rolf Becker, Alexandra Becker, Erich
Engels nach einer Idee von Klaer-Gordon
Kamera: Willy Winterstein
Musik: Delle Haensch
Lieder: »Die Music-Box«
»Das ist Musik von heute«
»Jamaika-Joe«
»Schlafe ein, mein Schätzchen«
Schnitt: Martha Dübber
Darsteller:
Heinz Erhardt (Friedrich Scherzer)
Susanne Cramer (Karin Scherzer)
Vera Tschechowa (Anne Scherzer)
Angelika Meissner (Marie Scherzer)
Christine Kaufmann (Ulla Scherzer)
Elke Aberle (Julchen Scherzer)
Lotte Rausch (Frau Hansen)
Helmuth Lohner (Dr. Klaus Hellmann)
Peter Vogel (Fred)
Alexander Ebermayer von Richthofen (Jäcky)
Ivan Petrovich (Mr. Pepperkorn)
Michl Lang (Altfeld)
Lotte Brackebusch (Meta Sengstake)
Maly Delschaft (Berta Sengstake)
Nora Minor (Fräulein Forsch)
Carsta Löck (Fräulein Nessel)

Hein Schorlemer (Amtmann Stölz)
Marina Ried (Frau Kostowitsch)
Chris Howland (Mr. Printice)
Müller-Elmau (Portier)
Frank Forster (Sänger)

INHALT

In einer idyllischen Kleinstadt, deren ganzer Stolz das etwas außerhalb gelegene Schloß ist, lebt in einem Villenvorort der Witwer Friedrich Scherzer (Heinz Erhardt) mit seinen fünf Töchtern. Das Schloß, das nach dem Krieg in amerikanischen Besitz übergegangen ist, wird von Scherzer verwaltet: Er sorgt für die Erhaltung, pflegt die Kunstschätze und kümmert sich um die Schloß-Bibliothek. Da er seine Aufgabe sehr ernst nimmt, hat er nicht genügend Zeit, um seinen Pflichten als Haushaltungsvorstand nachzukommen – kurz: die Familie wächst ihm über den Kopf. Zumal seine Haushälterinnen jedesmal nach kurzer Zeit die Familie wieder verlassen.

Als die letzte der Haushälterinnen, das heiratswütige Fräulein Frosch (Nora Minor), die Segel streicht und zornentbrannt das Haus verläßt, schaltet sich das Jugendamt ein: Heißt es doch, daß das kleine Fünfjährige Julchen (Elke Aberle) ohne die geringste Fürsorge aufwächst, daß die Zwölfjährige Ulla (Christine Kaufmann) völlig verwildert, daß

die beiden Halbwüchsigen Anne (Vera Tschechowa) und Marie (Angelika Meissner) nur Rock'n'Roll in Kopf und Beinen haben und daß die älteste Tochter Karin (Susanne Cramer) sich überhaupt nicht um das Familienwohl kümmert, weil sie ihrem Beruf als Pressefotografin nachgeht.

Herr Scherzer weist natürlich alle Vorwürfe entschieden zurück, doch der Witwer mit fünf Töchtern steht unter genauer Beobachtung seiner Nachbarn: die Arztwitwe Hansen (Lotte Rausch) und das altjüngferliche Geschwisterpaar Meta (Lotte Brackebusch) und Berta Sengstake (Maly Delschaft). Eine Krankheit der Fünfjährigen führt Frau Hansen vorübergehend in das Haus der Scherzers. Sie hält es für ihre nachbarliche Pflicht, das kleine Julchen gesund zu pflegen. Alle Kinder fassen Vertrauen zu ihr – nur Karin bleibt ziemlich reserviert, während sich jetzt auch Vater Scherzer zu Haus sehr wohlfühlt. Karin ist eigentlich in den jungen Zahnarzt Klaus Hellmann (Helmuth Lohner) verliebt, dessen Praxis nicht so recht gehen will. Deshalb macht Karin ihm Vorhaltungen – und es kommt zum Streit zwischen den beiden.

Als Julchen wieder gesund ist, zieht sich Frau Hansen zurück, so daß bald wieder alles beim Alten ist. Ja, es wird noch schlimmer. Durch den Klatsch der Nachbarinnen Sengstake und ein großes Mißverständnis bahnt sich eine Katastrophe an: Eines Nachts beobachten die beiden, wie Karin im Nachthemd einen jungen Mann empfängt, sie wissen selbstverständlich nicht, daß der junge Zahnarzt mit seinem spätabendlichen Besuch eine Versöhnung mit Karin herbeiführen will. Das Jugendamt wird alarmiert und befaßt sich mit der Familie. Ausgerechnet als der Amerikaner Mr. Pepperkorn (Ivan Petrovich) zur Besichtigung des Schlosses eintrifft, feiern Anne und Marie mit ihren Freunden eine Rock'n'Roll-Party. Der Ami ist empört, und Friedrich Scherzer soll seine Stellung verlieren.

Welch ein Glück, daß Julchen da ist: Sie stolziert mit ihrem Sparschwein zum reichen Amerikaner und bietet ihm ihr ganzes Vermögen (53 Pfennige) an, damit er ihren Pappi wieder einstellt. Mr. Pepperkorn ist gerührt und überwältigt, er kann gar nicht anders, als diese Bitte zu erfüllen. Und Frau Hansen löst Karins Liebesprobleme mit mütterlicher Güte. Als Papa Scherzer nach Hause kommt, hat er nicht nur seinen Job wieder, sondern neben seinen fünf Töchtern auch einen ersten Schwiegersohn...

WAS NICHT JEDER WEISS
Heinz Erhardt versucht vergebens den gestrengen Vater zu spielen, wobei der Komiker unter anderem die Eigenkomposition »Pappis Wiegenlied« zum Besten gibt. Er hatte es für seinen Sohn Gero geschrieben und singt es hier am Bett des fieberkranken Julchen:
Schlafe ein, mein Schätzchen,
und träum' von einem Kätzchen,
von Püppchen, bunten Steinchen,
schlaf' ein, schlaf' einchen!

Illustrierte film-Bühne
Nr. 3874

Witwer mit 5 Töchtern

DFH

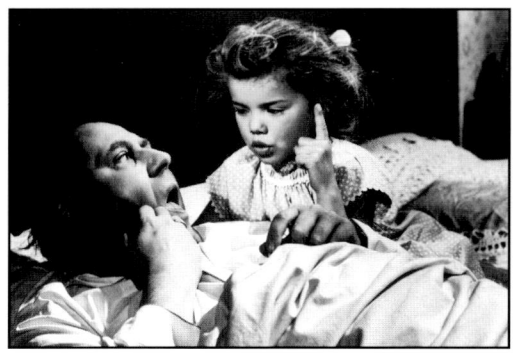

Schlafe ein, mein Mädchen,
ein Engel geht durchs Städtchen,
ganz leis', auf nackten Beinchen,
schlaf' ein, schlaf' einchen!
Während nun der gute Mond am Himmel
lacht,
sitzt dein Pappi hier am Bettchen und
bewacht dich,
mein kleines Schätzchen.
Jetzt schlafen schon die Kätzchen,
die Püppchen und die Steinchen -
schlaf' ein, schlaf' einchen!

O-TON HEINZ ERHARDT

»Wenn ich ein Mann bin, dann bin ich es
ganz.«
Was bedeutet Herzklopfen? – »Zuviel
gegessen oder verliebt.«
»Ich habe Hunger bis unter beide Arme.«
»Schmeckt ja grauenhaft! Da bleibt einem
ja der Gaumen stehen.«
»Guten Mittag!«
»Hammelrippchen mit grünen Bohnen –
das rieche ich sofort. Ach Mathilde, wenn ich
noch an deine Hammelrippchen denke!«
»Jetzt sind's nur noch vier, man wird immer
alleiner.«

KRITIK

»Nein, die glückliche Hochzeit zwischen Witwer und Witwe wird nicht mehr geboten. Halbwegs Gebildete können sie aus dem D-Zug-Schluß des Familien-Films schließen. Man kann wirklich ein paarmal lachen, fast immer dann, wenn das kleine Nesthäkchen kindlich unbeschwert seinen Part spielt. Die Kleine ist zweifellos die beste Spielerin des Films. Ihr Herr Papa wird von Heinz Erhardt gespielt, dem bekannten Kabarettisten. Seine kabarettistischen Witze reichen nicht aus, diesen ›Familien-Film‹ wirklich heiter zu machen, auch wenn man gelegentlich über die eine oder andere drollige Pointe lachen muß. So lebt auch der ganze Film nicht von den Gesetzen innerer Heiterkeit, von feiner, köstlicher Selbstironie, von einer aus gütigstem Herzen durchscheinenden Fröhlichkeit inmitten vieler Sorgen und Problemstellungen eines Witwerlebens. Zuviel Klamauk, wie in den meisten deutschen Lustspielen, zu dick aufgetragene Komik bis über die Grenze des Albernen hinausgehend. Wenn aber das Innere eines Drehbuchs nicht ausreicht, muß man eben auf die Suche nach Äußerem gehen, muß man Lustigkeit erfinden, muß man dehnen und strecken mit Boogie-Woogie-Tänzen, mit Suffszenen, mit Sentimentalitäten, mit albernen Randfiguren, um über die 90-Minuten-Runde zu kommen. Ja, und so ist aus dem Witwer mit fünf Töchtern eben leider doch nicht ein rechter, fröhlicher, geistvoller ›Familien-Film‹ geworden, weder echtes Familienleben darbietend, noch dem Familienleben dienend. Man kann ihn in den Filmtheatern ruhig laufen lassen. Ab 16 Jahre ist er tragbar. Deutsches Lustspiel wie üblich, aber zum Glück ohne die Fleischlichkeiten und Peinlichkeiten, die sonst zu unseren Humor-Kunst-Produktionen gehören.« (Die christliche Familie Essen, 1957)

»Der Bezirk rund um den Spültisch der westdeutschen Familie scheint zur Domäne unserer Filmleute zu werden. Dort, wo Vater aushilfsweise den Kochlöffel schwingen muß, dämmert bei Autoren, Schauspielern und Regisseuren stets einige Könnerschaft. So auch bei der wenig aufregenden Geschichte vom ›frauenlosen‹ Haushalt des verwitweten Schloßbibliothekars mit fünf Töchtern. Zwar wird auch hier schon auf den ersten Metern mit Wasser gespritzt, Geschirr zertöppert, gestottert und eine Runde Rock'n'Roll (abwechselnd mit Schuhplattlern) getanzt, aber das sind so die ungeschriebenen Gesetze; unter dem tut es der deutsche Film nicht. Als Ganzes ist dieses Lustspiel schon eine freundliche Sache, Regisseur Erich Engels übertreibt nicht und verzapft keinen Klamauk. Wonne und Vergnügen des etwas zerdehnten Reigens harmlos-munterer Eskapaden der Töchter kommen zumeist aus dem täppischen Charme des unkonventionellen, ebenso einmaligen wie unbezahlbaren Hauptdarstellers Heinz Erhardt. Singend, dichtend und wortverdrehend beschert er uns einen Berufsdussel, der sentimental bis zum äußersten sein kann, doch die Träne mit einem ausgemacht blöden Witz auffängt, ehe jemand zum Taschentuch langt. Der andere Lichtblick ist Filmkind Elke Alberle (7). Sie ist wohl darum so unbefangen, weil sie noch gar nicht weiß, wie gut sie ist.« (Hessische Nachrichten Kassel, 1957)

»Der Film ist einfach nett, er rührt, ist komisch und hält in allem rechtes Maß. Das Drehbuch (Rolf und Alexandra Becker) ist mit den bekannt-beliebten Wortspielchen durchsetzt, die Heinz Erhardt als Hauptrollenträger einfließen läßt, und Erich Engels enthielt sich als Regisseur jeglichen Klamauks. Eine sehr gute, viel zuwenig beachtete Schauspielerin ist Lotte Rausch als lieb mütterliche Frau in den besten Jahren, man könnte sie öfter in ähnlichen Rollen sehen. Gegen die fünfjährige Elke Aberle, bis jetzt noch ein ganz unbefangenes, reizend natürliches Filmkind von hoher Begabung, können sich Susanne Cramer, Vera Tschechowa, Angelika Meissner und Christine Kaufmann nur schwer behaupten. Aber auch sie sind, wie die zahlreichen anderen Figuren, gut geführt und typgemäß richtig. Der Film ist ein gutes und bejahenswertes Unterhaltungsstückchen.« (Rheinische Post Düsseldorf, 1957)

»Der Regisseur Erich Engels hat sich vielleicht etwas ganz Lustiges ausdenken wollen, aber ein Spaß ist es sicher nicht, sich diese deutsche Filmkomödie ansehen zu müssen. Heinz Erhardt, der Witwer, ist ein häßlicher schwammiger Mann. Mit seinem großen, unförmigen Körper tappt er durch die Handlung und mit chargiertem mimischem Aufwand blödelt er sich durch den Dialog. Er reißt Witze am laufenden Filmmeterband. Den Haushälterinnen und Heiratskandidatinnen, die erschreckt über die Zahl von fünf Kindern Augen und Mund aufreißen, sagt er nonchalant: ›Na, es hat sich halt so in zwanzig Jahren zusammengeläppert‹ und dem jüngsten Töchterchen singt er abends Schlafliedlein vor, in denen sich ›Kindchen‹ oder ›Bettchen‹ auf ›schlaf' einchen‹ reimen. Die fünf Töchter sind ein Rudel hübscher Mädchen, denen die Spontaneität oder frische Eigenwilligkeit des Kindes vollständig fehlen. Es sind Kinder durch die getrübte Brille eines Erwachsenen gesehen. Das Jüngste ist drollig und altklug, die Mittleren sind Rock'n'Roll tanzende Teenager und die Älteste ist blasiert, fad und liebeskrank. Sie sind genau so, wie die Schablone es will. Nicht nur die Charaktere, sondern auch der Verlauf der Handlung bringt nichts Neues. Für die kleinste und bescheidenste Überraschung wäre man in diesem Film, in dem sich jede Wendung schon lange vorher ankündigt und mit der unfehlbaren Sicherheit eines Routinewerkes eintrifft, herzlich dankbar.« (National-Zeitung Basel, 1958)

»Der Witwer mit fünf Töchtern, der eine Mami sucht, ist Heinz Erhardt. Er wandelt in den Spuren des verstorbenen Szöke Szakall, ist von behaglicher Körperfülle, rund am Leibe, rund im Humor. Als der Herr Scherzer treibt er, wie es in deutschen Schwankklamotten der Brauch ist, seine Scherze, stolpert durch Wortspielereien und singt ein Wiegenlied... So etwas hören die Leute gern; die deutschen Produzenten werden es bezeugen.« (Neue Züricher Zeitung, 1958)

Links: Zahnweh wirft den Pappi um:
Julchen spendet Trost
Rechts: Witwer Scherzer und seine Scherzchen:
Susanne Cramer, Vera Tschechowa, Angelika Meissner,
Christine Kaufmann und Elke Aberle

»Immer die Radfahrer«

Heinz Erhardt als Likörfabrikant Fritz Eilers

Immer die Radfahrer
Österreich, 1958
Erstaufführung: 12.9.1958
Produktionsfirma: Wiener Mundus, Kurt Ulrich
Produktion: Kurt Ulrich, Rudolf Stering
Regie: Hans Deppe
Buch: Wolf Neumeister
Kamera: Elio Carniel
Musik: Hans Lang
Lieder: »Mit dem Rad geht's hinaus«
»Mit Siebzehn«
Schnitt: Renate Jelinek
Darsteller:
Heinz Erhardt (Fritz Eilers)
Hans-Joachim Kulenkampff (Ulrich Salandt)
Wolf Albach-Retty (Johannes Büttner)
Waltraud Haas (Tilla, seine Frau)
Werner Kadlec (Wolfgang, ihr Sohn)
Renate Praschl (Sylvia, ihre Tochter)
Katharina Mayberg (Beryl, Schauspielerin)
Mady Rahl (Malchen)
Peter Kraus (Robby Eilers)
Corny Collins (Katinka)
Inge Meysel (Koschy)
Walter Jannsen (Theaterdirektor Popp)
Christiane Hörbiger (Angelika)
Edith Elmay (Uschi)
Traute Duscher (Lotte)
Günther Bauer (Tenor Bert Erichsen)
Antonia Mittrowsky (Marianne Hopfleder)

Erna Schickl (Grete Köck)
Michael Tellering (Chauffeur Krause)
Vera Balser-Eberle
Eva Fichte
Ute Planner
Evelin Simon
Hans Jungbauer
Peter Schmidberger
Franz Hofer
Rudolf Schreiber

INHALT

Knapp 25 Jahre ist es her, daß Likörfabrikant Friedrich »Fritz« Eilers (Heinz Erhardt), Filmschauspieler Ulli Salandt (Hans-Joachim Kulenkampff) und Gymnasialprofessor Johannes Büttner (Wolf Albach-Retty) als frischgebackene Abiturienten ein gemeinsames Radtour-Abenteuer ins sonnige Kärnten unternahmen. Dabei entdeckten sie das romantische Städtchen Burgsteinach samt dessen Dorfschönheiten für sich. Damals versprachen sich die drei Freunde, genau diese Spritztour alle fünf Jahre zu wiederholen – doch der Krieg machte ihre Abmachung zunichte.

Als mittlerweile beruflich erfolgreiche und in die Jahre gekommene Mannsbilder wollen es die drei nun noch mal wissen und schwingen sich – anläßlich der 800-Jahr-Jubiläums-

feier von Burgsteinach – zum großen Revival auf ihre mittlerweile angerosteten Drahtesel, um die alten Zeiten aufleben zu lassen. Familienvater Fritz entflieht dem täglichen Streß in seiner Likörfabrik, Ulli läßt Filmbetrieb samt Freundin Beryl links liegen und Familienvater Johannes beurlaubt sich vom Paukerdasein am Gymnasium. Letzterer ist es auch, der das Radtour-Revival initiiert hat und seine beiden berufsversessenen und ehrgeizigen Freunde erst mal in Freizeitstimmung bringen muß.

Muskelkater, Sonnenbrand, unliebsame Begegnungen mit Kuhherden und rücksichtslosen Autofahrern verleiden den drei Freunden zunächst die Freude an dem Naturtrip. Doch schließlich stellt sich dann doch unbeschwerte Urlaubsatmosphäre ein und man genießt die Wiesenpicknicks und Lagerfeuer am Zelt fernab von störenden Geschäftsterminen und Ehefrauen. Mitten in die gerade eingependelte Idylle der drei Männer platzt Friedrich Eilers Sohn Robby (Peter Kraus), der seinem Vater nachgereist ist, weil er in Geldschwierigkeiten steckt. Im leider noch nicht bezahlten Porsche hat der verwöhnte Junior auch seine hübsche Freundin Katinka (Corny Collins) mitgebracht. Nach einem erfolglosen Pumpversuch beim Vater und einem Streit mit Katinka braust Robby wütend alleine wieder ab.

Die drei rüstigen Radler nehmen das Mädchen kurzerhand in ihrer Runde auf. Zu viert erreicht man das Städtchen Burgsteinach. Herzlich werden sie dort vom ergrauten Theaterdirektor Popp (Walter Jannsen) empfangen, der sich genauso gerne an das gealterte Trio erinnert wie die einstigen Dorffliebschaften. Harry wird wehmütig, denn Popps hübsche Enkelin Angelika (Christiane Hörbiger), die bei der Premiere die Hauptrolle spielt, ist seiner Jugendliebe, Angelikas Mutter, wie aus dem Gesicht geschnitten. Am Tag der festlichen Premiere gibt es dann für alle noch die große Überraschung vor dem Happy-End: Nicht nur Eilers und Büttners besorgte Ehehälften sind unerwartet angereist, auch Salandts eifersüchtige Partnerin Beryl und Katinkas Freund Robby tauchen plötzlich in Burgsteinbach auf...

WAS NICHT JEDER WEISS

»Drahtesel waren Heinz Erhardt ein Graus. Er sah in Fahrrädern Instrumente für Selbstmörder und hatte auch wirklich seine liebe Mühe mit ihnen«, erinnerte sich Hans-Joachim Kulenkampff, Partner Erhardts in dem Film Immer die Radfahrer, im März 1985 in der Hörzu. »Der sportliche Kuli muß heute noch lachen, wenn er an das Gesicht denkt, das der unsportliche und nicht eben leichtgewichtige Komiker jeden Morgen bei Drehbeginn machte: ›Der arme Heinz sah immer aus, als sollte er zum Schafott geführt werden. Wenn der Aufnahmeleiter ihm dann aufs Zweirad half, jammerte er: ›Oh, ich bin gar nicht froh, denn immer wund ist der Popo‹. Wie gut, daß Erhardt allen Qualen zum Trotz in die Pedalen trat. Denn schließlich sorgte er

damit im Kino für die komischsten Augenblicke. Noch immer hat Kulenkampff Heinz Erhardts´ Stoßseufzer im Ohr: ›Ach, Kuli, hätten wir nicht *Immer die Langschläfer machen können?* Das wäre für mich eine Paraderolle.‹ Schuld an den Torturen des Kollegen war nämlich Hans-Joachim Kulenkampff selbst. Von ihm stammte schließlich die Idee zu dem Film. Kuli erzählt: ›1937, da war ich ein strammer Bursch von 16 Jahren und machte mit zwei Kumpels eine Radtour von Bremen bis Hessen und zurück. Obwohl wir im Zelt wie die Schneider froren und uns die Lunge aus dem Hals strampelten, waren es unvergeßliche Tage. Ich habe dann gedacht, so eine Reise müßte man im reiferen Alter wiederholen – und warum nicht vor der Kinokamera? Das war die Idee.‹ Verwirklicht wurde sie unter der Regie von Hans Deppe und für stolze 1,7 Millionen Mark Produktionskosten in Kärnten, bekanntlich ein gebirgiges Land. Im Gegensatz zum ›armen Heinz‹ war Kuli, der früher auch so manches Straßenrennen gefahren war, ganz in seinem Element. Und die Radel-Leidenschaft ist ihm bis heute geblieben: ›Dreimal im Monat übermannt mich immer noch der sportliche Wahnsinn und dann strampele ich auf meinem Rennrad ein paar Kilometer ab.‹ Was aber den verstorbenen Erhardt angeht: Quizmaster Kulenkampff hat den Komiker durchaus nicht nur als unsportiven Mann in Erinnerung. ›Er war in erster Linie ein herzensguter Mensch, der die schöne Gabe hatte, auch über sich selbst lachen zu können.‹ Nie vergißt Kuli, wie Erhardt sagte: ›Als Komiker lasse ich kein gutes Haar an mir‹ – und dabei auf sein lichtes Haupthaar tippte.«

O-TON HEINZ ERHARDT

»Eierlikör ist gesünder als Spinat«.
»Selber treten, wo ist denn da der Sinn?«
»So 'ne Frau ist doch was Praktisches.«

KRITIK

»Die älteren Darsteller spielen recht ordentlich, der Nachwuchs erträglich. Sogar Heinz Erhardt spielt seine Rolle und nicht sich selber.« (Evangelischer Filmbeobachter, 1958)

»Drei ehemalige Con-Abiturienten finden sich nach einem guten Vierteljahrhundert im vergnügten Komplott zusammen, um ohne Bürden des gewohnten Komforts unternehmungslustig eine Vergangenheit zu rekonstruieren, in der man nicht mit PS, sondern per Stahlroß die Kilometer zurücklegte. Der Kniehosen-Ferien-Trip auf dem Fahrradsattel nach der Devise ›Zurück zur Natur‹ offeriert dem Trio der grauschläfrigen Männlichkeit eine Serie harmlos-spaßiger Abenteuer. Ein reizender Teenager, vom jugendlichen Autofreund schmollend abgesetzt, komplettiert schließlich die pedaltretende Reisegesellschalt, die in der sommerlichen Idylle einer jubiläumsfeiernden Kleinstadt noch einige von eifersüchtigen Mißverständnissen blockierte Runden bewältigen muß, bevor das Happy-End die zusammengehörenden Paare versöhnlich gruppiert. – Mit beschaulichem Humor serviert eine sorgfältige Regie die Story, die der Kamera reichlich Gelegenheit bot, die landschaftlichen Reize Kärntens fotogen ins Bild zu holen. Heinz Erhardt behauptet zwischen Start und Ziel die Spitze im köstlichen Konterfei eines korpulent-betriebsamen Managertyps, indem er selbst die harmlosesten Gesten zum Gag ummünzt. Albach-Retty predigt liebenswürdige Moral gegen wirtschaftswunderliebe Auswüchse als sympathischer Gymnasiallehrer. Atelierdebütant Kulenkampff nuanciert nur unmerklich sein vertrautes Fernsehbild in der Rolle eines vielumschwärmten Filmstars. Mit redseligem Temperament und sprudelnder Komik absolviert Mady Rahl ihren Part als mißtrauische Fabrikantenehehälfte, während das Drehbuch den Damen Haas und Maybach einige Distanz vorschreibt. Rock'n'Roll-Idol Peter Kraus läßt in schlaksiger Liebhaberrolle auch die Schlagerfans auf ihre Kosten kommen. Adrett und munter gibt sich Corny Collins. Vogelhändler-Freilichtbühnenzauber garniert den Ausflug in fröhliche Unterhaltsamkeit, der ein gutgelauntes Publikum nicht ohne einige beherzigenswerte Nachdenklichkeiten entläßt.« (Filmblätter, 1958)

»Erhardt, als dritter im Männerbunde, ist Besitzer einer Eierlikörfabrik im Norddeutschen, typischer Aufsteiger der fünfziger Jahre, dieses Attribut verleiht der Film ihm andauernd, und Erhardt muß es gequält spielen: wie anstrengend es ist, reich, kultur- und geistvoll zugleich zu sein und auch noch all die Etikette zu beachten, die man eh für

Links: Kleine Rauchpause: Heinz Erhardt und Hans-Joachim Kulenkampff mit Zigaretten, während Wolf Albach-Rettys Blick in die Ferne schweift

Rechts: Ruhe nach der Radtour und vor dem Sturm: Heinz Erhardt macht Pause

schnurzpiepegal hält. Ein Lustspieltopos sicherlich, durchmengt aber von so einer typischen Lüge der Zeit, als ob die preußischen Junker, der Bumsadel oder die Bergassessoren die Bohne mehr Kultur besessen hätten. Auch daß Erhardt Eierlikör verkauft, hat seine heiteren Seiten, jedenfalls lacht es im Kino immer laut, wenn Erhardt und sein Likör szenisch gepaart werden. Ist ja auch lustig: Erhardt und Eierlikör, das ist wie Adenauer und Kölsch, Brandt und Kognac, Iwan und Wodka, Kilroy und Bourbon. Die drei brechen zu einer Radtour auf. Die Idee dazu kam vom Pauker, als er – in der Eingangssequenz von seinen Schülern tief enttäuscht wird, als sie ihm gestehen, daß sie ihren Urlaub nicht in der Heimat verbringen, sondern mit dem Auto(!) ins Ausland (!) fahren. Keiner bleibt im Lande und strampelt sich selig, wie er es einst in der Jugend tat, was eine dramaturgisch geschickte Rückblende beweist: Vor zwanzig Jahren waren seine Freunde und er mit dem Rad nach Burgsteinach gefahren. Dort fand jeder eine Freundin – ja, selbst der bereits dicke Eierlikörbesitzer in spe –; so daß der Abschied tränenreich war. Nach der Rückblende signalisiert das Gesicht des Paukers, daß er nachdenkt. Und schon hängt er am Telefon und macht die Idee einer Revival-Tour seinen Freunden klar. Die sträuben sich erst, ehe sie sich von den Argumenten des Lehrers überzeugen lassen (wie gesund das Radeln und die Luft sei!).

Und ehe man sich recht versieht, sitzen alle drei mehr schlecht als recht auf ihren Stahlrössern und strampeln in Richtung Burgsteinach. Der Groschen fiel bei mir erst spät: Dieser schleimige Pauker will wirklich in die

Vergangenheit zurück, die zwanzig übrigen Jahre, die dazwischen lagen und von denen einige ›schrecklich‹ waren, sollen vergessen sein. Das Wort ›Krieg‹ fällt nicht, es wird nur umschrieben, als wäre es eine Geschlechtskrankheit, die man sich im Freudenhaus, genannt: Welt, geholt hat, über die man als Kavalier schweigt. Rechnen wir vom Produktions- und Erzähljahr 1958 zwanzig Jahre ab, landen wir im Jahr 1938, dem Jahr des Anschlußes. Ab da herrschte deutsch-österreichisch gesprochen Frieden, grob geschätzt bis Dezember 1941, dann begann Hitler mit seinen Fehlern (statt Moskau Ukraine etc.). Es geht um das großdeutsche Reich, deshalb feiert der Film in seinen Außenaufnahmen auch die österreichische Ferienplatte. Vorne irgendeine Blume (scharf), dahinter son Bergsee, der friedlich vor sich hindämmert (unscharf), mit den Radlern wird die Schärfe nach hinten gezogen, das Ganze in den rotbraunen Tönen irgendeines billigen Farbmaterials. Werbebilder für die Ferienlager von BdM, HJ, DAF und der KLF.

Deshalb labert der Fähnleinführer, den Albach-Retty spielt, andauernd von sauberer Luft und klarer Besinnung: ›Das ist doch gute alte Nazi-Tradition: Heile Welt, reine Luft, Blut und Boden, keine Verfälschungen durch jüdische Machenschaften chemischer Art.‹

(Ernst Bloch). Auch das Lob der körperlichen Anstrengung, die den Radfahrer adelt (Arbeit macht frei!), kann seine Herkunft nicht verleugnen. Aber dieser altgewordene HJ-Trupp zelebriert nicht nur Nostalgie, die Vergangenheit wird auch kritisch gegen die Gegenwart gewendet. Die Auslandssucht der Schüler des Griechischpaukers, die Grelle und die Oberflächlichkeit der Filmbranche, die dekadenten Rituale eines neureichen Materialismus, der über die Stränge schlägt, rauchende Frauen und Negermusik, Hektik und Streß – all das erfährt, durch die wahre und tiefe Empfindung am deutsch-österreichischen Busen der Natur heftigste Kritik. Der Idealismus, der hier als Kritiker eines ausgelebten Materialismus zutage tritt, speist

sich aus den unterdrücktesten Instinkten. Das Volk will zurück in die Ordnung des Reiches, in dem alles noch seine Ordnung hatte, Oben oben war und Unten unten. Die Infantilisierung, die Regression per Urlaubsreise ist nichts als ein umgekehrtes deutsches Re-Education-Programm, das die alten Werte wieder in Kraft setzt, eine moralische Währungsreform; nicht nur faschistischen Ordnungs- und ›Ehr‹-begriffen verpflichtet, sondern auch all dem reaktionären Gebräu, das in der Nazizeit auf Grund irgendwelcher verqueren ideologischen Implikationen unterdrückt war. Und dem Publikum gefällt's: die Anstrengungen des radelnden Fähnleins werden goutiert, sind sie doch allen bekannt.«
(Dieter Leder, Konkret, 1984)

Links: Nur wer ordentlich ißt, kann auch ordentlich radeln: Heinz Erhardt läßt sich von seinem Chauffeur mit Zwischenmahlzeiten versorgen.
Rechts: Heinz Erhardt nimmt Abschied von Ehefrau Mady Rahl, um auf Radtour zu gehen

»So ein Millionär hat's schwer«
Heinz Erhardt als Alfons Rappert

So ein Millionär hat's schwer
Österreich, 1958
Erstaufführung: 18.12.1958
Produktionsfirma: Öfa
Produktion: Herbert Sennewald
Regie: Geza von Cziffra
Buch: Peter Trenck
Kamera: Walter Tuch
Musik: Heinz Gietz
Lieder: »Hab'n sie nicht ein schönes großes Faß da?«
»Tun Sie's nicht!«
»Fabelhaft!«
»Es war ein Musikant«
»Venga, Venga Musica!«
Schnitt: Eleonore Kunze
Darsteller:
Peter Alexander (Edward Collins)
Germaine Damar (Ninette)
Heinz Erhardt (Alfons Rappert)
Wolfgang Wahl (Marcel Magnol)
Elga Andersen (Alice Sorel)
Loni Heuser (Frau Sorel)
Brigitte Mira (Madame Pillard)
Ernst Waldbrunn (Gefängniswärter Raymond)
Erich Fiedler (Hoteldirektor Blanc)
Erich Nikowitz (Diener Jean)
Louis Soldan (Armand)
Hans Podehl (Schlagzeuger Robert)
Fritz Eckhardt (Wirt Napoleon)

Roul Retzer (Polizist)
Hans Hals (Kommissar)
Armand Ozori (Herzog von Baskerville)
Hilde Jäger (Haushälterin Marie)

INHALT

Edward Collins (Peter Alexander) ist ein Millionär mit Herz, der von seinem Vater – einem amerikanischen Schrottmillionär – ein Vermögen geerbt hat, unter anderem eine prächtige Märchenvilla an der französischen Riviera, in der er den größten Teil des Jahres lebt. Aber er ist mit seinem Leben nicht glücklich. Snobs findet er unerträglich. Leider hat er immer nur mit solchen Menschen zu tun wie z.B. mit seiner Schwiegermutter in spe (Loni Heuser) und seiner eleganten Braut Alice Sorel (Elga Andersen), die den begehrten Junggesellen mit Beharrlichkeit und mit Hilfe ihrer resoluten Mutter erobert hat, um sich mit seinem Geld ein luxuriöses Leben leisten zu können. Als Collins entdeckt, daß seine Verlobte ihren Liebhaber Armand (Louis Soldan) mit seinem Geld sanieren möchte, wendet er sich enttäuscht vom Jet Set ab.

Eddie flieht vor einem der rauschenden Feste und landet in dem bescheidenen Häuschen seines Malerfreundes Marcel (Wolfgang Wahl). Hier macht Eddie die Bekanntschaft der reizenden Kellnerin Ninette (Germaine Damar), in die er sich Hals über Kopf verliebt. Ninette hält den singenden Charmeur, der noch nie gearbeitet hat, für einen Vagabunden. Um ihn auf den rechten Weg zu bringen, verschafft sie ihm in dem Restaurant, wo sie arbeitet, eine Stelle als Parkwächter. Weil Eddie sich in sie verliebt hat, nimmt er den Posten an. In der Zwischenzeit machen sich Alice und ihr Liebhaber Armand, der völlig verschuldet ist, mit Hilfe der Polizei auf die Suche nach ihm. Es kommt zu einer wilden Verfolgungsjagd, bei der Eddie und Ninette, die ihn zwar für einen Gauner hält, sich aber trotzdem in ihn verliebt hat, entkommen können.

Eddie nimmt daraufhin eine neue Stellung an als Etagenkellner im »Hotel la Reserve«, dessen Eigentümer er eigentlich selbst ist. Alfons (Heinz Erhardt) – ein Aushilfsdiener, der sich bei dem Versteckspiel als hilfsbereiter Assistent für seinen jungen Herrn erwiesen hat – steigt als Sir Alfons Collins, Onkel des Millionärs, im gleichen Hause ab. Eine reiche Witwe findet Kellner Eddie fast »zu nett«, er entlarvt den betrügerischen Hoteldirektor Monsieur Blanc und landet schließlich doch mit Alfons im Gefängnis. Man hat ihn eines Diebstahls beschuldigt.

Ninette, fest zu ihm haltend, entführt den Geliebten, ohne zu ahnen, daß die Polizei längst seine Identität festgestellt hat. Sehr verwundert ist sie dann freilich, als sie in der Villa »seines Freundes Edward Collins« eine riesige Gesellschaft eleganter Gäste findet, die alle gekommen sind, um Eddies Verlobung zu feiern. Eddie läßt ihr nicht lange Zeit, sich zu besinnen: er schließt sie in seine Arme und küßt sie innig als seine zukünftige Frau.

WAS NICHT JEDER WEISS

Der Arbeitsausschuß der Freiwilligen Selbstkontrolle der Filmwirtschaft (FSK) war sich bei der Freigabe des Films uneins: Zwar gab er den Film ab 12 Jahren frei, aber immerhin machte für eine Freigabe ab 6 Jahren »die überstimmte Minderheit geltend, daß Kinder an den bunten Bildern, den Tanzszenen und der Komik Heinz Erhardts ihre Freude hätten. Die Mehrheit vertrat jedoch den Standpunkt, daß die gesamte Atmosphäre des Films durchaus unkindlich sei und für Kinder dieser Altersstufe nichts Ansprechendes enthalte. Der Ablauf der Handlung, die Dialoge und Wortspiele seien für sie unverständlich und verwirrend. Weiterhin wurde geltend gemacht, daß das unmotivierte, ›trottelige‹ Handeln der Erwachsenen den Kindern ein

Der Millionär als Kellner (Peter Alexander) und der Diener als englischer Lord (Sir Heinz Erhardt)

völlig falsches Bild der Erwachsenenwelt vermittle. Im einzelnen verletzte insbesondere das Verlobungsverhältnis – mit Armand im Hintergrund – und die Szenen mit den weiblichen Hotelgästen das sittliche Empfinden. Daher müsse angenommen werden, daß der Film nicht nur die Kinder intellektuell überfordere, sondern bei einer Altersstufe, die noch vorwiegend unkritisch die Anpassung an die Erwachsenenwelt vollzieht, falsche Vorstellungen und Lebenserwartungen wecke, die ihre Erziehung zur gesellschaftlichen Tüchtigkeit beeinträchtigen. Freigegeben ab 12 Jahren mit zwei Schnitten.«

O-TON HEINZ ERHARDT

»Mein Name ist Alfons Rappert mit zwei pe.«

»Da benützen sie bitte den Eingang für die Liefertanten, für die Lieferanten, dahinten.«

»Ein anständiger Mensch, wie kommt der zu soviel Geld.«

»Er hat mich zum Berichterstatter ernannt, und dann enteilte er stehenden Fußes.«

»Ja, bitte, ich bin persönlich am Draht, jawoll.«

»Den weißen Jaguar, wo steckt denn der? Wieso ist der denn weiß? Ich war vor Jahren mal im Zoo, da habe ich einen Jaguar gesehen, der war gelb, so mit braunen Tupfen vorne einige, hinten mehrere. – Ach, das ist eine Automarke, so. Ja, ich hole den weißen Sportwagen aus der Garage.«

»Ich bin erledigt, äh, es wird erledigt.«

»Aufwiedersehen, lebe so lang und so wohl Du kannst.«

»Man fragt sich unwillkürlich, womit sich die Leute früher die Nerven getötet haben, vor Erfindung des blöden Telefons.«

»Meine Schwester mütterlicherseits hatte vor einigen Tagen einen Nagel in die Wand geschlagen, und nun hat sie sich ein Bild gekauft, um diesen Nagel zu zieren. So 'n Älgemölde, äh, Ölgemälde. Die Leda mit dem Schwamm.«

»Herr Collins ist unanwesend. Er hat geruht, nicht zu Hause zu ruhen.«

KRITIK

»Ein herziges armes Hascherl stellt die frisch agierende Germaine Damar auf ihre schlanken Beine.« (Filmblätter, 1959)

»Sein hartes Los würde man gerne teilen. Peter Alexander spielt den bedauernswerten Plutokraten, der an der Riviera in einem sagenhaft schönen Palast haust und nichts weiter zu tun braucht, als unentwegt Lieder vom Stapel zu lassen. Als ihn die Liebe erwischt, befällt ihn noch heftiger die Singeritis. Der Arme muß sich mit den bewährt albernen Texten von Kurt Feltz abquälen und mit der gar nicht schmissigen Musik von Heinz

Nichtsahnend verschafft Germaine Damar dem angeblich mittellosen Millionär Peter Alexander einen Job

Gietz. So foxtrottet der Brave durch die Handlung, dem ein niedliches, ahnungsloses Serviermädchen eine Kellnerstelle verschafft – ausgerechnet in einem Hotel, das ihm selber gehört. Germaine Damar spielt recht bescheiden dieses liebe Kind aus dem Volke, Wolfgang Wahl einen sehr sympathischen Freund des Millionärs, und Heinz Erhardt erweist sich als Aushilfsdiener recht hilfreich, um die Handlung ein bißchen mit Komik aufzuladen. Geza von Cziffra begnügt sich mit reichlich wäßrigen und abgenutzten Regieeinfällen wie z. B. dem Bespritzen der Leute mit dem Siphon oder dem Rasensprenger oder dem Sturz des Helden in die Regentonne. Ein Teil des Publikums kreischt auch darüber immer noch einmal.« (Der Tag Berlin, 1959)

»Die Feststellung, daß auch ein Millionär sein Päckchen zu tragen hat, darf in diesem farbigen österreichischen Musiklustspiel der sympathische Peter Alexander treffen, der nämlich in der Rolle des Edward viel lieber in Leinenhosen und einfachen Pulli herumläuft, als sich im Smoking von Party zu Party reichen zu lassen, die ihn sowieso nur langweilen. So flieht er eine Zeit aus dem Millionärsdasein und findet, als Parkwächter und Kellner arbeitend, schließlich ein Mädchen, das es nicht auf sein Geld abgesehen hat wie seine ehemalige Verlobte, denn Ninette muß

glauben, er sei arm wie eine Kirchenmaus. Der Dialog ist spritzig, die Musik von Heinz Gietz schwungvoll und lustig. Und sie wird von Peter Alexander so charmant serviert. Heinz Erhardt sieht man in einer großen Rolle, in der er seine Pointen nur so purzeln lassen kann. Großartig auch Germaine Damar, Wolfgang Wahl und Loni Heuser.« (Westfälische Rundschau Dortmund, 1959)

»Was tut ein Millionär im Film, wenn ihm die sogenannte Gesellschaft auf die Nerven fällt und er nicht nur des schnöden Mammons wegen geliebt werden will? Er streift inkognito und angeblich mittellos umher, bis er das Richtige gefunden hat. In diesem Falle ist besagter Millionär ein flotter, junger Mann, Erbe eines Schrotthandels und einer Reihe

von Luxushotels. Und wie das Drehbuch es so will, landet er als Parkwächter, Sänger und Aushilfskellner im eigenen Reich. Da ist genug Gelegenheit zu allerlei umwerfend komischen Ereignissen. Geza von Cziffra inszenierte das musikalische Unterhaltungsmärchen mit viel Schwung, und der Titelheld Peter Alexander spielt und singt sich dann auch in das Herz einer armen, süßen Werkstudentin (Germaine Damar) hinein. Köstlich wirkt der treuergebene Millionärsdiener (Heinz Erhardt). Auch die übrigen Schauspieler (Wolfgang Wahl, Loni Heuser, Ernst Waldbrunn, Elga Andersen) brennen mit neuen und alten Gags an der farbschönen Côte d'Azur ein Feuerwerk der guten Laune ab.« (Weser-Kurier Bremen, 1959)

Erst singt er mit den Straßenkindern, dann verteilt Peter Alexander auch noch Torte, das geht Heinz Erhardt eindeutig zu weit

»Vater, Mutter und neun Kinder«

Heinz Erhardt als Friedrich Schiller

Vater, Mutter und neun Kinder
BR Deutschland, 1958
Erstaufführung: 19.12.1958
Produktionsfirma: DFH
Regie: Erich Engels
Buch: Erich Engels, Wolf Neumeister
Kamera: Albert Benitz
Musik: Heino Gaze
Lieder: »Eine glückliche Familie«
»Ich lebe! Ich liebe! Ich lache!«
»Zur Liebe ist es nie zu spät«
»Blue Jeans«
Schnitt: Martha Dübber
Darsteller:
Heinz Erhardt (Friedrich Schiller)
Camilla Spira (Martha Schiller)
Monika Ahrens (Lene)
Corny Collins (Thea)
Pero Alexander (Klaus Fürbringer)
Erik Schumann (Francois Dupont)
Renate Küster (Regine)
Ernst Reinhold (Karl)
Thomas Braut (Hans)
Gabriela Steffan (Luise)
Margitta Scherr (Anni)
Harald Martens (Eduard)
Elke Aberle (Julchen)
Maria Sebaldt (Lollo Küppers)
Willy Millowitsch (Geselle Anton)
Rainer Brönnecke (Horst Horstmann)

Alexander Ebermayer von Richthofen (Clemens)
Franz Schafheitlin (Direktor Küppers)
Nora Minor (Rosel)
Willy Heyer (Klopsch jun.)

INHALT

Friedrich Schiller (Heinz Erhardt) ist ein gutsituierter, fleißiger Bäcker- und Konditormeister im Hannoverschen Dörfchen Einbeck mit guten Aussichten auf Berufung in den Handwerkskammerstand. Seit fast 25 Jahren steht ihm seine resolute und geschäftstüchtige Frau Martha (Camilla Spira) zur Seite, mit der er neun Kinder hat: Die älteste Tochter Lene (Monika Ahrens) ist bereits verheiratet, doch während ihrer Liaison mit dem spleenigen, stets mittellosen Kunstmaler Klaus Fürbringer (Pero Alexander) sucht sie wieder Rückhalt bei der Familie. Die hübsche Regine (Renate Küster) arbeitet als Stewardeß bei einer großen Fluggesellschaft und hat sich gerade in einen französischen Fluggast (Erik Schumann) verliebt.

Sohn Karl (Ernst Reinhold) besucht eine Seemannsschule, die sprachgewandte und aufgeweckte Thea (Corny Collins) verdient sich ihre ersten Sporen als angehende Journalistin, Sohn Hans (Thomas Braut) hilft als gelernter Bäckergeselle zusammen mit

Schwester Luise (Gabriela Steffan) und dem tranigen Gesellen Anton (Willy Millowitsch) im elterlichen Betrieb. Anni (Margitta Scherr) und Eduard (Harald Martens) gehen noch zur Schule und das 7jährige Julchen (Elke Aberle) ist das Nesthäkchen im trauten Heim.

Vom einen auf den anderen Tag schafft es Konditormeister Friedrich, daß der Hausfrieden der Großfamilie wie ein Kartenhaus zusammenbricht: Unter den Folgen starken Alkoholgenusses im Anschluß an eine feuchtfröhliche Innungssitzung läßt er sich auf ein harmloses Techtelmechtel mit der attraktiven Industriellengattin Lollo Küppers (Maria Sebaldt) ein. Leider trägt dieser harmlose faux pas für Friedrich am nächsten Tag weitaus mehr Konsequenzen als nur einen Kater. Tochter Thea, die gerade an einem Skandalartikel über das »Doppelleben« jener frivolen Dame schreibt, bringt an entsprechender Stelle auch ihren Vater ins Spiel.

Als Friedrichs Gattin Martha von der »Affäre« Wind bekommt, droht nicht nur die anstehende silberne Hochzeit der Schillers zu platzen, sondern auch Friedrichs sehnsüchtig erhoffte Berufung in die Handwerkskammer. Schließlich legt der reuige Konditormeister bei seiner Frau ein freimütiges Geständnis ab und nachdem diese ein klärendes vier Augen-Gespräch mit jener Lollo geführt hat, ist der Familiensegen wieder im Lot.

Dem glücklichen Verlauf des großen Jubelfestes samt Happy-Ende steht nichts mehr im Weg: Martha weiß um die ewige Treue ihres Friedrich, der nun zum Vorstand der Handwerkskammer ernannt wird, Tochter Lene kehrt zu ihrem mittlerweile finanzkräftigen Maler zurück, Tochter Regine erobert ihren französischen Fluggast-Schwarm Francois und Tochter Thea findet mit ihren spontanen Heiratsplänen bei den Eltern ein offenes Ohr.

WAS NICHT JEDER WEISS

Der Arbeitsausschuß der Freiwilligen Selbstkontrolle der Filmwirtschaft (FSK) hielt in seinem Jugendprotokoll eine Freigabe des Films für 6-12jährige für unmöglich, selbst für die ausgesprochene Freigabe ab 12 Jahren wurden noch Schnittauflagen erteilt: »Der gutgestellte Inhaber der bestrenommierten Bäckerei und Konditorei einer kleinen Stadt – wegen seiner beruflichen Tüchtigkeit und fachlichen Leistungsfähigkeit allgemein angesehen und zu mancherlei berufsständischen Ehrungen und Auszeichnungen gekommen und für weitere vorgesehen – der glückliche Vater von neun reizenden Kindern so zwischen 6 und 24 Jahren, der beste Mann einer netten Frau, hat das Pech, kurz vor der Feier seiner Silbernem Hochzeit in die Fänge einer verführerischen Frau und damit in deren Landhaus und in ihr Tagebuch zu geraten. Diese skandalumwitterte Frau eines weithin bekannten Industriellen wird Mittelpunkt einer gesellschaftskritischen Reportage, deren Verfasserin – ausgerechnet ! – eine der älteren Töchter des wackeren Konditors und Pastetchenbäckers ist. Um seinen Ruf als

Handwerksmeister und um sein Ansehen als Haupt der Familie ist es geschehen, wenn die Namen der stillen Teilhaber des betrogenen Mannes bekannt werden. Um den Umfang der Jugendfreigabe entstand eine ausgedehnte Diskussion. Der letztlich nicht vollendete Seitensprung des guten Ehemannes und Vaters und Silberbräutigams in spe, das anständige Familienklima wurden positiv gewertet. Untragbar ist eine Wortfolge, die zu schneiden ist. Die Gesamtheit der verwirrenden primitiven sowie die recht eigenartigen Reaktionen des Vaters auf die Unarten seiner Kinder sind so grobe pädagogische Versager, daß eine Freigabe für die 6 – 12jährigen unmöglich ist.«

O-TON HEINZ ERHARDT

»Ich habe neun Kinder und bin stolz darauf.«
»Laß uns ganz offen lügen, eh, reden.«
»Iß, damit du was wirst.«
»Was ist das deutsche Reichsgericht? – Eisbein mit Sauerkraut.«
»Nochmal so'n Stall voller Kinder, das kommt nicht in Frage – mit mir nicht.«
Im Landhaus haben Lollo und Friedrich bereits einen Cognac getrunken und kommen sich näher, zumal Schiller sich gerade zu Hause per Telefon wegen dringender Sitzungen entschuldigt hat.
Schiller: So, schöne Dame, stehe wieder zur Verfügung!
Frau Küppers: Ich kann Ihnen gar nichts zu essen anbieten, das war alles im Wagen.

Der Meister und seine Brote

Schiller: Ach, es gibt schlechte Menschen, nicht?

Frau Küppers: ... höchstens ein paar Konserven ... aber ich habe kein Brot, und was man sonst so braucht!

Schiller: Wissen Sie was? Ich back' uns ein paar Pastetchen!

Frau Küppers: Na das wär' ja fabelhaft!

Schiller: Haben Sie denn Mehl und Butter?

Frau Küppers: Wissen Sie was? Wir sehn einfach mal nach.

Schiller: Ja, wissen Sie was? Sehn wir mal nach!

Frau Küppers: Hühnerbrust?

Schiller: Kann rein!

Frau Küppers: Champignons?

Schiller: Kann rein!

Frau Küppers: Krebsschwänze?

Schiller: Muß rein!

Frau Küppers: Nun sagen Sie bloß, wo haben Sie das Backen gelernt?

Schiller: Na, ich bin doch Bäckermeister!

Frau Küppers: Was, Sie sind Bäcker!

Schiller: Natürlich!

Frau Küppers: Sie werden mir immer sympathischer!

Schiller: Wieso?

Frau Küppers: Mein Oller war Metzger!

Schiller: Also darauf müssen wir trinken!

Schiller: So, wenn die nicht schmecken, dann fress' ich statt der Pastetchen einen Besen!

Frau Küppers: Man lernt doch nie aus! So, jetzt aber ran an die Buletten!

Schiller: Gnä' Frau, es ist serviert!

Sie trägt die Pastetchen ins Wohnzimmer. Er verpaßt ihr einen Klaps aufs Hinterteil.

Frau Küppers: Au! Was soll denn das!?

Schiller (prustend vor Lachen): Na ja, das war alter Handwerksbrauch!

Frau Küppers (nicht abgeneigt): Na, feiner Brauch.

Schiller: Ja, ein Bäckermeister darf seinem Lehrjungen gelegentlich mal eins auf die Brötchen geben!

KRITIK

»Das Leben einer kinderreichen Familie bietet an sich schon so viele heitere Situationen, daß Erich Engels gut und gern darauf hätte verzichten können, auch noch durch allzu bärtige Witze und Gags zusätzliche Heiterkeit zu erregen. Zumal ihm ja schon ein Hauptdarsteller vom Format eines Heinz Erhardt einen hundertprozentigen Lacherfolg garantiert! Erhardt hat es – so will es das Drehbuch – im Laufe seiner 25 Ehejahre an der Seite seiner pummeligen Lebensgefährtin (Camilla Spira) auf die stattliche Schar von neun Kindern gebracht (von denen sich allerdings zu guter Letzt eines als Pflegekind erweist, auf daß einer ›Geschwisterehe‹ nichts im Wege stehe!). Dieses Familienidyll im idyllischen Niedersachsenstädtchen Einbeck, dessen heiteren Himmel nur gelegentlich einmal ein Wölkchen trübt, gewissermaßen als Zaungast beobachten und belauschen zu dürfen, ist ein Genuß für alle, die Kinder gern haben (möch-

Das Kulinarische ersetzt die Erotik:
Camilla Spira läßt kosten

ten) und sich einmal herzlich auslachen wollen!« (Hamburger Morgenpost, 1958)

»Mit todsicher publikumswirksamen Bestandteilen: Kindermund, Jugendglück, Familienidyll und zurückgenommene Seitensprungerotik.« (Evangelischer Filmbeobachter, 1958)

»Regisseur und Mitautor Erich Engels hat in diesem Familienlustspiel nur lebende Bilder gestellt: ›Bitte, recht freundlich.‹ Noch die Urenkel sollen ihre ungetrübte Freude an der Familienidylle des Kleinstadt-Konditors Schiller haben. Man gewinnt den beruhigenden Eindruck, diese liebe Familie füllt ihre Zeit wundervoll mit Essen, Schlafen und Spazierengehen aus. Die guten Alten haben zwischendurch mal einen kleinen ehelichen

Plausch im molligen Pantoffel, unter dem sich der Hausherr wohlfühlt, die Jungen baden, flirten und werden nacheinander reif zur Musterehe, wie sie ihnen die guten Eltern zwanglos vorleben. Papa, zu Anfang des Films kurz und harmlos Opfer seiner Galanterie, fürchtet zwecks Dramatik die Enthüllung seines ›Seitensprungs‹ über drei Viertel der Filmstrecke. In der silbernen Hochzeitsnacht beichtet er der verständnisinnigen Gattin. Die ›Weißt du noch‹-Rührung, die feinere Geister beim Betrachten alter Photos ankommen soll, hat hier reichlichen Platz. Heinz Erhardt hat den Teig seiner mürben Pointen gut ausgerollt, liebevoll die Rosinen seines armschlenkernden Witzes darüber verteilt und den Kuchen mit Hilfe seiner Filmgattin Camilla

Spira und der neun Kinder im Ofen gutgelaunter Sentimentalität gebacken. Das Publikum verspeist ihn mit hörbarem Behagen.« (Der Tagesspiegel Berlin, 1959)

»Der kinderreiche Papa Heinz Erhardt ist ein treuherziges Goldstück. Alle mögen ihn gut leiden, seine Filmfamilie und die Leute im Zuschauerraum auch. Er beherrscht die Kunst des doppelsinnigen Blödelns so sicher, daß auch der einfältigste Scherz direkt zur Fröhlichkeit reizt. Er mimt mit populären Gesten den braven Bürgersmann in Filzpantoffeln, der seiner lebensklugen Gattin Camilla Spira seine Zuneigung durch einen Klaps auf den Popo bekundet, und kann seinen Kindern nicht ernstlich böse sein. Bei so verständnisvollen Eltern mit lockeren, doch moralisch gefestigten Erziehungszügeln müssen die Kinder natürlich alle lieb und gut geraten sein. Nesthäkchen Elke Aberle darf kindlich vorlaut sein. Der flegelhafte Harald Martens ist lustig-frech. Die anderen, schon flüggen Kinder sind mit Verliebtheit beschäftigt. So plätschert das handelsübliche Familienleben munter vor sich hin und mündet in freundliche, kleine Rührungsteiche.« (Der Telegraf Berlin, 1959)

Vater, Mutter und ein Stall voll Kinder:
Bitte recht freundlich!

»Da wird uns wieder mal ein wonnig wabbelnder Familienpudding vorgesetzt, so etwas recht Bekömmliches fürs biedere deutsche Gemüt. Das liebt sich und neckt sich, und auch die Kinderschar der tüchtigen Eltern ist so wacker und lebenstüchtig. In ihrer quicken Daseinslust singen sie alle so herzerfrischende Lieder wie: ›Ich lebe! Ich liebe! Ich lache! Hahaha – auf dieser schönen Welt‹, (das dichtete Günther Schwenn, und Heino Gaze gab den musikalischen Schaum dazu). Der stolze Vater der neun Kinder ist Bäckermeister im idyllischen Einbeck und heißt sinnigerweise Friedrich Schiller. Diesen Mann spielt Heinz Erhardt; er rührt da einen dicken Teig an mit vielerlei Rosinen und mit allerlei nicht ganz frischen Zutaten von Witz. Doch das Publikum schmatzt vor Wonne über das, was ihm aufgetischt wird. Die Bäckersfrau und neunfache Mama wird mit angenehmer Herzenswärme von Camilla Spira gespielt, und aus der bissigen Hausangestellten macht Nora Minor eine ›Rosel‹ mit viel Dornen. Unter der sich munter gebärdenden Schar des Bäckernachwuchses fallen angenehm auf: Renate Küster, Monika Ahrens und Corny Collins. Aber bei manchem altbackenen Kalauer, der uns sonst in diesem Film verpaßt wird, möchte man nach dieser allzu glücklichen Bäckerfamilie mit Cremetorte schmeißen.« (Der Tag Berlin, 1959)

Der Konditor hat auch Bonbons

Heinz Erhardt als Paul Perlacher

Der Haustyrann
BR Deutschland, 1958
Erstaufführung: 29.1.1959
Produktionsfirma: Divina
Produktion: Walter Traut
Regie: Hans Deppe
Buch: Werner P. Zibaso
Romanvorlage: nach dem Bühnenstück »Das Ekel« von Toni Impekoven und Hans Reimann
Kamera: Oskar Schnirch
Musik: Raimund Rosenberger
Lieder: »Man liebt nur einmal«
»Es kann im Frühling sein«
Schnitt: Werner Preuss
Darsteller:
Heinz Erhardt (Paul Perlacher)
Grethe Weiser (Tante Amalie)
Peter Vogel (Hannes Hartung)
Willy Hagara (Willy Hagara)
Else Quecke (Trude Perlacher)
Helga Martin (Inge)
Stefan Schwartz (Alex)
Rudolf Platte (Gottlieb)
Ernst Waldow (Ermittlungsrichter)
Hans Leibelt (Landgerichtsrat)
Eduard Linkers (Staatsanwalt)
Beppo Brem (Polizist)
Arnulf Schröder (Professor)
Dietrich Toms (Briefträger)
John Schapar (Charly)

INHALT

Der Besitzer eines schlecht gehenden Cafés, Paul Perlacher (Heinz Erhardt), tyrannisiert seine gesamte Umgebung. Er ist mit sich und seiner Welt unzufrieden, ständig nörgelt er herum. Hauptopfer seiner täglichen Tyrannei ist seine Schwester Trude (Else Quecke), die dem cholerischen Perlacher und seinen beiden Kindern Inge (Helga Martin) und Alex (Stephan Schwartz) seit Jahren den Haushalt führt. Ständig ist sie bemüht, die Streitereien zu schlichten, die ihr Bruder mit seinen Launen provoziert. Grotesk sind die Kontroversen mit Amalie Hartung (Grethe Weiser), die zusammen mit ihrem Neffen Hannes (Peter Vogel) im 1. Stock von Perlachers Villa wohnt. Perlacher will seine Mieter mit aller Gewalt aus dem Haus ekeln. Aber Amalie hat ein dickes Fell. Sie provoziert ihren Hausherrn sogar, wo sie nur kann. Sie gibt Kindern in ihrer Wohnung Klavierunterricht. Ihr kleiner Hund rennt kläffend durch die Zimmer; und ihr kreischender Papagei schreit ständig »Ekel«.

Als das Gericht Perlachers Antrag auf Ausweisung seiner Mieter kostenpflichtig abweist, schreibt Perlacher in seiner Wut einen von Beleidigungen strotzenden Brief an den für das Urteil verantwortlichen Amtsrichter, was zu einer Anklage führt. Zu allem Überfluß hat sich seine Tochter Inge auch noch in Amalie Hartungs Neffen, den Musiker Hannes (Peter Vogel) verliebt. Statt ihren Hotelfachschul-Pflichten nachzukommen, schließt sich Inge zum Ärger ihres Vaters lieber dessen frischgegründeter Jazzband an. Wenn sie einmal ein gutes Engagement bekommen, wollen sie heiraten. Dieser Wunsch rückt in greifbare Nähe, als sich der bekannte Schlagersänger Willy Hagara der Band anschließt und sie unterstützt.

Doch dann kommt der Tag der Gerichtsverhandlung gegen Paul Perlacher. Wie immer ist er unbeherrscht und wird schließlich zu vier Wochen Haft verurteilt. Für eine große Überraschung sorgt jetzt Mieterin Amalie, die im Zuschauerraum sitzt. Mit allzu großer Lautstärke setzt sie sich plötzlich für ihren Hausherrn ein und wird nach mehrfachen Ermahnungen ebenfalls in Haft genommen.

Während die beiden »sitzen«, modernisieren Inge und Hannes mit Hilfe von Hagara und der Jazz-Kapelle das altmodische, unrentable Café Perlachers. Paul Perlacher und Tante Amalie werden zur gleichen Stunde entlassen. Auf dem gemeinsamen Heimweg finden sie glücklicherweise Gefallen aneinander, Hannes und Inge dürfen heiraten, und die Band hat ihr erstes Engagement in Perlachers neuem Tanzcafé.

Heinz Erhardt erscheint diesmal als nörgelnder Hausbesitzer, den jede Fliege stört und ganz besonders seine zwangsweise eingewiesene Untermieterin Grethe Weiser. W. P. Zibaso hat nach dem Bühnenstück »Das Ekel« von Toni Impekoven und Hans Reimann, das nach dem Ersten Weltkrieg ein Theatererfolg war, ein auf Heinz Erhardt und Grethe Weiser zugeschnittenes, der Gegenwart des Jahres 1958 angepaßtes Drehbuch geschrieben, das Hans Deppe (1897-1969) inszenierte. Hans Deppe war auch der Regisseur der ersten Verfilmung *Das Ekel* (mit Hans Moser) aus dem Jahr 1939, bei der er angeblich gern einen realistischen Schluß gedreht hätte, sich aber für ein versöhnliches Ende entschied. Knapp zwanzig Jahre später standen solche Überlegungen wohl nicht mehr zur Debatte: Das Happy-End des Wirtschaftswundermärchens erscheint von Anfang an schier unausweichlich.

WAS NICHT JEDER WEISS

Von der Freiwilligen Selbstkontrolle der Filmwirtschaft (FSK) wurde der Film ab 12 Jahren freigegeben, natürlich hatte der Arbeitsausschuß seine Gründe dafür: »Ein Lustspielfilm, in dessen Mittelpunkt der freudlose Nörgler und Querulant steht, der sich über alle Welt und sich selbst ärgert. Paul Perlacher, Caféhausbesitzer, hat den Prozeß gegen seinen weiblichen Untermieter, mit dem er diesen aus der Wohnung herausklagen wollte, verloren.- Sein Wille, sich zu ärgern, ist ungebrochen. Dieser konzentriert sich nun auf den Richter, den er mit einem wütenden Schreiben bedenkt. Hieraus wird eine neue Beleidigungsklage und weiterer

Illustrierte Film-Bühne
VEREINIGT MIT Illustr. Film-Kurier
Nr. 4656

DER HAUS-TYRANN

Ärger mit der Polizei und dem Gericht. Er muß viel Lehrgeld zahlen, bis er lernt, daß es sich andersherum mit einem bißchen Humor einfacher und angenehmer leben läßt. Perlacher hat Krach mit Jedermann, das wird reichlich oft mit genügender Lautstärke geboten und übertönt wohl auch ein bißchen den Mangel an wirklichem Witz und Komik.

Die Meinungen darüber, ob der Film bereits Kindern ab 6 Jahren gezeigt werden könne, waren unterschiedlich. Von einigen Ausschußmitgliedern wurde der Film insgesamt als abträglich angesehen. Der Film biete den Kindern das Zerrbild eines Vaters, der nicht komisch, sondern mit seiner aggressiven Rechthaberei, die er selbst vor Gericht durchsetze, kindliche Gemüter beunruhigen könne.

Die Mehrheit des Ausschusses war sich darüber klar, daß die Gestalt des kleinen Sohnes gerade auf die jüngsten Jahrgänge einen nachteiligen Einfluß ausüben könne. Das Verhalten des Jungen gegenüber, insbesondere dem Vater und dem Freund der Schwester, den er beinahe zu erpressen versucht, sei für kindliche Zuschauer ein ausgesprochen schlechtes Beispiel und könne daher die Erziehung zu seelischer Tüchtigkeit beeinträchtigen.«

O-TON HEINZ ERHARDT

»Mal sehen, ob wir wirklich in einem Rechtsstaat leben!«

»Eine Logik hast du, echt typisch.«

»Dem Amtsrichter, dem preisgekrönten Hammel.«

»Mit Liebenswürdigkeit kommt man nicht weit, da denken die Leute nur, man sei im Unrecht.«

»Ihr könnt mich alle miteinander, und der Polizeipräsident kreuzweise.«

»Das Götz-Zitat ist erstens von Goethe und zweitens stellt es eine Einladung dar, und der braucht niemand zu folgen.«

»Ein gebildeter Mensch sagt wenigstens hoppla, wenn er einen anderen übern Haufen rennt.«

»Mit so einem Staat ist kein Staat zu machen.«

**Mit Thermoskanne und Stullenpaket
als sein eigener Verteidiger**

KRITIK

»Man sollte eigentlich meinen, daß ein Film wie der *Haustyrann* schon vom Thema her Sympathien erweckt. Handelt es sich doch um das Prachtexemplar eines Cholerikers. Zu allem Überfluß ist er auch noch Besitzer einer piekfeinen Villa, in der er seinen Mietern das Leben ebenso schwer macht wie diese ihm. Zum sprichwörtlichen Stoßseufzer ›Man müßte Klavier spielen können‹, gehört eine Klavierlehrerin. Sie bewohnt im besagten Hause eine Mansarde samt ewig kläffendem Hund, Papagei, munteren Neffen, und schafft mit ergiebigem Schülergeklimper ihres kunstfreudigen Gewerbes akustische Marterqualen. Nun, der gordische Knoten dieses Hauses entwirrt sich erst über Gerichtsverhandlungen mit obsiegenden Untermietern, Inhaftierungen und einem Happy-End der jungen Leute. Das nach dem Bühnenstück *Das Ekel* verfaßte Drehbuch ist regelrecht auf Film zugeschnitten, entgleist in den geradezu plumpen Gerichtsszenen und weist allerlei sonstige Ungereimtheiten und billige Affekte auf. Heinz Erhardt in der Titelpartie. Wie gern möchte man ihm das Kompliment einer Charakterstudie von herzgewinnendem Format zusprechen. Leider blinzelt nur selten der ihm eigene Schalk aus seinen Zornesausbrüchen. Und Grethe Weiser als Klavierlehrerin, gewiß eine Type mit virtuosem Mundwerk, eine Kodderschnauze in Reinkultur. Aber auch bei ihr wird man nicht recht froh. Man hat sie besser, gelöster erlebt. Rudolf Plattes Kellner und Ernst Waldows gütig verzeihender Richter wirken sympathisch. Schade, ein Film, der nicht ausgereift, um wesentliche Grade untertemperiert und im Klamauk überdosiert ist.« (Neue Rhein Zeitung Düsseldorf, 1959)

»Justitia müßte nicht nur verbundene Augen, sondern auch Watte in den Ohren haben, um die Nerven zu behalten. Rund um das marmorne Standbild der Gerechtigkeit geht Herrn Perlachers Gewitter gegen Mitmenschen und Behörden nieder. Ein furioser Hauswirt, der sich mit dem Gesetzbuch unter dem Arm und mit der Thermosflasche auf der Anklagebank verteidigt, der sich mit jedermann duellieren möchte und schlankweg ein ›Ekel‹ ist, mimt den Elefanten im Porzellanladen. Nach dem Rezept: Wer vieles bringt, wird jedem etwas geben – hat Drehbuchautor Zibaso aus dem Bühnenstück *Das Ekel* Bonmots, Witz, Krawalldialoge und – Ende gut, alles gut – auch das versöhnende Gemüt abgeleitet. Das alte Leiden, daß der Beste nicht in Frieden leben kann, wenn es dem bösen Hauswirt nicht gefällt, bringt Tante Amalie (Grethe Weiser) samt Papagei und Schoßhündchen mit ihrem Quälgeist vor den Richter. Der Tyrann bekommt seinen Denkzettel, aber der Film zeichnet den Gestraften

Die fast erwachsene Tochter (Helga Martin) verteidigt ihre Liebe gegen den despotischen Papa (Heinz Erhardt)

humorvoll als Opfer des Paragraphenwaldes und seiner Kämpfernatur, als Unglücksraben, der im Grunde von sympathischer Dickfelligkeit ist und schließlich von seiner eigenen Busenfeindin im Justizsaal derart in Schutz genommen wird, daß beide wegen Auflehnung gegen die Staatsgewalt hinter Schloß und Riegel wandern. Eine Pferdekur also, die zwei Herzen zusammenführt, die außerdem auch für das Glück von Hauswirts Töchterlein und Tante Amalies Neffen sorgt. – Heinz Erhardt erweist sich als famoser Bürgerschreck und hat seine bisher beste Rolle. Grethe Weiser steht ihm nicht nach. Zur Abwechslung filmte man schwarz-weiß und ließ Bele Bachem einen lustigen Titelvorspann zeichnen, in Anlehnung an ihre lie-

benswürdige Illustration zu einem anderen ausgezeichneten deutschen Unterhaltungsfilm.« (Rheinische Post Düsseldorf, 1959)

»Ekel sind immer aktuell, sie verändern nur ihre Taktik, doch kaum ihr Wesen. Die Wichtigtuer, die Schmalspurtyrannen sterben nicht aus und werden immer würdevoll das Zepter der Subalternität schwingen. – Nörgler sind immer aktuell, dachte wohl auch Hans Deppe und verfilmte den alten Schwank *Das Ekel* von Toni Impekoven nun schon zum drittenmal. (1931 war es Max Adalbert, 1939 Hans Moser auch schon unter Hans Deppe.) Jetzt ist es Heinz Erhardt, der den Haustyrannen spielt. Nur schade, daß seine Mieterin, gegen die er als Wirt zu Felde zieht, so boshaft ist, daß man ihm völlig recht geben

muß und sogar annehmen kann, er wäre mit seiner Räumungsklage nicht abgewiesen worden. Sie erzeugt den Krach, der ihn reizt, mit viel List und Tücke: Der Hund muß kläffen, der Papagei kreischen und das Klavier dröhnen. – Daß der Haustyrann allerdings auch im eigenen Café die Gäste vergrault durch seine Nörgelei, scheint einem schon unglaubhafter, ebenso wie die gelegentliche Gutmütigkeit, die er hier einem armen Maler zuwendet. Die verrückt-komische Verteidigungsrede vor Gericht hat man aus dem alten Bühnenstück übernommen, und sie tut auch hier wieder ihre Wirkung. Feinere Nuancen hat sich Hans Deppe erspart. Es gäbe soviel komische Reibungspunkte zwischen Mieter und Hauswirt, zwischen Staatsgewalt und Bürger, die aufzuzeichnen verdienstvoller gewesen wäre als dieser lautstarke Klamauk. Grethe Weiser als krachsüchtige Mieterin, Heinz Erhardt als gequälter Haustyrann, Ernst Waldow als Untersuchungsrichter, Rudolf Platte als Kellner, Beppo Brem als Polizist – sie alle sind uns in jeder Geste, jeder Schattierung ihrer Komik allzu vertraut, und der Regisseur verlangt ihnen nichts Neues ab, leider. Die beiden sich liebenden Sprößlinge der streitenden Parteien interessieren uns auch nicht besonders. Helga Martin ist nichts als niedlich, und Peter Vogel kann seine melancholische Komik gar nicht anbringen, und den Liebhaber glaubt man ihm nicht. Daß es zum – Schluß ein doppeltes Happy-End gibt, wird vom Publikum dankbar quittiert.« (Der Tag Berlin, 1959)

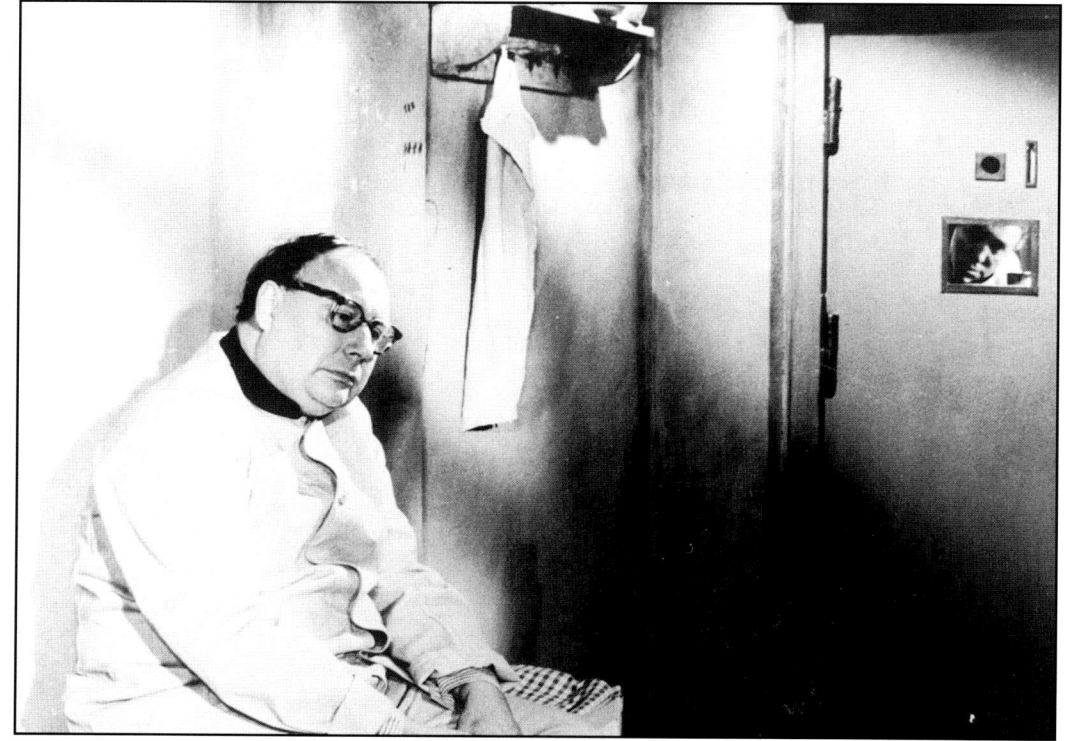

Allein in der Zelle, bei Wasser und Brot

»Die Spekulationen, die allenthalben angesichts der Heinz-Erhardt-Renaissance angestellt werden und die sich hinsichtlich sozialpsychologischer Ventilation geradezu überschlagen, lassen eine ganz einfache Vermutung völlig außer acht: Ist vielleicht der Komödien-Geschmack bestimmter kinogehender Kreise heute ebenso schlecht wie vor 25 Jahren? Sicherlich gibt es den hinreißenden Verbal-Akrobaten Erhardt, der mit kalkulierter Einfalt und scheinheiliger Schelmenhaftigkeit den Kalauer zur Kunst erhob, der Floskeln und Klischees der deutschen Sprache ad absurdum führte. Aber diesen Heinz Erhardt gibt es nur noch auf Platten, es gibt ihn ganz bestimmt nicht in seinen Filmen, die nicht ›seine‹ Filme sind, sondern die solcher Un-Talente wie Hans Deppe oder Geza von Cziffra, denen der deutsche Film der 50er Jahre zu Recht seinen schlechten Ruf verdankt. Deshalb: Heinz Erhardt ja – ›Heinz-Erhardt-Filme‹ nein!« (Westfälische Nachrichten, 1984)

»Es muß wohl an Heinz Erhardt liegen, daß seine Filme bei Regie-Handwerkern verschiedener Provenienz (Wiener Richtung, Ufa-Stil, Bavaria-Schule) ein einheitliches Profil haben. Daß niemand diesen Berufsschalk mit einem Dünnbrettbohrer verwechselt! Er setzt seinen eigenen Stil selbst da noch durch, wo ihm die Rolle gegen den Strich geht. *Der Haustyrann* ist ein Remake des Stoffs von *Das Ekel* (1939) mit Hans Moser. Beide Male führt Hans Deppe Regie. Die oben ausgeführte schwankhafte Familien-

struktur in gebrochener Form (Grethe Weiser als Kontrahentin und Ehefrau in spe) ist eine dramaturgische Hilfestellung für Erhardt, aber den Rest muß er allein machen. Da, wo Hans Moser eine unausstehliche Zuwiderwurz mit Tendenzen zum Kohlhaas ist, ist Erhardt ein böser Bub, der über die Stränge schlägt, ein pennälerhafter Kotzbrocken. Der Dickhäuter ist von vornherein als Dünnhäuter angelegt. Erhardt ist kein wesensmäßiges Ekel, sondern ein aufsässiger Biedermann. Erhardt ist nicht der renitente Kleine Mann als Rechtsfanatiker, sondern der obrigkeitsgläubige Bürger, der sich im Rechtsstaat verirrt. Wo Hans Moser eine ganz andere Justiz fordert und das Gewaltmonopol des Staats in Frage stellt, ist Erhardt ein

Rechtsdilettant, der dem Gericht das Grundgesetz ›erklären‹ will. Wo die Läuterung Hans Mosers wie ein schlechter Witz dem Film angehängt ist, ist die Wandlung Heinz Erhardts eine konsequente Entwicklung der Potenzen seiner Figur: von gereiztem Sodbrennen zu schleimiger Höflichkeit. Was bei Moser ein unvereinbarer Bruch ist, ist bei Erhardt ein gradueller Übergang. Die Vergehen des Ekels Erhardt sind im Grunde ebenso harmlos wie die des Steuerbeamten Willi Winzig, der zum Schluß nicht gefeuert, sondern befördert und pensioniert wird (*Was ist denn bloß mit Willi los?*).« (Thomas Brandlmeier, CineGraph Lexikon des deutschsprachigen Films)

Schlagabtausch zwischen Kellner Rudolf Platte und Caféhauschef Heinz Erhardt

Heinz Erhardt als Eberhard Dobermann

Natürlich die Autofahrer
BR Deutschland, 1959
Erstaufführung: 20.8.1959
Produktionsfirma: DFH
Regie: Erich Engels
Buch: Gustav Kampendonk
Kamera: Albert Benitz
Musik: Peter Igelhoff
Lieder: »Seid doch nett zueinander«
»Cowboy-Mambo«
Schnitt: Ingrid Wacker
Darsteller:
Heinz Erhardt (Eberhard Dobermann)
Maria Perschy (Karin)
Eric Schumann (Walter Schliewen)
Peter Frankenfeld (Karl Bierbaum)
Ruth Stephan (Jutta Schmalbach)
Arne Madin (Felix)
Margitta Scherr (Gisela)
Trude Herr (Frau Rumberg)
Bob Iller (Quizmaster)
Hans Paetsch (Polizeipräsident)
Ralf Wolter (Verkehrspolizist)
Edith Hancke
Willy Maertens
Klaus Behrendt
Karl-Heinz Gerdesmann
Max Giese
Norbert Skalden
Günther Ungeheuer
Klaus Hellmold

Jöns Andersson
Günther Jerschke
Es singen:
Friedel Hensch und die Cyprys und die
Geschwister Duval

INHALT

Verkehrspolizist Eberhard Dobermann (Heinz Erhardt) leitet den Verkehr an einer der meistbefahrenen Kreuzungen der Stadt und hat zu Autofahrern ein äußerst gespanntes Verhältnis. Der Hauptwachtmeister ist der Meinung, sämtliche Verkehrsteilnehmer sollten mehr Rücksicht aufeinander nehmen. Deshalb ahndet er auch die kleinste Übertretung der Straßenverkehrsordnung mit einer gebührenpflichtigen Verwarnung. Der überaus gewissenhafte und strenge Dobermann, ein führerscheinloser Autofeind und überzeugter Radfahrer, ist der Schrecken aller Autofahrer. Dabei macht er weder vor Besitzern großer Wagen, vor seinen besten Freunden, noch vor dem Polizeipräsidenten halt. Sie alle müssen zahlen.

Seit Dobermann sein hübsches Häuschen bezogen hat, ist er auch überzeugt, für seine beiden Kinder, die neunzehnjährige Karin (Maria Perschy) und den fünfzehnjährigen Felix (Arne Madin), für immer ein Heim geschaffen zu haben. Deshalb hat Karin auch

zunächst nicht den Mut, dem Vater zu erzählen, daß sie in Walter Schliewen (Erik Schumann), den Sohn eines reichen Autohändlers, verliebt ist. Als sie es ihrem Vater gesteht, erkennt der in dem feschen Playboy und begeisterten Rennfahrer einen besonders hartnäckigen Verkehrssünder wieder. Unter gar keinen Umständen will er, daß sich seine Tochter mit diesem Flegel einläßt.

Und dann ist da noch die verwitwete Blumenladeninhaberin Jutta Schmalbach (Ruth Stephan) mit der sich Karins Vater besonders gut versteht, so daß eigentlich eine Heirat der beiden ganz natürlich wäre, doch davor schreckt Eberhard zurück. So ist es nicht verwunderlich, daß Jutta versucht, ihn eifersüchtig zu machen. Also täuscht sie einen Flirt mit einem Stammkunden ihres Blumenladens, dem smarten Ingenieur Karl Bierbaum (Peter Frankenfeld) vor und der angesäuerte Dobermann verliert langsam sein seelisches Gleichgewicht. Bei einer Fernseh-Quizshow treten dann Eberhard und sein vermeintlicher Rivale Bierbaum sogar als Kandidaten gegeneinander an. Ausgerechnet bei einer verkehrstechnischen Frage siegt der schlagfertige Ingenieur über Fachmann Eberhard und gewinnt eine Urlaubsreise nach Mallorca für zwei Personen, zu der er prompt Jutta Schmalbach einlädt. Dobermanns Laune ist auf dem Nullpunkt angelangt, was nun in erster Linie die Autofahrer an seiner Kreuzung zu spüren bekommen.

Beim jährlichen Polizei-Sportfest setzt sich Karins Freund Walter an den Tisch der Dobermanns. Als er an diesem Abend das große Los der Tombola, ein nagelneues Luxus-Cabriolet, gewinnt, gelingt es ihm und Karin, diesen Gewinn in die Hand des Hauptwachtmeisters zu schmuggeln. Eberhard Dobermann verschweigt sein »Glück« vor der Familie. Nun hat er ein Auto, kann es aber nicht fahren. Vergeblich versucht er, den gewonnenen PKW gegen Bargeld einzutauschen. Also faßt er den für ihn schweren Entschluß, das Autofahren zu erlernen und nimmt heimlich Fahrunterricht. Dabei muß er nun feststellen, daß der Großstadtverkehr aus der Lenkradperspektive ein völlig anderes Gesicht hat. Zum Entsetzen seiner Fahrlehrerin (Trude Herr) nimmt Eberhard in kürzester Zeit typische Autofahrerallüren an: Er schimpft und hupt, zeigt den Vogel, schneidet Fußgänger.

Erst nach 55 strapaziösen Fahrstunden wird er zur Prüfung zugelassen, bei welcher ihm ausgerechnet Ingenieur Bierbaum als Prüfer gegenübertritt. Doch dieser läßt den rasanten Autofahrer schließlich großzügig den Abschlußtest bestehen, so daß Eberhard seiner Familie voller Stolz den Führerschein samt Auto präsentieren kann. Der freien Fahrt ins Happy-End steht nun nichts mehr entgegen: Eberhard gibt Töchterchen Karin und deren Schwarm Walter endlich seinen väterlichen Segen und macht seiner Nachbarin Jutta außerdem den lang erhofften Heiratsantrag.

WAS NICHT JEDER WEISS

Erich Engels (1889-1971), der Regisseur des Heinz-Erhardt-Films *Natürlich die Autofahrer* kam als Jurist mit der Filmindustrie in Berührung. Er war zunächst Filmproduzent, bevor er zum erstenmal selbst Regie führte. Als Regisseur und Autor bevorzugte der ehemalige Jurist vor allem Kriminalstoffe (*Dr. Crippen an Bord*), inszenierte später jedoch auch zahlreiche Lustspiele. Nach *Witwer mit fünf Töchtern* und *Vater, Mutter und neun Kinder* war *Natürlich die Autofahrer* die dritte und letzte Zusammenarbeit von Erich Engels und Heinz Erhardt.

Trude Herr, die in dem Film *Natürlich die Autofahrer* eine Fahrlehrerin spielt, erinnerte sich für das Buch »Heinz Erhardt – Dieser Schelm!« von Rainer Berg und Norbert Klugmann an ihre Zusammenarbeit mit Heinz Erhardt: »Kennengelernt habe ich Heinz Erhardt Ende der vierziger Jahre. Er spielte damals ein Theaterstück, und ich sprang kurzfristig krankheitshalber ein. Ich war die ›Verführerin‹, eine Ungarin. Damals war ich noch rank und schlank. Erhardt und ich haben uns auf Anhieb gut verstanden. Er hielt viel von mir als Schauspielerin und sagte: ›Sie sind ein ausgesprochen komisches Talent.‹ Wir haben furchtbar viel zusammen gelacht. Wir hatten die gleiche Art von Humor. Erhardt hat mir manchmal vor oder nach der Aufführung auf dem Klavier Stücke aus seiner Oper vorgespielt. Und dann haben wir uns bei den Dreharbeiten zu den Filmen wiedergesehen. Erhardt war ein sehr liebenswerter Mensch. Natürlich war er nicht der Doofmann, den er gespielt hat. Er war ein hochintelligenter Mann mit einer sehr breit angelegten Bildung. Scheu war Erhardt sowieso. Das findet man auch in seinen Filmen. Er haßte Leute, die sich produzieren mußten. Er nannte sie ›die Hundertsassa‹. In *Natürlich die Autofahrer* spielte ich eine Fahrlehrerin, die Heinz Erhardt das Fahren beibringt. Der Witz an der Sache: Erhardt konnte Auto fahren und ich nicht. Bei mir zu Hause gab es eine Fahrschule. Meine Schwester hat mir gesagt, was Fahrlehrer für Bewegungen haben. Einmal mußten wir direkt an eine Mauer fahren. Dafür kriegten wir unten Klötze reingelegt, damit wir uns nicht weh tun. Alles lief glatt, obwohl ein Krankenwagen daneben stand.«

O-TON HEINZ ERHARDT

»Das Anwesen, in dem ich mein Unwesen treibe.«

   »Damit das Haus und wir alle voll werden.«

   »Das sollte wohl eben Musik sein.«

   »Der hat ja mehr Freundinnen als Autos.«

   »Welchen Wagen nehmen wir jetzt?«

   »Nicht weinen, sonst muß ich auch weinen.«

   »Ich weiß nicht, mein Kopf dröhnt so. Ich glaube die Bowle ist mir nicht bekommen.«

Links: Vater einer Tochter:
Heinz Erhardt und Maria Perschy
Rechts: Er kennt die hartnäckigsten
Verkehrssünder: Polizeiwachtmeister Dobermann

Ja, alles automatisch. Hier meine Kochmaschine. Alles, was auf den Rezepten steht, kann man essen. – »Ach, essen muß man noch selbst?«

KRITIK

»Schmunzelfilm, der uns humorvoll den Spiegel vorhält«. (Rheinpost, 1961)

»Man höre doch endlich auf, einen bescheidenen Erfolg (*Immer die Radfahrer*) durch künstliche Fortsetzungen in Mißkredit zu bringen! Man hat nicht nur den Titel, sondern auch das Schauspielerteam auseinandergerissen. *Immer die Mädchen* mit Kulenkampff gelang daneben. *Natürlich die Autofahrer* mit Erhardt ist gleichfalls eine Niete geworden. Selbst der eilig als Kuli-Ersatz beschaffte Peter Frankenfeld rettet sich nur mühsam in eine Eigenparodie und tut sich scheinbar selber leid dabei.« (Evangelischer Filmbeobachter, 1961)

»Leicht auf die Schippe genommen wird in diesem amüsanten Lustspiel so ziemlich alles, was auf den Straßen ›kreucht und fleucht‹. Vor allem natürlich die Autofahrer. Sie sind einem diensteifrigen, Strafmandate verteilenden Verkehrspolizisten (Heinz Erhardt) ein Dorn im Auge. Als er jedoch durch Zufall selbst Autobesitzer wird und heimlich Fahrunterricht nimmt, gibt es für ihn keine Stopzeichen, weder im Straßenverkehr noch im reichlich turbulenten Privatleben. Den heiteren Verkehrsknigge garnierte Regisseur Engels mit ein bißchen Liebe, modernen Rhythmen (Peter Igelhoff) und einem lehrreichen Quiz. Neben Heinz Erhardt, der seine Albernheiten herrlich komisch anbringt, gefallen Trude Herr in einer köstlichen Kaba-

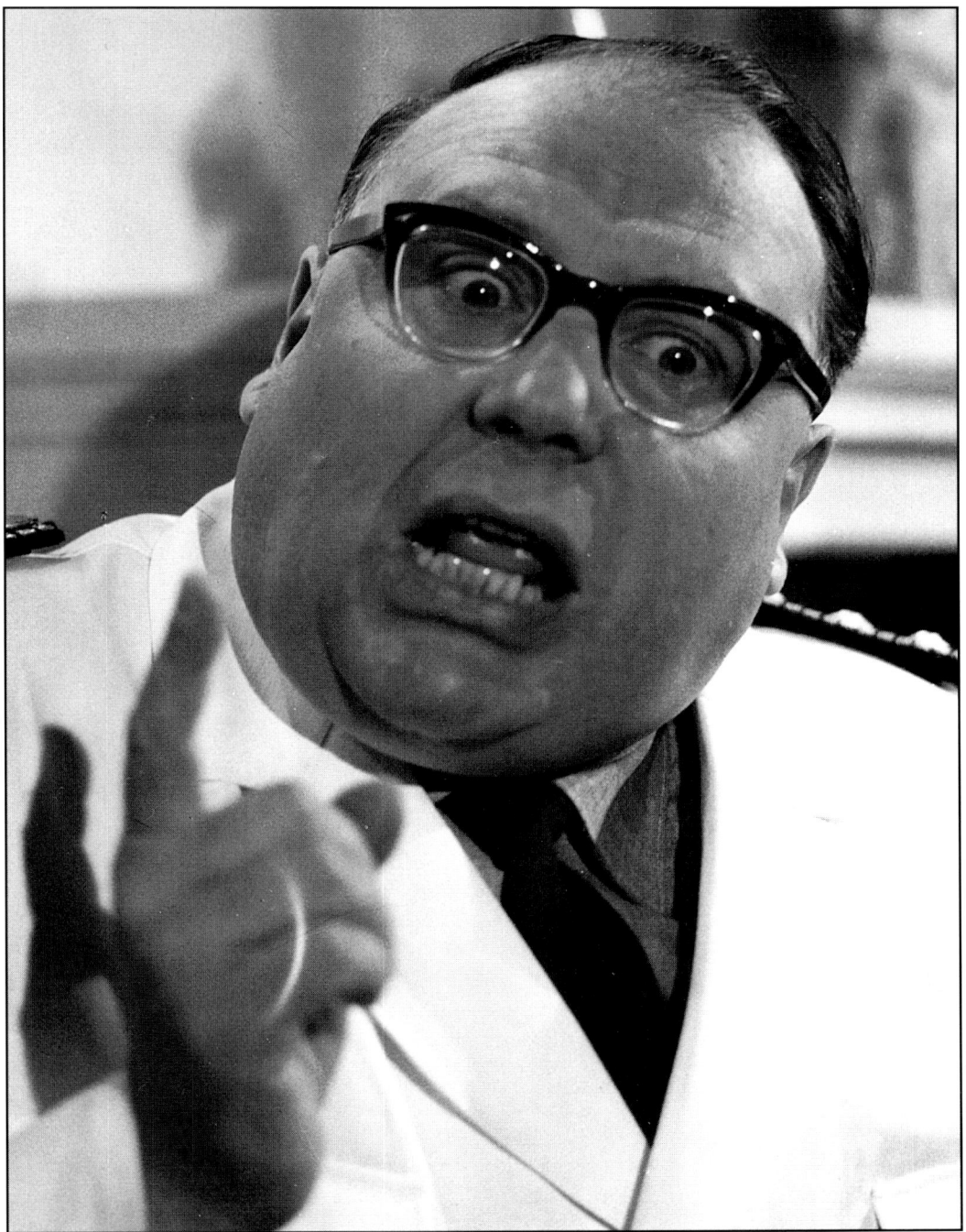

rettstudie, Erik Schumann als flotter, auf Verkehrsregeln pfeifender Herrenfahrer und der diesmal wohltuend zurückhaltende Quizmeister Peter Frankenfeld. Farbloser als gewohnt sind lediglich Ruth Stephan und Maria Perschy in den weiblichen Hauptrollen. Alles in allem: ein prächtiger Spaß.« (Weser Kurier Bremen, 1959)

»Ein Film der ›Neuen Welt‹. Rezept: Man nehme Funk- und Fernsehstars. Und siehe da, das Kino hat auch wieder sein Publikum. Jawohl! Es ist auffällig, daß nun der Kulenkampff und, siehe da, auch Peter Frankenfeld auf der Filmleinwand erscheinen. Und nun wird denn auch frank und frei eine Quizveranstaltung eingeblendet, in der Bob Illner seinen großen Fernsehkollegen als unbekannten

Karl Bierbaum auf die Bühne zitiert. Nun ja, ein bisserl billige Effekthascherei, nicht wahr? Ansonsten greift der Film über das Wesen und Unwesen der Autofahrer mitten hinein ins volle Menschenleben und rankt sich ein wenig mühevoll an der Geschichte hoch, wie ein gestrenger Strafzettelmeister und Dirigent eines munteren Kreuzverkehrs ein Auto gewinnt. Und mit seinem oft empfohlenen ›Seid nett zueinander‹ ist's nicht weit her. Im Gegenteil. Auch er gibt brutal Gas und erhält einen Denkzettel. Es soll nicht abgestritten werden, daß Erich Engels sich um flott beschwingte Szenen, um genügend situationskomische Effekte und muntere Gags bemüht und mit schwankhaften Situationen und ebensolchen Karikaturen im Menschli-

chen nicht gegeizt hat. Peter Igelhoff steuerte einige flotte Weisen bei. Die von Friedel Hensch und den Cyprys und den jungen Geschwistern Duval vorgetragen werden. Und über Heinz Erhardts komische Begabung braucht man kein Wort zu verlieren. Gesamturteil: Ein sommerlich frohgelaunter Unterhaltungsstreifen ohne tiefere Bedeutung.« (Neue Rhein-Zeitung Düsseldorf, 1959)

»Heinz Erhardt ailas Hauptwachtmeister Eberhard Dobermann ist ein gestrenger Hüter des Gesetzes. Tagtäglich steht er auf seiner kleinen Kanzel und regelt den Verkehr einer lebhaften Kreuzung, und es hagelt bei ihm nur so Strafmandate. Denn im Grunde seines Herzens ist er erbitterter Gegner aller Autos und aller Autofahrer. Sie machen ihm nicht nur mit ihrer Disziplinlosigkeit, sondern auch mit ihrem Lärm das Leben sauer, und nicht einmal des Nachts hat er Ruhe in seinem kleinen Einfamilienhaus, geht doch neuerdings eine Lastwagenumleitung genau an seiner Tür vorbei. Wie er nun durch einen Wink des Schicksals doch noch zu einem Freund des Autos, ja sogar selbst zu einem leibhaften Autobesitzer wird, das erzählt dieser Film. Sein Töchterchen, bereits flügge geworden und heimlich mit einem jungen Mann verlobt, dem Herr Dobermann zunächst überhaupt keine Sympathien entgegenbringen kann, schmuggelt ihm ein Los mit dem Hauptgewinn, einem schmucken Cabriolet, in die Hand. Und siehe da: Herr Dobermann nimmt ganz im stillen Fahrunterricht und überrascht schließlich den prüfenden Diplomingenieur (ausgerechnet sein Nebenbuhler bei einer netten jungen Witwe) mit Fahrkünsten, die allen Mitinsassen die Haare zu Berge stehen lassen. Daß mit dem großen Happy-End auch alle Liebesdinge gelöst werden, und zwar sowohl die der jungen Leute wie auch die des Herrn Hauptwachtmeisters, ist ja sonnenklar. Nicht ganz so klar wird es, warum Peter Frankenfeld ausgerechnet zu dieser wenig sympathischen Rolle des Ingenieurs gegriffen hat. Aber er muß es ja schließlich wissen. Heinz Erhardt jedenfalls zieht wieder alle Register seines entwaffnenden, naiven Humors, wobei ihm nebenbei auch die Vaterrolle gut ansteht. Seine Auserwählte ist, zurückhaltender als sonst, Ruth Stephan. Die jungen Leute werden von Maria Perschy und Erik Schumann gemimt. Daneben noch, in einer kleinen Einlage als komische Fahrlehrerin mit kölschem Zungenschlag, die filmdebütierende Trude Herr und endlich eine begeisternde Kinderschar, angeführt von Margitta Scherr und Arne Madin.« (Kölnische Rundschau, 1959)

»So klein wie hier darf man auch die kleinste Geschichte nicht anlegen – sonst zerbröckelt der Komplex in Sketches, deren Zusammenhang keiner mehr errät. Verkehrspolizist (Heinz Erhardt) gewinnt durch Manipulation der Tochter (Maria Perschy, warum so atemlos naiv?) ein Auto, nimmt heimlich Fahrstunden (bei Trude Herr, einer Neuentdeckung, die unsere besten Wünsche begleiten) und überrascht dann die Familie (Ruth Stephan in straffer Buffo-Rolle) mit selbstfabrizierten Verkehrsübertretungen.

Nun ja (Drehbuch Kampendonk), die Idee, daß ein Mensch zu einem Auto kommt, ist halt matt. Da hilft kein Heinz Erhardt, da hilft nur der Tombolagewinn eines Atom-Schlittens mit Raketenantrieb, irgendwo sollte der dramaturgische Konflikt herkommen. Die Anstrengung der Schauspieler ist gewissermaßen vertan, streckenweise muß die gesamte Polizei als Freund und Helfer in allen Lebenslagen tatsächlich auch noch diesem Film die Statisterie stellen, ohne daß dabei mehr als Impressionen herauskommen. Es gibt allerdings hundert Meter Zelluloid, die des Betrachtens und des Kommens wert waren: Erhardt und Trude Herr als Gespann am Steuer, ein reizendes Feuerwerk in der zusammen gekurbelten Schusselei.« (Abendpost Frankfurt am Main, 1959)

»In aller Harmlosigkeit ist Erhardt ein genauer und präziser Maulwurf, wenn es um die geistig-seelische Befindlichkeit des bundesdeutschen Kleinbürgertums geht. ›Wascht nur in Unschuld eure Hände und greift, kraft eigenen Ermessens, zum güt'gen Handtuch des Vergessens... Doch hilft das Waschen nicht und Reiben: Die Flecke bleiben!‹ Saubermanns Flirt mit dem Geist der Zeiten fördert seltsame Flecke im Gesicht zutage. Auf dem Polizeiball präsentiert Erhardt ›Die Polizei im Wandel der Zeit‹. Für die jüngste Vergangenheit sieht man ihn kurz mit aufgemaltem Hitlerbärtchen (*Natürlich die Autofahrer*). In seltsamen Drehungen windet er sich wie ein Gewissenswurm.« (Thomas Brandlmeier, CineGraph Lexikon des deutschsprachigen Films)

Links: Neues Heim und ein Trompetensolo von Heinz Erhardt
Rechts: Familienzuwachs: Vater, Tochter und Schwiegersohn Erik Schumann

Heinz Erhardt als Heinz, Otto und Eduard

Drillinge an Bord
BR Deutschland, 1959
Erstaufführung: 22.12.1959
Produktionsfirma: DFH
Regie: Hans Müller
Buch: Gustav Kampendonk
Romanvorlage: nach einer Idee von Lothar
Koch
Kamera: Erich Claunigk
Musik: Heino Gaze

Lieder: »Ja, das ist mein Dixieland«
»Charming boy«
»Linkes Auge blau«
Schnitt: Martha Dübber
Darsteller:
Heinz Erhardt (Heinz Bollmann)
Heinz Erhardt (Otto Bollmann)
Heinz Erhardt (Eduard Bollmann)
Peter Carsten (Fred Larsen)
Ingrid van Bergen (Diana)

Ann Smyrner (Rita)
Trude Herr (Lady Zocker)
Paul Dahlke (Emilio)
Günter Pfitzmann (Mac)
Billy Mo (Bobo)
Paul Westermeier (Kapitän)
Ralf Wolter (Friseur)
Günther Jerschke (Fernsehreporter)
Horst Coblenzer
Max Giese
Klaus Hellmold
Günther Ungeheuer
Kathrin Ackermann
Paul Kuhn

INHALT

Heinz Erhardt verkörpert die drei im Wesen völlig verschiedenen Titelhelden: die Drillingsbrüder Heinz, Otto und Eduard Bollmann, die äußerlich nur durch ihre Brillen voneinander zu unterscheiden sind.

Heinz, der Jüngste, da zehn Minuten später als die beiden »Großen« geboren, versorgt den gemeinsamen Haushalt. Otto übt den Beruf eines Werbetexters aus und Eduard, der als Ältester sogar ein anderes Geburtsjahr

**Heinz mit Hornbrille, Eduard mit Schleife,
Weste und kleiner Nickelbrille sowie
Otto mit Fliege und Pünktchenanzug**

vorweisen kann, weil das freudige Ereignis seinerzeit in einer Silvesternacht stattfand, ist Opernsänger.

Heinz, Eduard und Otto Bollmann sind zwar recht unterschiedliche Charaktere, hausen aber friedlich und gesellig in einer gemeinsamen Wohnung. Heinz, das »Küken«, ist pfiffig, er hat einen Werbevers Ottos (für eine Pickelcreme) einer von Eduard erfundenen Melodie unterlegt und den entstandenen Schlager heimlich zu einem Fernsehwettbewerb eingereicht. Prompt gewinnt der Schlager den ersten Preis: eine 14tägige Luxus-Seereise zu den Kanarischen Inseln. Keiner möchte zurücktreten und so finden sie sich plötzlich alle drei in der Luxuskabine, als das Schiff ablegt. Daß die Seereise nicht ohne Schwierigkeiten abläuft, versteht sich von selbst... Die drei Schlagerfabrikanten stiften unter den Passagieren und der Besatzung eine heillose Verwirrung: im Friseursalon nimmt, in Fünf-Minuten-Abständen, dreimal derselbe Herr Platz, um sich rasieren zu lassen, im Speisesaal geht ein Passagier zweimal kurz heraus und bestellt sich, zurückkehrend, jeweils aufs neue das ganze Menü usw..

Irgendwie ist die Geschichte sogar bedenklich, denn auf den Herrn Bollmann richten sich verschiedene Interessen. Einmal von seiten einer fülligen »Lady« Zocker (Trude Herr). Doch das ist nicht so schlimm, die liebebedürftige Dame merkt ja nicht einmal, daß der Kavalier Heinz das eine Mal in Werbeslogans schwelgt (also Otto ist) und das andere Mal sich als Ariensänger gefällt (nämlich Eduard). Verfänglicher schon ist das Interesse eines Detektivs (Peter Carsten), der einen Gangster sucht und dabei Bollmann im

89

Auge hat, vollends unangenehm aber wird die Aufmerksamkeit, die Herrn Bollmann seitens der drei Barmusiker zuteil wird. Dies sind nämlich wirkliche Gangster, glaubwürdig getarnt, und sie halten Bollmann für den Detektiv. Also kippen sie ihn nachts über die Reling – und wundern sich, wenn sie das Verfahren wiederholen müssen, denn Bollmann ist (in Gestalt der Brüder) immer wieder da...

Bei alledem bleiben die Drillinge selbst völlig ahnungslos, keiner merkt, was um sie herum gespielt wird, sie fühlen sich abwechselnd als der unbeschwerte Gratispassagier Bollmann. Das Über-Bord-Gehen zum Beispiel halten sie für unglückliche Zufälle. Sie sind weit davon entfernt zu ahnen, daß die Barmusiker sie in Tanger beseitigen möchten. Dort nämlich gehört eine arrangierte Schießerei im Nachtlokal (mit Platzpatronen)

zur Fremdenführungs-Show, und bei der Gelegenheit schießen die Gangster scharf auf den vermeintlichen »Bullen« Bollmann. Freilich ohne zu treffen. Bollmann aber hält es für eine gelungene Nummer des Reiseprogramms, als die Flaschen und Spiegel klirren. Selbst als einer der Bollmann-Brüder gekidnappt und in einen Wüstenbrunnen geworfen wird, wird dies für eine gelungene Überraschung gehalten. Heinz, Otto und Eduard schwelgen in Vergnügen und flirten, wie es sich gehört: mit der »Lady«, mit einem Lockvogel der Musiker-Gangster (Ingrid van Bergen), mit der Assistentin des Detektivs (Ann Smyrner)...

Bis die Situation auf der Rückfahrt unhaltbar wird: Ahnungslos überrascht ein Bollmann-Bruder einen der Gangster beim Plündern des Schiffstresors. Der greift den ver-

meintlichen Detektiv an und hetzt ihn durch die Gänge des schaukelnden Schiffs. Kugeln fliegen durchs Getümmel – bis die Gangster überwältigt sind. Dabei stellt sich allerdings auch heraus, daß Herr Bollmann aus drei braven Brüdern besteht, denen sogar die Rettung der Juwelen zu danken ist. Zu guter Letzt finden die Bollmann-Brüder dann sogar noch jeder eine bessere Hälfte, repräsentiert durch »Lady« Zocker und ihre beiden Drillingsschwestern...

WAS NICHT JEDER WEISS
Den dreifachen Erhardt ermöglichte ein Trickverfahren, bei dem man die Szenen farbig mit Komplementärfarben drehte, so daß bei der entsprechenden Kopie jeweils eine Farbe aufgehoben wurde. Damit verschwanden Teile der Szenerie und Personen. Der Film wurde später schwarz-weiß kopiert.

In dem Buch »Heinz Erhardt – Dieser Schelm« von Rainer Berg und Norbert Klugmann erinnerte sich Trude Herr an die Dreharbeiten des Films: »Ich war ja damals schon dick und Heinz auch. Jetzt hatten wir eine Liebesszene. Dabei mußten wir natürlich ständig die Schaukelbewegungen des Schiffes nachmachen. Damit wir synchron schaukelten, wurden wir unten herum festgebunden mit einer Kordel, und damit mußten wir bei den Dialogen immer hin und her. Wir konnten uns überhaupt nicht mehr ansehen, so sehr mußten wir lachen. Wir hatten schon die

13. oder 14. Einstellung verpatzt. Ständig stießen wir mit unseren dicken Bäuchen aneinander und dann dieses Schaukeln im Gleichklang und dann noch etwas von Liebe reden. Dann kam der Produktionsleiter rein und hat uns unerhört ausgeschimpft. Das hilft ja immer, und er hatte ja auch recht. Heinz und ich rissen uns zusammen, das wurde auch alles zu teuer. Nächster Versuch. Was wir nicht wußten, war, daß auch die Kameramänner mit ihrer Kraft am Ende waren. Die stellten die Kamera fix und gingen dann irgendwo in Deckung und schütteten sich vor Lachen aus. In der Dekoration hatten wir einen Spiegel. Wir waren festen Willens, die Szene endlich ernsthaft über die Runden zu kriegen. Aber ich guckte nebenbei in den Spiegel. Und im Spiegel sah ich den Regisseur und den Produktionsleiter, der uns vor fünf Minuten so furchtbar angebrüllt hatte. Ich sah die beiden in der Ecke stehen, und ihre Bäuche wackelten vor Gelächter. Die sahen genauso aus wie wir, und damit war es wieder aus. Mit den Augen ging es ja noch. Aber wenn ich merkte, daß dem Heinz sein Bauch wackelte, war's wieder gelaufen.«

O-TON HEINZ ERHARDT

Was möchten Sie speisen? Entrecote américaine, Filet de Normandie, Boeuf Stroganoff, Rumpsteak? – »Jawoll, ja.« – Was bitte? – »Na alles.«

»Ja, ja, die Liebe und die Seefahrt machen lustig, gnä' Frau.«

»Singe, wem Gesang gegeben, wer's nicht kann, soll einen heben.«

»Trinkt Sekt, der schmeckt!«

»Nanu, was hört mein Ohr?«

»Ich bin völlig knopflos!«

»Schlagerkomponisten gehören an die Front, da gehören sie auch hin.«

»Wir arbeiten beide schwer und dergleichen.«

»O Säule mio.«

»Ach du bist das, ich dachte, das ist der Spiegel.«

»Gestatten Bollmann, Lord Bollmann.«

»Mal sing ich Baß, mal sing ich besser.«

»Es irrt der Mensch, solange er strebt.«

»Trinken ist ja auch viel gesünder als tanzen.«

»Mir auch mit Rum, aber ohne Tee.«

»Heute bin ich sehr glücklich«, schrieb Heinz Erhardt 1969 nach der Fernsehausstrahlung von *Drillinge an Bord*. »Viele, viele haben entweder angerufen oder geschrieben oder telegrafisch oder mich auf der Straße angesprochen, wie gut ihnen *Drillinge an Bord* gefallen habe. Auch mir, muß ich sagen, gefallen die alten Filme viel besser, als damals, als sie neu waren. Vielleicht liegt das daran, daß sie dort etwas avantgardistisch waren, ohne es sein zu wollen. Und meine drei Rollen habe ich besser gespielt, als es mir in Erinnerung ist.«

KRITIK

»Dreimal Heinz Erhardt... Einer der Drillinge gewinnt in einem Schlagerwettbewerb eine Ozeanreise. Die beiden anderen nutzen ihre Ähnlichkeit aus und fahren als blinde Passagiere mit. Gangster halten einen von ihnen für einen Detektiv, der Detektiv hält die Drillinge für die Gangster... Die Trickszenen sind von bemerkenswerter Geschicklichkeit.« (Katholischer Filmdienst, 1960)

»Erhardts Filme haben ihr bestimmtes Publikum. Und das mit Recht. Der Komiker hat eine originale Art und trifft den Geschmack vieler Leute... Seine Stärke liegt im Kabarettistischen. Und wo er das beweisen kann, ist er gut... Heinz Erhardt in dreifacher Ausführung zu gleicher Zeit auf der Leinwand und dazu nicht nur unbeweglich in

einem Bildteil – das ist natürlich schon etwas.« (Evangelischer Filmbeobachter, 1960)

»Heinz Erhardt gleich in dreifacher Ausfertigung als Drilling Heinz, Otto und Eduard. Diese Drillinge nun nehmen an einem Fernsehwettbewerb teil, und prompt gewinnen sie den ersten Preis: eine Luxus-Seereise nach den Kanarischen Inseln mit Zwischenaufenthalt in Tanger. Der Kummer ist groß: Wer soll nun fahren, denn bei aller brüderlichen Liebe möchte doch keiner zurücktreten. So muß dann einer stets geschwinder als der andere sein. Der erste sitzt zuerst im Taxi, der zweite zuerst in der Badewanne der Luxuskabine, während sich der dritte schon im Schrank in selbiger Kabine gemütlich untergebracht hat. Zwei blinde

Passagiere also an Bord, und wohl oder übel müssen die drei nun als ein Preisträger auf die herrlichen Inseln fahren. Komplikationen über Komplikationen, beim Friseur, im Speisesaal – überall, selbst in der Liebe. Komplikationen auch für Gangster, die in den Drillingen – natürlich nur einen – Detektiv sehen. Und zum Schluß kommt dann natürlich alles heraus. Aber dann schadet es nichts mehr, denn nun stehen die drei als große Helden da, und sie bekommen sogar jeder einen weiblichen Drilling als Ehegespons. Ein flotter Film, mit flotter Musik untermalt, Heinz Erhardt in dreifacher Hauptrolle, dazu Peter Carsten, Ann Smyrner und Trude Herr – wenn das nicht das Richtige zum Jahreswechsel ist...« (Neue Rhein-Zeitung Düsseldorf, 1963)

»Massiv und massig wird in dreifacher Ausfertigung original Erhardtscher Humor verbreitet, da der beliebt-beleibte Komiker bildfüllend als ›Drillinge‹ den Zelluloidstreifen bevölkert. Einer der drei Brüder, die einander unaufhörlich launig necken, hat als ersten Preis für den besten Fernsehschlager eine Luxusfahrt zu den Kanarischen Inseln gewonnen, doch alle drei stellen sich an Bord ein. Mit der Gründlichkeit und beamtenhaften Korrektheit, die deutschen Lustspielfilmproduzenten eigen ist – nicht zum Wohle des Produktes – erscheinen gleichfalls dreifach: erstens die Gangster als smarte Musiker getarnt, die es auf den echten Schmuck der unechten schottischen Lady abgesehen haben; zweitens die Happy-End-Bräute der Erhardt- beziehungsweise Bollmann-Dril-

Lady Zocker (Trude Herr) und ihr Bollmann, Otto (Heinz Erhardt)

linge. Es geht zu weit, obwohl unermüdlich Situationskomik hergestellt wird, und nette Einzelgags ungemein beleben, und die Begleitmelodien gefallen. Klimbim zeigt sich umschichtig neben wirklichem Witz, was dem vom deutschen Lustspiel nicht just verwöhnten Zuschauer überraschend kommt.« (Rheinische Post Düsseldorf, 1960)

»In Hans Müllers 1959 gedrehter Chaos-Komödie *Drillinge an Bord* macht Heinz nun in der Tat den Marx-Brothers Konkurrenz, da er hier gleich dreimal auftreten kann: Er spielt die Brüder Bollmann, von denen Eduard, der Älteste, ein Lied komponiert, Otto, der Mittlere, dazu einen Text verfaßt, und Heinz, der Jüngste, das fertige Produkt zu einem Wettbewerb geschickt hat. Der erste Preis ist eine Reise für eine Person mit einem Traumschiff. Da sich die Drillinge natürlich nicht einigen können, wer den Preis erhält, treten sie alle zu dieser Fahrt an...« (Frankfurter Rundschau, 1984)

»Heinz Erhardts bester Film ist mit Abstand *Drillinge an Bord* (1959) unter der Regie von Hans Müller, einem ganz und gar unterschätzten Regisseur. Erhardt leiht den Drillingen Eduard, Otto und Heinz Bollmann Gesicht und Charakter, aufgeteilt in spezifische Segmente seiner Figur. Eduard ist ein Chorsänger, der sich höchst epigonal als Komponist versucht. Mit Schleife, Weste und kleiner Nickelbrille wirkt seine aufgedunsene Figur wie ein speckiges Abziehbild der Wiener Klassik. Als ältester Drilling beansprucht er Vorrechte, vor allem in Sachen Bequemlichkeit. Das letzte Wort behält er sich

vor, indem er bei jeder passenden und unpassenden Stelle ein ›und dergleichen‹ anhängt. Otto, Werbetexter und Spezialist für sentimental-aufgeblasene Sprüche, gibt sich kreativ mit Fliege und Pünktchen-Anzug; dafür hat er eine besondere Abneigung gegen schweißtreibende Aktivitäten. Heinz, der ›jüngste‹ Drilling, spielt den Haushälter der Drei. Es ist der Heinz Erhardt wie wir ihn kennen, albern-sanftmütig mit Krawatte und Hornbrille und mitunter als tuntiger Hausmann in der Schürze.

Heinz gewinnt einen Schlagerwettbewerb, indem er eine Komposition und einen Text seiner beiden Brüder einsendet. ›Charming Boy‹ heißt das Lied und der Preis ist eine Kreuzfahrt. Da sich die Brüder nicht einigen können, wem der Preis zusteht, geht es ein wenig zu wie bei den Marx-Brothers in *Mon-*

key Business und *A Night at the Opera*. Als Heinz frohgestimmt seine Kabine betritt, räkelt sich Eduard schon faul in der Badewanne und Otto läßt sich im Schrankkoffer hereinbringen. Juwelendiebe und Detektive beargwöhnen das mysteriöse Bollmann-Trio wechselseitig, so daß sich noch weitere Parallelen zu den Marx-Brothers ergeben, was nicht gegen, sondern für Heinz Erhardt spricht: Plagiator von drei großen Komikern zugleich. Erhardt ist in *Drillinge an Bord* vom Korsett des Schwanks befreit und kann seine Potenzen voll ausspielen. Die Regie ist ihrerseits aufs Angenehmste ›atypisch‹: Hans Müller hat selbst da, wo er Klamotte macht, einen scharfen Sinn fürs Groteske. Heinz Erhardt bringt in keinem Film soviel Körperkomik wie hier.« (Thomas Brandlmeier, CineGraph Lexikon zum deutschsprachigen Film)

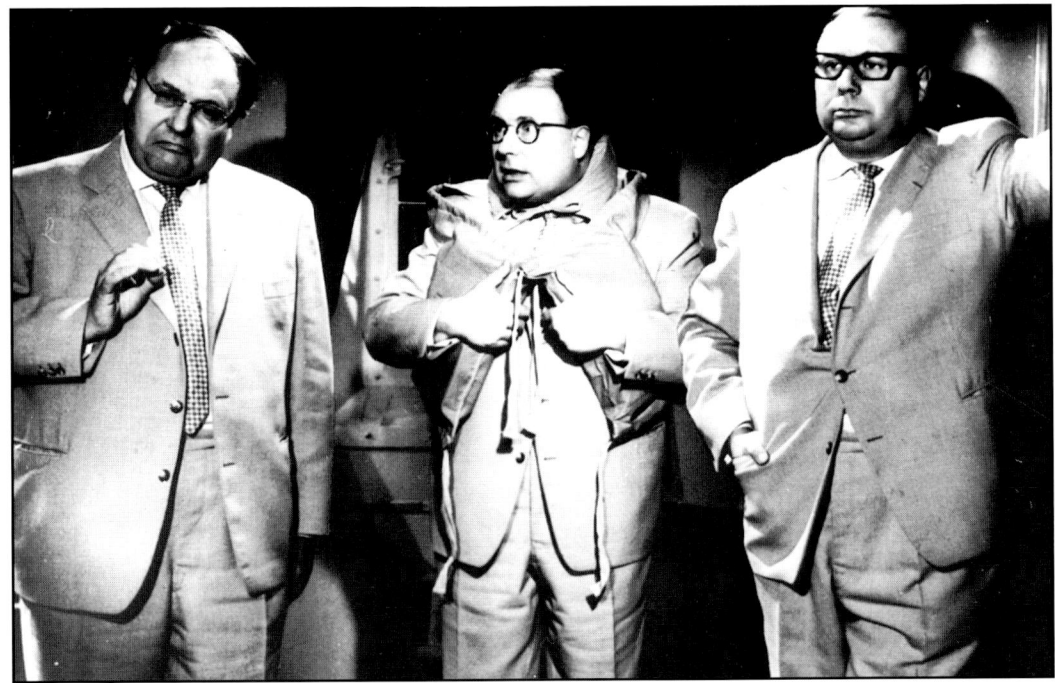

Heinz Erhardt als Eduard, Otto und Heinz Bollmann

Heinz Erhardt als Gottlieb Sänger

Der letzte Fußgänger
BR Deutschland, 1960
Erstaufführung: 15.9.1960
Produktionsfirma: DFH
Produktion: Fritz Hoppe, Otto Meissner
Regie: William Thiele
Buch: William Thiele
Romanvorlage: nach Eckart Hachfeld
Kamera: Kurt Grigoleit

Musik: Franz Grothe
Lieder: »So – fängt die Liebe an«
»Nicht so eilig«
»Wenn ich dich seh'«
»Ein Rucksack voller Träume«
Schnitt: Martha Dübber
Darsteller:
Heinz Erhardt (Gottlieb Sänger)

Christine Kaufmann (Christine Cornelius, genannt Kiki)
Michael Lenz (Rudi)
Peter Wegen (Max)
Käthe Haack (Frau von Hartwig)
Ernst Waldow (Dr. Zollhöfer)
Werner Finck (Hiss)
Trude Herr (Rheinländerin)
Günther Ungeheuer (Pit, Reporter)
Hans Hessling (Chefredakteur Kleinert)
Lucie Englisch (Frau Huppert)
Harry Tagore (indischer Prinz)
Willy Reichert (Schützenwirt)
Blandine Ebinger (Henriette)

**Rien ne va plus: Heinz Erhardt und
Christine Kaufmann im Casino**

INHALT

Der 50jährige Junggeselle Gottlieb Sänger (Heinz Erhardt) ist ein Träumertyp, scheu, unsicher und bescheiden. Er arbeitet als unbedeutende Archivhilfe in einem großen Zeitschriftenverlag und ist stets darum bemüht, möglichst nicht aufzufallen. Sänger hat eine Aversion gegen Autos und Straßenbahnen und geht, wann immer möglich zu Fuß. Als er im Sommer seinen wohlverdienten Urlaub antritt, herrscht in der Redaktion dicke Luft: Verzweifelt debattiert man über ein peppiges Leitthema für die anstehende Sommerausgabe. Gottlieb, den dies völlig unberührt läßt, schultert einen »Rucksack voller Träume« und begibt sich mit dem »Herz voll Sonnenschein« (so singt es Heinz Erhardt) an den Busen der Natur. Er macht sich auf den Weg nach Baden-Baden, von wo aus er durch den Schwarzwald wandern will.

Am Bahnhof wird Gottlieb Sänger von einer ängstlichen alten Dame gebeten, ein Auge auf deren Enkelin Kiki (Christine Kaufmann) zu halten, die mit dem gleichen Zug alleine nach Genf in ihr Internat zurückreist. Freundlich wie immer, nimmt er die Bitte an, nicht ahnend welche Konsequenzen diese Gefälligkeit für ihn und seinen Urlaub haben wird. Das bereits 16jährige, frühreife und überaus unternehmungslustige Mädchen lockt bereits auf der Fahrt zwei junge Männer ins Zugabteil. In Baden-Baden angekommen, überredet sie ihren väterlichen Betreuer dann mit viel Geschick zu einem gemeinsamen Casino-Besuch, bei dem Gottlieb den gesamten Inhalt seines Portemonnaies verspielt. Als Kiki nun auch ihren Anschlußzug nach Genf verpaßt und ihn auf seinem Wandertrip begleiten will, statt ins Internat zu fah-

EIN FARBFILM

Illustrierte film-Bühne
VEREINIGT MIT Illustr. film-Kurier
Nr. 05400

DER letzte FUSSGÄNGER

ren, hat Gottlieb nur noch den Wunsch, sich so schnell wie möglich von seiner unfreiwilligen Beschützerrolle zu befreien. Doch das Mädchen ist beharrlich und becirct Gottlieb so lange, bis sie schließlich zu zweit loswandern.

Unterwegs schließen sich ihnen die jungen Studenten Max (Peter Wegen) und Rudi (Michael Lenz) an. Gemeinsam genießt man unbeschwerte, sonnige Rucksack-Wandertage mit romantischen Lagerfeuern und Nachtlagern im Heu. Wie auf jeder Wanderung fotografiert Sänger diese Natureindrücke für sich und schickt die Bilder zum Entwickeln an seinen Freund Hiss (Werner Finck) in die Redaktion. Die gar nicht zur Veröffentlichung gedachten lebendigen

Motive, die Redakteur Hiss in seiner Verlegenheit um die ausstehende Ferienreportage dem Verlagsdirektor vorlegt, schlagen ganz groß ein. Schon in der nächsten Ausgabe prangert unter dem Headliner »Der letzte Fußgänger« ein Foto von Wandersmann Gottlieb Sänger mit seiner reizenden Begleiterin Kiki auf der Titelseite.

Gottlieb ist über den Mißbrauch seiner Fotos zunächst stinksauer und auch Kikis Großmutter, die ihre Enkelin seit Tagen im Internat glaubt, erfährt durch diese Story erst, wo das »ungezogene« Mädchen steckt. Doch dann wendet sich alles zum guten: Gottlieb erhält bei seiner Rückkehr in den Verlag nicht nur eine Prämie von 3.000 Mark, sondern sogar das Angebot auf einen Redakteurs-

posten. Und die Großmama läßt sich schließlich von der Harmlosigkeit der Eskapaden ihrer Enkelin überzeugen und ist überglücklich, Kiki wieder in ihre Arme zu schließen.

O-TON HEINZ ERHARDT

»Sie glauben gar nicht, wie wenig man zum Leben braucht.«

»Aber ich bin doch nicht Elvis Presley!«

»Na, wie wär's mit einem Brötchen. Mit Jagdwurst, schön nicht? Hm, schmeckt herrlich. Wunderbar. Ich hab ja noch eins mit Leberwurst, da sind sogar Trüffel drauf. Ha, freue ich mich schon drauf.«

KRITIK

»*Der letzte Fußgänger*: mit Heinz Erhardt, dem fülligen Conférencier und Schauspieler, und Christine Kaufmann, einem plakatierten Idol der Teenager, dazu Käthe Haack, Ernst Waldow, Werner Finck und sogenannter Nachwuchs in Chargenrollen – man unterzieht sich dem Weg ins Kinoparkett keineswegs mit Erwartung, allenfalls mit gedämpfter Neugier, was Wilhelm Thiele, der früher einmal *Der Kongreß tanzt* oder die *Privatsekretärin* inszeniert hat, jetzt, nach seiner Heimkehr aus den Vereinigten Staaten als William Thiele, weiterhin Regisseur und Drehbuchverfasser, darzubieten gedenkt. Es ist wahrhaft überraschend, was man als Unterhaltung gängiger Art bereits verdächtigte, stellt sich als Super-Unterhaltung her-

Blick in die leere Brieftasche: Alles Geld verspielt

aus. Haben da etwa die Meinungsinstitute mitgeholfen, oder bringt William Thiele gar den sechsten Sinn für sein eigenes Volk mit nach Hause? Er läßt Heinz Erhardt als guten Onkel Fotoredakteur (oder Archivar) eines tollen Hamburger Zeitschriftenunternehmens auf Wanderschaft in den Schwarzwald fahren, mit Rucksack und Gemüt, betont unmodern und liebenswürdig. Unterwegs kuschelt sich Christine Kaufmann, auf der Reise in ihr Genfer Internat, an ihn an, und anstatt zu den Gouvernanten marschiert sie mit dem fröhlichen und nachgiebigen Onkel rüstig durch Tann und Tal. Zwei Studenten schließen sich ihnen an, eminent stimmungstüchtige Leute Richtung Tanzmusik (trotz Konservatorium und Jura). Es klappert die Mühle am rauschenden Bach. Spielkasino und Heuschober wechseln als Requisiten einander ab. Schinkenbrot aus der Faust, und nachher wieder mondänes Hotel. Das Wandern ist des Müllers Lust, aber Autofahren kann auch nicht schaden. Wer vieles bringt, wird jedem etwas bringen. Es fehlt weder Tango noch Courths-Mahler-Milieu, weder Waldeseinsamkeit noch Petticoat. Und alles geht so anständig vor sich, so unerschütterlich anständig mit Biedermannsgehabe, fast possierlich. Und das Publikum im Parkett schnurrt geradezu vor Wohlbehagen. Kintopp mit Eichendorff-Couleur. William Thiele, der Verfasser dieser neunmalklugen Idylle, ein Hexenmeister der Harmlosigkeit offenbar, so daß die Harmlosigkeit schon wieder verdächtig wird, hat seine Regiehand an

Nicht so eilig! Nur nicht so eilig! Wenn du dir Zeit läßt, hast du vom Leben mehr!

den Puls der deutschen Wünsche gehalten. Es dürfte ein Phänomen sein, daß ein einziger Unterhaltungsfilm sämtliche Gier, nach Naivität und entschärftem Pfeffer, alle Assoziationen von Motorisierung, Rousseau und Jugendliebe – von sechs Jahren an aufwärts – in sich vereinigt. Ein beinahe vollkommenes Spiegelbild der verniedlichten Triebe und erlaubten Sehnsüchte. Doch die Verhältnisse, die sind nicht so, wie sie es eigentlich sein sollten. Und zum Glück für alles Unglück werden sie es wohl auch niemals sein. Dem Film *Der letzte Fußgänger* allerdings ist nach seiner Uraufführung in Frankfurt der Erfolg so sicher, daß man daraufhin bedenkenlos Aktien kaufen könnte.« (Lothar Papke, Frankfurter Allgemeine Zeitung, 1960)

»Er heißt Gottlieb Sänger und sieht danach aus. Wenn er morgens gut gelaunt zu seinem Büro im Archiv eines Illustriertenverlages schlendert und dort erst mal sein Liedchen ›nicht so eilig...‹ trällert, ahnt er noch gar nicht, was er ganz unabsichtlich fertigbringen wird. Die originelle Ferienreportage des Jahres nämlich. Titel: ›Der letzte Fußgänger‹. Tatsächlich: In seinem Urlaub wandert er mit Rucksack durch den Schwarzwald. Dabei kriegt er unversehens ein abenteuerliches Persönchen namens Kiki (ihre Oma ist Baronin, jawohl) auf den Hals, das will partout mit ihm durchs Grüne und nicht ins Genfer Pensionat. Der ganze Film lebt eigentlich nur durch Heinz Erhardt, obwohl der sich früher auch mal witziger gab. Christine Kaufmann macht

ein liebes Gesichtchen und läßt hie und da einmal mehr diskret erkennen, daß sie ›kein Kind mehr‹ ist. Zwischendurch ein bißchen kabarettistischer Aufputz zum Thema Touristik, sonst aber viel Gemütlichkeit und Herz.« (Saarbrücker Zeitung, 1960)

»Wenn jemand die Philosophie Jean Jacques Rousseaus ›Zurück zur Natur‹ auf so liebenswürdige Weise auslegt wie Heinz Erhardt, dann ist es nicht verwunderlich, daß man diesen Film mit seinem Hauptdarsteller als menschlich herzlich empfindet. Heinz Erhardt spielt jede Phase, vom zurückhaltenden scheuen Angestellten im Archiv eines Zeitschriften-Verlages bis zum verständnisvollen Onkel einer temperamentvollen und eigenwilligen jungen Dame auf überaus sympathische Art. Christine Kaufmann heckt als Zögling eines Mädchenpensionats manche Spitzbüberei aus und bringt den guten Heinz Erhardt in Situationen, die ihn als Mann mit soliden Grundsätzen in einige Verwirrung bringen. Dieses ›kleine Stück Malheur‹ schafft es schließlich dank ihrer jugendlichen Begeisterungsfähigkeit, mit ihrem neuen väterlichen Freund eine Wanderung durch den Schwarzwald zu machen. Natürlich wird alles mit schönen Naturaufnahmen, ein wenig Liebe, frischen Liedern und – wie könnte es anders sein – Happy-End für alle Beteiligten umrahmt. Christine Kaufmann hat alle Mühe, neben dem entwaffnenden Naturphilosophen bestehen zu können. Die Komik und die kleinen Lebensweisheiten, die Heinz Erhardt allein durch seine Mimik zum Ausdruck bringt, geben dem Film jene Lie- benswürdigkeit, die heiter und nachdenklich stimmt.« (Südkurier Konstanz, 1961)

»*Der letzte Fußgänger* ist Heinz Erhardt alias Gottlieb Sänger, seines Zeichens Leiter des Archivs einer illustrierten Zeitschrift. Er ist ein romantisch veranlagter Junggeselle, dessen Devise ›Zurück zur Natur‹ lautet und der die Gabe der Philosophen hat, alles mit Gleichmut, lächelnd, zu ertragen. Erhardt war auf der Leinwand mehrmals gezwungen, sich als Clown zu gebärden. Diesmal gibt er sich anders – er zeichnet ein glaubhaftes Menschenbild, und das geht keineswegs auf Kosten des Humors, im Gegenteil: er strahlt, ohne die üblichen Mätzchen, eine ansteckende Heiterkeit aus, und die amüsanten Erlebnisse, die Gottlieb Sängers Urlaub versüßen, haben nicht den Stil der Klamotte. Diesmal stimmt die Werbung des Verleihs: ›Mit Humor gegen Hast, gegen Motoritis, Räderitis, Renneritis...‹.« (Hannoversche Allgemeine Zeitung, 1960)

Reisebekanntschaften: Trude Herr, junge Herren, Christine Kaufmann und Heinz Erhardt

Oben: Gottlieb und Kiki im Wanderdress
Unten: Ein Rucksack voller Träume,
das Herz voll Sonnenschein, ein Liedchen
auf den Lippen: Die Welt kann herrlich sein

»Kauf Dir einen bunten Luftballon«

Heinz Erhardt als Theaterdirektor Knapp

Kauf Dir einen bunten Luftballon
BR Deutschland/Österreich, 1960
Erstaufführung:19.1.1961
Produktionsfirma: Kurt Ulrich, Wiener Mundus
Regie: Geza von Cziffra
Buch: Geza von Cziffra
Kamera: Willy Winterstein
Musik: Michael Jary
Lieder: »Kauf Dir einen bunten Luftballon«
»Rummelplatz«
»Du sollst meine erste Liebe sein...«
»Komm und mach mich glücklich«
Schnitt: Renate Jelinek
Darsteller:
Ina Bauer (Inge König)
Toni Sailer (Hans Haller)
Heinz Erhardt (Theaterdirektor Knapp)
Walter Gross (Sekretär Josef)
Paul Hörbiger (Professor Engelbert)
Oskar Sima (Hermann König)
Gunther Philipp (Herr Mief)
Ruth Stephan (Miefs Freundin Mia)
Ralf Wolter (Diener Luggi)
Ernst Stankovski (Regisseur Peter Bertram)
Katharina Mayberg (Schauspielerin Ilona Berg)
Fritz Muliar (Komiker Franzl)
Karl W. Fernbach (Komiker Hühnchen)
Peter Parak (Eishockeyspieler Robert)
Ernst Waldbrunn (Gerichtsvollzieher)

INHALT

Hermann König (Oskar Sima), Besitzer eines großen Eispalastes, setzt große Hoffnungen in seine Nichte Inge (Ina Bauer): Er möchte die Eislauflehrerin zur Eiskunstlaufweltmeisterin machen. Und er kann es schließlich beurteilen, wer das Zeug zu einer Weltmeisterin hat, war er doch schließlich auch einmal Europameister. Inge jedoch hat etwas ganz anderes im Kopf; sie möchte zum Theater. Heimlich nimmt sie Gesangsunterricht bei Professor Engelbert (Paul Hörbiger). Und wie das Schicksal so spielt, verliebt sich Eishockeystar Hans Haller (Toni Sailer) in die reizende junge Dame. Er gibt sich als Schlittschuhlaie aus und nimmt bei ihr Unterricht. Als Inge erfährt, daß Hans tagsüber im Palace-Theater arbeitet, sieht sie das als ihre große Chance. Und Hans ermuntert sie, am nächsten Tag zum Vorsingen zu kommen.

Zu ihrem großen Erstaunen wird Inge sofort von Theaterdirektor Knapp (Heinz Erhardt) empfangen und auf der Stelle engagiert – ohne vorgesungen zu haben. Noch ahnt sie nicht, daß sie Opfer eines Mißverständnisses wurde. Direktor Knapp nämlich, der seinem Namen in Bezug auf Geld alle Ehre macht, war es in allerletzter Sekunde gelungen, seine Revue zu finanzieren: Herr Mief (Gunther Philipp), der Eigentümer des Theaters, hatte Geld lockergemacht, aller-

dings nur unter der Bedingung, die Hauptrolle mit seiner Braut Mia (Ruth Stephan) zu besetzen. Nicht etwa, um ihr zum Erfolg zu verhelfen, sondern um sie ein für alle mal von ihrem mangelnden Talent zu überzeugen.

Natürlich verwechselt Direktor Knapp die beiden Damen. Und siehe da: Inge entpuppt sich als großes Talent. Auch im Privaten verfolgt sie – durch die Verlobung mit Hans Haller – eisern ihren Weg ins Glück. Im Hintergrund werden jedoch Intrigen geschmiedet, die den guten Herrn Knapp an den Rand der Verzweiflung treiben. Herr Mief entdeckt die Verwechslung und verlangt, daß Inge hinausgeworfen wird. Doch das Ensemble probt heimlich mit ihr weiter, und schließlich kommt es zu einem »kriegerischen« Duett der beiden Sängerinnen auf offener Bühne, das vom Publikum begeistert gefeiert wird.

Direktor Knapp steht vor dem größten Problem seines Lebens: Endlich hat er den ersehnten Erfolg, doch dieser scheint ihm nicht vergönnt zu sein. Herr Mief läßt das Theater sperren. In letzter Minute kommt allen der rettende Gedanke: Man beschließt kurzerhand, die Revue in den Eispalast des verfeindeten Onkels zu legen, der sich zur Zeit auf Reisen befindet. So begibt sich Direktor Knapp aufs Glatteis und kommt natürlich gefährlich ins Rutschen, denn plötzlich kehrt der Onkel zurück...

WAS NICHT JEDER WEISS

Das Revue-Lustspiel *Kauf dir einen bunten Luftballon* ist eine Neuverfilmung des Ufa-Erfolgs *Der weiße Traum* aus dem Jahr 1943: Im Februar 1943 überleben von fast 300.000 deutschen Soldaten Stalingrad nur 90.000, die Begleitmusik klingt so: »Kauf' dir einen bunten Luftballon, nimm ihn fest in deine Hand, stell dir vor, er fliegt mit dir davon in ein fernes Märchenland...« Dieser und andere Schlager bieten nur noch Ausflüchte, Flucht vor der bitteren Realität. Das Lied vom Lufballon muß schon geradezu pervers erscheinen angesichts der Bombenwürfe, des Hungers und dem letzten Aufgebot namens Volkssturm: Das geht dann selbst Goebbels zu weit, er soll einen Tobsuchtsanfall bekommen haben, als er diesen Schlagerfilm das erste Mal sah.

Zusammen mit Ina Bauer und Toni Sailer drehte Geza von Cziffra die beiden Eislauffilme *Kauf Dir einen bunten Luftballon* (1960) und *Ein Stern fällt vom Himmel* (1961), die den ungeheuren Erfolg von *Der weiße Traum* aber nicht annähernd erreichten: »Inzwischen waren ja die Sonja-Henie-Filme bei uns gelaufen«, schreibt Geza von Cziffra in seiner Autobiographie, »Jahre hindurch gastierten in allen größeren Städten deutsche, österreichische und amerikanische Eisrevuen. Mit einem Wort, das Publikum war übersättigt, so war der Erfolg der Filme mittelmäßig, und bald bekamen auch die Eisrevueveranstalter kalte Füße und machten Pleite.«

O-TON HEINZ ERHARDT

»Die hat ein paar schöne Knochen.«
»So ein Pferd ist ein herrliches Roß.«

INA BAUER   TONI SAILER

Film-Bühne
VEREINIGT MIT Illustr. Film-Kurier
Nr. 05610

Kauf Dir einen bunten Luftballon
EIN FARBFILM IN ULTRASCOPE

KRITIK

»In wirkungsvollen Tanzszenen und einem prächtig ausgestatteten Finale von etwa 15 Minuten schweben und wirbeln Ina Bauer und die Wiener Eisrevue mit ihren weltbekannten Kräften nach flotten Jary-Rhythmen über das ›glatte Parkett‹«. (Filmblätter, 1961)

»Der Schlagertext wurde zum Titel des Remakes. Wie einst führt auch diesmal Geza von Cziffra Regie. Wie einst stehen die Schlittschuhe, das spiegelnde Eis und das prächtig ausgestattete Eisballett im Mittelpunkt. Star ist die weltbekannte Wiener Eisrevue. Da wird dem Auge etwas geboten an Kostümen, an romantisch-exotischer Szenerie und vortrefflichen Eislauf-Leistungen. Ina Bauer weiß zu bezaubern, und Toni Sailer findet sich auf dem Eis ebenfalls recht gut zurecht. Die Eisprinzessin aus Krefeld, die sozusagen eine Minute vor der Olympiade vom Amateur zum Profi wechselte, steht im Gegensatz zu Toni Sailer zum erstenmal vor der Kamera. Sie gibt sich Mühe und sieht nett aus... Die Farbkamera (Willi Winterstein) verfolgt die schwelgerischen Eisballett-Szenen. Cziffra, der auch das Drehbuch schrieb, spart nicht mit Turbulenz. Außer den beiden Prominenten des weißen Sports sorgen Oskar Sima, Heinz Erhardt, Walter Gross, Gunther Philipp, Ruth Stephan und viele andere für Situationskomik.« (Wiesbadener Kurier, 1961)

Oben: Theaterdirektor Heinz Erhardt mit Eislaufstar Ina Bauer und Toni Sailer
Unten: Zwei Chefs und ein Diener: Heinz Erhardt, Oskar Sima und Ralf Wolter

»Ganz am Anfang saust der Toni Sailer wie der Blitz auf Skiern einen Abhang hinunter. Ganz zum Schluß saust er auf Skiern hinter einer Eisenbahn her, weil darinnen die Ina Bauer sitzt, mit der er gern happy-enden möchte. Was ihm auch gelingt. Aber zwischendurch muß er immer wieder aufs Eis. Als Eishockeyspieler und als Eisläufer. Woran man sieht, daß wintersportmäßig dieses Remake des *weißen Traums* noch erheblich erweitert wurde. Damals gab's halt die Ina und den Toni noch nicht! Da die Zeiten aber auch auf anderem Gebiet weitergingen, hat Geza von Cziffra diesmal das Geschehen auch in vielen Farben auf breitere Leinwand bannen können. Ein bißchen Liebe und eine hübsche Portion Verwechslungsspiel sind der Kitt, der das Treiben auf dem glatten Eis zusammenhält. Dabei hat man eine Menge von Filmkomikern (Heinz Erhardt, Oskar Sima, Walter Gross, Gunther Philipp, Ruth Stephan und Ralf Wolter) aufgeboten, von denen allerdings nur Erhardt in Sachen Humor richtig zum Zuge kommt. Ina Bauer kann sich im bunten Spiel (das nicht ohne Anspielungen auf ihre sportliche Karriere ist) leidlich behaupten. Auf dem Eis jedoch ist sie – was nicht wunder nimmt – ganz große Klasse. Die Revueszenen mit ihr und der Wiener Eisrevue, in prachtvollen, farbenfreudigen Kostümen vor stilisierten Aufbauten dargeboten, sind schon des Anschauens wert. Sie weisen in jeder Phase jenes Tempo und jenen

Oben: Ein Tänzchen in Ehren: Walter Gross und Heinz Erhardt
Unten: Ruth Stephan soll die Hauptrolle bekommen, die Heinz Erhardt längst vergeben hat

Schwung auf, den man gern auch der Handlung dieses Films hin und wieder gewünscht hätte. Aber was bedeutet schon die Handlung, wenn Ina Bauer ihr Filmdebüt gibt?« (Neue Rhein-Zeitung Düsseldorf, 1961)

»Der weiße Traum, wie wir ihn vor Jahren auf der Leinwand miterlebten, wird erneut geträumt: diesmal farbig in Ultrascope und im Breitwandformat. Für den Eisstar Ina Bauer war es der erste filmische Versuch mit dem zehnfachen Goldmedaillengewinner und schon filmerfahrenen Toni Sailer. Beide Hauptdarsteller sind dort am stärksten, wenn sie auf buntflimmernder Leinwand sich auf dem Eis oder im Schnee präsentieren, auf Gebieten also, die sie beherrschen, einst aus sportlicher Leidenschaft, heute des beruflichen Erfolgs wegen. Neben so treffsicheren Humorkanonen wie Heinz Erhardt, Walter Gross, Oskar Sima oder Ralf Wolter müssen beide Hauptdarsteller ein wenig verblassen. Ina Bauer kann immerhin das, was ihr an darstellerischer Reife noch fehlt, in der glänzenden Eisrevue am Ende des Films wettmachen, wohingegen sich für Toni Sailer nur magere Chancen zu Beginn und Ende des Films ergeben. Sieht man davon ab, so ergibt sich eine saubere und recht ansprechende Leistung zum Thema Unterhaltungsfilm. Liebe/Klamauk, das in Lustspielfilmen so notwendige heillose Verwechslungsspiel, alles das ist unter der Regie von Geza von Cziffra recht munter, und kurzweilig in Szene gesetzt; es

Oben: Heinz Erhardt ist kaum zu halten:
Toni Sailer und Gunther Philipp haben viel Mühe
Unten: Walter Gross hat gut lachen:
Heinz Erhardt mit langer Leitung für Gunther Philipp

gibt keine Längen, an prächtiger Ausstattung ist nicht gespart, um der Wiener Eisrevue mit ihren Stars weiß auf eisglitzerndem Parkett recht einfallsreich den Rahmen zu geben.« (Rheinische Post Düsseldorf, 1961)

»Bei Revue- und Ausstattungsfilmen haben die ›handelnden Personen‹ im allgemeinen nicht viel zu sagen und – außer zu singen, zu tanzen und sich selbst darzustellen – nicht viel zu tun, im besonderen nur die Stichworte für die Einlagen zu liefern, deren kaltattraktiver Pomp dann mit einem tiefen Griff in die Farbeimer peinigend genau aufgenommen wird. Unter der Hand Geza von Cziffras nahm diese wienerische Neuauflage des Unternehmens *Luftballon* eine glücklichere Wendung; unterhaltsame Handlung und Arrangement der Wiener Eisrevue wurden ins wohltemperierte Lot gebracht, die Revuestückchen dabei fast zur Kulisse, zum Handlanger für den Witz – von Ruth Stephan, Heinz Erhardt und Walter Gross, die keine günstige Gelegenheit vorüberstreichen lassen, ohne sie beim komischen Schopfe zu fassen, und delikat auch alte Späße wieder neu veralbern. Die beiden Sternchen (Ina Bauer und Toni Sailer) machen ihre Sache auch dort, wo sie nicht in ihrem feschen Element sein dürfen, so blitzsauber und betulich, daß ihnen niemand böse sein mag; es sind halt zwei sonnige Herzerl. Kein ›deutscher Lustspielfilm‹, wohl aber ein lustiger Spielfilm.« (Der Tagesspiegel Berlin, 1961)

Oben: Walter Gross und Heinz Erhardt:
Und das soll ein Vier-Minuten-Ei sein?
Unten: Sekretär Walter Gross und Regisseur Ernst
Stankovski staunen nicht schlecht: Gunther Philipp
ist sauer, Heinz Erhardt kann ihn kaum beruhigen

»Mein Mann, das Wirtschaftswunder«

Heinz Erhardt als Paul Korn

Mein Mann, das Wirtschaftswunder
BR Deutschland, 1960
Erstaufführung: 26.1.1961
Produktionsfirma: DFH
Produktion: Georg Richter
Regie: Ulrich Erfurth
Buch: Dieter Hildebrandt
Romanvorlage: nach Joachim Wichmann und
Thomas Westa
Kamera: Albert Benitz
Musik: Michael Jary
Lieder: »Ach, wenn ich doch im Lotto sechs
Richt'ge hätt'«, »Immer noch 'nen Groschen
für die Musikbox«
»Gradeso – so wie du«
»Hab'n wir das nötig gehabt«
»Honky-Tonky-Tom«
Schnitt: Heinz Haber
Darsteller:
Marika Rökk (Ilona Farkas)
Fritz Tillmann (Alexander Engelmann)
Conny Froboess (Julia)
Heinz Erhardt (Paul Korn)
Helmuth Lohner (Tommy Schiller, Journalist)
Wolfgang Völz (Sekretär)
Friedrich Schoenfelder (Dr. Bach)
Adelheid Seeck (Helene Grolmann, Illonas
Managerin)
Marieluise Nagel (Sekretärin)
Georg Bastian (Freddy, Mitschüler Julias)
Heinrich Giess (Arzt)

INHALT

Paul Korn (Heinz Erhardt) ist persönlicher Chauffeur des einflußreichen und wohlhabenden Wirtschaftsunternehmers Alexander Engelmann (Fritz Tillmann), der alleine mit seiner 16jährigen Tochter Julia (Conny Froboess) einen mutterlosen Villa-Haushalt führt. Was Chauffeur Paul ständig beschwört, ihm jedoch kaum jemand richtig glaubt: daß Engelmann ihn vor 20 Jahren im Krieg als zugeteilter Fahrer des damaligen Zahlmeisters Korn selbst herumkutschiert habe und dabei auch noch miserabel Auto gefahren sei. Pauls Respekt vor seinem millionenschweren Brötchengeber hält sich daher in Grenzen. Zu Engelmanns hübscher Tochter Julia hat Paul einen kumpelhaften Kontakt. Diese liebt ihre uneingeschränkten Freiheiten, sehnt sich jedoch insgeheim nach einer neuen Mutter. Gleiches tut auch ihr dauergestresster Vater, in ständiger Sorge darüber, daß Frauen sich nur für ihn interessieren könnten, weil er viel Geld hat.

Auf einer Geschäftsreise lernt der Konzernboss durch ein Stolper-Mißgeschick im Flugzeug die attraktive und selbstbewußte Schauspielerin Ilona Farkas (Marika Rökk) kennen, die ihm seither nicht mehr aus dem Kopf geht. Motiviert von Töchterchen Julia, für die Filmstar Ilona eine Traum-Stiefmutter abgeben würde, erteilt Engelmann seinem

Chauffeur und Ratgeber Paul den Auftrag, Frau Farkas mit einem Fünfjahresvertrag samt diverser Klauseln als Ehefrau zu erwerben. Belustigt über dieses gefühllose Angebot des Initiators und aus Sympathie für Julia nimmt Ilona das Heiratsangebot an. Denn längst hat sie sich in Engelmann verliebt, will ihm aber klarmachen, daß eine Ehe mehr als ein Vertrag ist.

Spätestens bei der von ihr pompös inszenierten Hochzeitsfeier ahnt Alexander, daß er mit seinem vertraglichen Angebot einen großen Fehler gemacht hat. Den entscheidenden Schlag gegen die Unnahbarkeit des wichtigtuerischen »Alex« führen Ilona und Tochter Julia gemeinsam: Als er am Geburtstag seiner Tochter von einer Geschäftsreise zurückkehrt, findet er in seiner Villa eine Riesenparty vor. Julia feiert mit ihren Beat-Freunden im Keller, während in der Salonetage Betriebsfeststimmung mit allen Angestellten aus Haus und Firma herrscht.

Um seine unbändige Wut über diesen unerwarteten Menschenauflauf zu ersticken, trinkt sich Engelmann einen Rausch an. Mit Ilona, die die ganze Sache ausgeheckt hat, will er nichts mehr zu tun haben. Als sie sich am nächsten Tag mit gepackten Koffern vom verkaterten und bettlägerigen Alex verabschieden will, werden beide plötzlich schwach und fallen sich in die Arme. Da Engelmann dank

Chauffeur Paul und Tochter Julia darüber im Bilde ist, daß Ilona ihn nicht seines Geldes wegen liebt, bekommt Julia nun wirklich eine neue Stiefmutter und Paul Korn hat fortan einen reizenden zweiten Arbeitgeber.

»Der Boß dirigiert seine Millionengeschäfte praktisch von einem ›Kommandostand‹ aus. Denn wie die Kapitänsbrücke eine mittleren Ozeandampfers, so wirkt jener Superschreibtisch, der die feudale Ausstattung des gewaltigen Büros um gut einen Meter erhöht überragt. Aber schließlich ist der ›Boß‹ ja ein erfolgreicher westdeutscher Kaufmann. Und schließlich heißt der Film, den die Film-Hansa soeben in Tempelhof zu drehen begonnen hat, *Mein Mann, das Wirtschaftswunder«,* hieß es am 3. November 1960 in der Tageszeitung Die Welt. »Nun ist dieser Streifen nicht etwa eine konfliktgeladene Angelegenheit. Im Gegenteil. Der Münchener ›Lach- und Schießgesellschafts‹-Kabarettist Dieter Hildebrandt hat hier als Drehbuchautor versucht, die Neureichen unserer Tage von der komischen Seite her auszuloten. So blenden in den Film, bevor noch irgendwelche Akteure in Aktion treten, Bilder ein, die sich mit dem bundesdeutschen Konsum an Autos, Waschmaschinen, Fernsehern und Gartenzwergen auseinandersetzen, während Spruchbänder mit Aufschriften wie ›Wir fordern die Fünfzig-Minuten-Stunde!‹ die Straßen dekorieren. Ein renommierter Politiker kommentiert nachdenklich: ›Noch nie war die Lage so ernst!‹

Auch die sechs neuen Schlager, die Michael Jary für den ›Wirtschaftswundermann‹ intonierte, glossieren bekannte Zustände. So findet sich in dem Schlagerrepertoire dieses eher als ›Musical‹ einzustufenden Streifens sowohl

ein ›Managermarsch‹ (Text: ›Haben wir das nötig gehabt‹) als auch der in Melodien gesetzte Stoßseufzer des Normalverbrauchers: ›Ach wenn ich doch im Lotto mal sechs Richt'ge hätt‹. Der Erfolgskaufmann Engelmann (Fritz Tillmann spielt diese Rolle) kennt freilich solche Sorgen nicht. Gemeinsam mit Tochter Julia (Conny Froboess) bewohnt er jene Villa, die ihm einer der zahlreichen Modearchitekten entwarf. ›Muster 231c‹ nennt der Bauherr diesen neuesten ›Haustyp für verwöhnte Ansprüche‹, der allen Komfort bietet, eine Gruppe Barockengel für ›frömmere, ältere Herrschaften oder kirchliche Besucher‹ mit inbegriffen. Die Zeitkritik, die Texter Hildebrandt übt, versucht Regisseur Ulrich Erfurth durch eine entsprechende Besetzung von gut einem Dutzend Rollen schauspielerisch zu nutzen. Als ›kapriziösen

Tanzstar‹ holte er sich Marika Rökk vor die Kamera; die Rolle eines ehemaligen Wehrmachtszahlmeisters und heutigen Direktionschauffeurs besetzte er indessen mit Heinz Ehrhardt. Helmuth Lohner, Adelheid Seeck, Carla Hagen und Friedrich Schoenfelder schließlich vervollständigen das Ensemble. Eine erste Kostprobe von den zahlreichen Außenaufnahmen dieses Films im Bereich der Spreemetropole erhielten dieser Tage die Schüler der Albert-Einstein-Schule in Britz, von der die zukünftige Direktorengattin Marika Rökk ihre neue Stieftochter Conny

Oben: Heinz Erhardt bietet Marika Rökk einen Fünf-Jahres-Ehekontrakt...
Unten: ...jetzt muß nur noch Managerin Adelheid Seek überzeugt werden

Froboess laut Drehbuch vom Unterricht abzuholen hat. Die Britzer Schüler zeigten sich der ihnen gestellten Aufgabe durchaus gewachsen und nahmen die ›Gastpennälerin‹ Conny freundschaftlich in die Mitte.«

WAS NICHT JEDER WEISS

»Dann machten wir's falsch. Wir ritten die Erfolgsmasche zu Tode. Wir drehten *Bühne frei für Marika* – mit Wolfgang Lukschy – und *Nachts vor der Premiere* – mit Heesters. Immer das Thema mit Variationen«, faßt Marika Rökk (in ihrem Buch »Herz mit Paprika«) ihre Filmrollen in den fünfziger und sechziger Jahren zusammen. »Und mit *Mein Mann, das Wirtschaftswunder* und *Heut gehn wir bummeln* ging ich unter fremden Regisseuren in den Keller, stand bescheiden mitten in der Besetzungsliste, wurde allerdings bei *Mein Mann...* nachträglich aufgewertet, weil mein einziger, von mir hart erkämpfter Tanz so gut gefallen hatte. Ich rückte an die Spitze der Namensreihe. Na, wenn schon, das Filmfest war vorüber.«

Max Colpet, Chanson-Schöpfer, Schlager-Texter, Musical-Verfasser und Drehbuchautor schreibt in seinen Memoiren »Sag mir, wo die Jahre sind« über seine Erfahrungen: »Bei kaum einer Filmarbeit ging alles glatt. Mal schrieb man neue Fassungen, die dann nicht verwendet wurden, oder man veränderte mein Buch so, daß ich es kaum wiederer-

Schauspielerin Marika Rökk und Chauffeur Heinz Erhardt

kannte. Darum galt für mich das Prinzip: Ein Filmautor hat zwei unantastbare Rechte: Vorschuß zu verlangen und seinen Namen zurückzuziehen. Das tat ich dann auch gelegentlich, so bei dem Marika-Rökk-Film *Mein Mann, das Wirtschaftswunder*. Marika spielte eine Künstlerin, die einen reichen Mann heiratet, für ihn ihre Karriere aufgeben will und es dann doch nicht tut, obwohl davon das Glück und die Zukunft ihrer Tochter abhängen. Um diese ziemlich banale Story ein wenig zu entkitschen, schrieb ich ein paar freche Liedertexte. Einer handelte von dem traurigen Los und Schicksal der Artisten, die täglich von Stadt zu Stadt und Hotel zu Hotel ziehen müssen.

Während die anderen Mitglieder des Ensembles nervös hin und her laufen und sich über die unmöglichen Zustände, die Garderoben, Toiletten etc. beklagen, sollte Marika fast regungslos auf der Bühne hocken, den müden Kopf auf die Hände gestützt, und singen: ›Koffer raus... Koffer runter, Sachen raus... Sachen rein. Und da soll man dann noch munter, soll man frisch und munter sein!‹ Als ich mir den Film ansah, fehlte das Lied, ebenso das Chanson ›Mein Mann, das Wirtschaftswunder‹, das später Grethe Weiser in der Willy-und-Thomas-Fritsch-Fernsehsendung ›Das gibt's doch zweimal‹ sang. Ungerechterweise gab ich dem Produzenten und Regisseur die Schuld, bis ich zwischen den Texten, die ich zurückverlangt hatte, einen Brief der ehrgeizigen Künstlerin entdeckte, in dem wörtlich stand: ›Eine Marika Rökk sitzt nicht tatenlos auf Bühne, während andere Mitglieder von Ensemble laufen herum...‹ Jetzt wurde mir einiges klar.«

O-TON HEINZ ERHARDT

»Das ist unmoralisch. Sie soll ein großes Wurftalent sein.«

»Toast, Weißbrot, Schwarzbrot, Pimpernuckel.«

»Jeder will vom Wirtschaftswunder gerne profitieren, möchte gern kassiern, möchte imponieren, doch für den Normalverbraucher ist das nicht so leicht, weil er nichts Besonderes erreicht. Drum gibt er sich an jedem Wochenende einen Stoß, für sein letztes Moos kauft er sich ein Los. Ja, und ich bin auch so einer, der sich Hoffnung macht, daß Fortuna ihm ein bißchen lacht. Ach, wenn ich doch im Lotto mal sechs Richt'ge hätt.«

KRITIK

»Das Wirtschaftswunder ist des neudeutschen Lustspielfilms liebstes Kind, und dies um so mehr, als es allen Attacken eine großzügig korpulente Angriffsfläche bietet. Weiterhin bedarf es keiner großen Künste, solch geldgesättigtes Milieu kameragerecht zu machen. So kaut man hier das ganze abgetakelte Repertoire dieses Genres wieder einmal durch, obwohl es sich inzwischen herumgesprochen hat, daß die personifizierten Wirtschaftswunder keine Zeit haben und mit Geld alles zu kaufen meinen, letzten Endes aber doch wie jeder Sterbliche das Herz auf der linken Brustseite tragen. Fritz Tillmann managt die Millionen, Conny Froboess singt, Marika Rökk ist behende dabei zu zeigen, wie

Wer küßt hier wen? Ein Küßchen für Heinz, doch Marika heiratet den Fritz

jung ihre Beine noch sind und singt auch – Texte wie ›Die Zigeuner, die fahren immer hin und her‹. Heinz Erhardt hat man meist an die humorlose Kette gelegt.« (Der Tagesspiegel Berlin, 1961)

»Marikas Paprika reicht nach wie vor aus, eine ganze Gulaschkanone zu würzen. Neben ihrem blonden Temperament wirkt ihr wirtschaftswunderlicher Partner Fritz Tillmann, bis über die Ohren Durchschnittsfilmer geworden, nicht so kauzig, wie er wohl möchte. Da ist sein ehemaliger kriegerischer Vorgesetzter, nunmehriger Chauffeur, Heinz Erhardt, schon lustiger. Den sollte Marika am Ende nicht länger an der Nase, sondern heimführen. Statt dessen tritt sie unter Ulrich Erfurths gutbürgerlicher Lustspielregie mit Fritz vor den Altar und kriegt auf diese Weise einen Teenager zu: die niedliche Conny Froboess, die ihrerseits den sei-lustig-oder-ich-freß-dich Helmuth Lohner bekommt.« (Telegraf Berlin, 1961)

»Eine käufliche Ehefrau – bar bezahlt von einem ewig diktierenden und disponierenden Wirtschaftswundermann, auf daß sein Teenager-Töchterchen wieder eine Mutter habe – tanzt ihrem brummigen Manager-Gatten auf der Nase herum und sehr munter über die Leinwand. Kein Wunder: es ist Marika Rökk, immer noch wendig in Beinarbeit und Mimik. Wenn sie mit ihrer Filmtochter Conny Froboess zusammen vier Sohlen aufs Parkett legt, ist das schon ein Spaß. (Der leider nur einmal serviert wird.) Fritz Tillmann entledigt sich seiner mürrischen Aufgabe eben so. Humori-

ger Lichtblick in diesem wie gehabten Unterhaltungseintopf alten Ufa-Durchschnitts bleibt Heinz Erhardt, dessen Blödsinn Sinn hat.« (7-Uhr-Blatt Berlin, 1961)

»Als wenig später zwar die Rökk-Fans kamen, andere aber dennoch lieber in die Röhre guckten, bemühte man Heinz Erhardt, der die vermiesten Kinogeher unter lautem Gelächter ins Parkett zurückholen sollte. Schließlich tauchte Conny nach anfänglichen Plattenerfolgen auch optisch auf, um wenigstens die Scharen der Teenager an den Kinostuhl zu fesseln. Jetzt werden sie gleich alle drei auf uns losgelassen: die Marika, der Heinz und die Conny. Die Marika spielt ihre patentierte Rolle als temperamentvoller Star etwas gewaltsam vor sich hin. Der Heinz kalauert von einer Szene in die andere. Und als unsere Conny vor Jahren die Badehose ein-

packte, gab es Optimisten, die glaubten, dafür habe sie ein Talent ausgepackt. Für den Preis einer Kinokarte kann man sich vom Gegenteil überzeugen.« (Kölnische Rundschau, 1961)

»Von den satirischen Ansätzen des Drehbuchs, das von Kabarettist Dieter Hildebrandt stammt, ist wenig übriggeblieben.« (MovieLine)

Voller Überzeugungskraft und mit viel Umschweifen will Heinz Marika gewinnen

»Ach Egon«

Heinz Erhardt als Egon Kummer

Ach Egon
BR Deutschland, 1961
Erstaufführung: 7.4.1961
Produktionsfirma: Kurt Ulrich
Produktion: Kurt Ulrich
Regie: Wolfgang Schleif
Buch: Gustav Kampendonk
Romanvorlage: nach einem Schwank von
Arnold und Bach
Kamera: Erich Claunigk
Musik: Heino Gaze
Lieder: »Sei friedlich«
»Es ist wunderbar, es ist fabelhaft«
»Egon«
Schnitt: Alice Ludwig-Rasch

Darsteller:
Heinz Erhardt (Egon Kummer)
Rudolf Vogel (Generaldirektor Nathusius)
Gunther Philipp (Dr. Waldemar Weber)
Corny Collins (Henny Weber)
Adrian Hoven (Dr. Kurt Wehling)
Grethe Weiser (Mathilde Nathusius)
Carmela Künzel (Helga Lüders)
Ruth Stephan (Anna)
Hans Richter (Tischlergeselle Behnke)

INHALT

Klassische Verwechslungsklamotten sind einfach nicht tot zu kriegen: Frei nach dem Bühnenstück »Hurra ein Junge« von Arnold und Bach drehte Wolfgang Schleif eine weitere Filmversion um die verzwickten Familienverhältnisse, bei denen der Schwiegervater gleichzeitig der Papa seines Enkels ist und seine Tochter dann Mutter und Schwester seines Sohnes. Verwirrend genug? Ein hervorragendes Betätigungsfeld für Heinz Erhardt, der als Egon Kummer seinem Namen alle Ehre macht: Er ist der bereits erwachsene, aber nicht leibliche Sohnemann von Waldemar Weber (Gunther Philipp), was natürlich seine Frau Henny Weber (Corny Collins) nicht erfahren darf – und erst recht nicht die zum ersten Hochzeitstag angereisten Schwiegereltern.

Rechtsanwalt Kurt Wehling (Adrian Hoven) ist der Überbringer der schlechten Nachricht. Waldemar hatte als Student bei einer Frau Wirtin gewohnt, die ihn rührend bemutterte. Eines Tages bot sich für Waldemar die Gelegenheit, seine hohe Schuld abzutragen. Die Frau erkrankte schwer und vertraute ihrem Untermieter das Geheimnis ihres Lebens an. Infolge eines Fehltritts in jungen Jahren hat sie einen Sohn. Sie kannte nur noch den einen Wunsch, ihrem Kind eine eheliche Herkunft zu geben. Der gutmütige

Waldemar heiratete also die Dame, blieb bei ihr bis zu ihrem baldigen Tode – und hatte seit dem nicht mehr an sie gedacht. Von »seinem« Sohn hatte er nie etwas gehört. Aber Rechtsanwalt Wehling hat ihn gefunden: auf der Reeperbahn, wo Egon in einem Kellerlokal mit drei dressierten Affen auftritt. Sein Besuch ist nicht mehr aufzuhalten: Egon brennt darauf, seinen »Papi« ans Herz zu drücken.

Waldemar ist verzweifelt. Nie hat er seiner Frau etwas von seinem »vorehelichen Erlebnis« erzählt: Er muß schnellstens nach Hamburg, um Egon abzufangen. Also erklärt er seiner Frau, er müsse heute abend zu einem Empfang für den berühmten Schriftsteller Erik Helgers. Was Waldemar aber leider nicht weiß, ist die Tatsache, daß sich hinter dem Pseudonym Erik Helgers die junge Schriftstellerin Helga Lüders (Carmela Künzel) verbirgt, und die wiederum ist eine enge Freundin von Frau Henny und gerade im Hause Weber zu Besuch. Sie merkt den Schwindel natürlich sofort, schweigt aber. Sie will nämlich dahinterkommen, was hier eigentlich gespielt wird. Die Reise von Waldemar nach Hamburg wird überflüssig. Nicht nur die Schwiegereltern Nathusius treffen ein, auch Egon kommt mit demselben Zug aus Hamburg, begleitet von seinen drei Affen, die er wie seine Kinder behandelt.

Waldemar wird im vorderen Teil des Hauses von seinen Schwiegereltern mit scheelen Blicken angesehen, weil er immer noch keinen Nachwuchs ankündigen kann, Helga Lüders umkreist ihn mit spöttischen Blicken und freut sich schon diebisch darüber, wie er sich bei seiner angeblichen Bekanntschaft mit dem Schriftsteller Erik Helgers aus der Patsche ziehen will, und Anwalt Wehling wiederum hat für die junge Schriftstellerin Feuer gefangen. Unterdessen gelangt Egon mit seinen drei Affen durch den Hintereingang zunächst in die Küche und versetzt das Dienstmädchen Anna in Angst und Schrecken und steht plötzlich seinem »Papa« Waldemar gegenüber, der ihn mit Mühe und Not vor den übrigen Familienmitgliedern zu verstecken trachtet.

Waldemar ist nervös, seine Frau folgert, es muß eine andere Frau dahinterstecken. Wenn es schon nicht ihre Freundin Helga ist, dann muß es jemand anders sein, den Waldemar hinter dem Namen Erik Helgers verbirgt. Unterstützt von ihrer Mutter und von ihrer Freundin Helga besteht sie darauf, diese ominöse Person kennenzulernen. Sie zwingt ihren Mann, am Abend mit ihr und dem Rest der Familie die Festsäle zu besuchen, doch hier herrscht überhaupt nicht die Atmosphäre eines Empfangs, sondern das Bockbierfest wird gefeiert.

Egon Kummer möchte nun der Retter in der Not sein: Er hat inzwischen herausbekommen, daß sich hinter dem Pseudonym Erik Helgers eine Frau verbirgt. Also erscheint er beim Bockbierfest in Frauenkleidung und gibt sich als die vielgesuchte Schriftstellerin aus. Die Folge ist ein großer Krach im Hause Weber, jetzt kann eigentlich nur

noch Wehling die Situation wieder ins Reine bringen: Er versteckt Egon im Schrank, flirtet weiterhin mit der Hausfreundin Helga Lüders und ist stets bemüht, alle Lügen-Fäden unter Kontrolle zu halten – doch das Gebäude wird immer wackeliger...

WAS NICHT JEDER WEISS

Regisseur Wolfgang Schleif, der nur einmal bei diesem Film mit Heinz Erhardt zusammengearbeitet hat, drehte über 40 Kinofilme und über 200 Fernsehspiele und -filme. Die Skala seiner Erfolge reicht von den *Blauen Schwertern* (einem Film über die Erfindung des Meißener Porzellans) über *Ännchen von Tharau*, *Meine Kinder und ich*, *Immenhof*, vier Streifen mit Freddy Quinn, *Rommel ruft Kairo* bis hin zu *Eheinstitut Aurora* und *Made in Germany*, dem Carl-Zeiss-Film. Zu seinen TV-Erfolgen gehören: die acht *Forellenhof*-Folgen, die Serie *Tournee – ein Ballett tanzt um die Welt*, die Reihe *Russische Revolution*, die Dreizehnteiler *Meine Tochter, unser Fräulein Doktor*, *Bitte keine Polizei*, *Kommissariat 9* und die Berlin-Geschichten *Die Koblanks*.

Der Arbeitsausschuß der Freiwilligen Selbstkontrolle hat am 28. März 1961 das Foto Nr. 33 aus dem Verleihsatz zu dem Film *Ach Egon* freigegeben, »mit der Auflage, die Brustpartie der auf der Illustrierten gezeigten Frau durch ein Kleidungsstück zu bedecken. Gegen diese Entscheidung hat die Antragstellerin Berufung eingelegt mit dem Antrag, das Foto ohne Auflage freizugeben. Sie weist

Angriff ist die beste Verteidigung: Heinz Erhardt

darauf hin, daß die Frau in einer Illustrierten abgebildet ist, die überall gekauft werden kann. Die Berufung ist nicht begründet.«

Der Hauptausschuß der Freiwilligen Selbstkontrolle begründete die Zurückweisung so: »Entscheidend ist nicht die Darstellung der wenig bekleideten Frau allein, sondern das Nebeneinanderstellen dieser Abbildung mit dem Betrachter der Illustrierten. Wenn der Schauspieler Vogel auch nicht die fragliche Frau betrachtet, so bringt doch der Beschauer des Fotos die dargestellte Frau mit dem lüsternen Gesichtsausdruck des Schauspielers in Verbindung. Diese Verbindung ist gerade männlichen Jugendlichen im Entwicklungsalter abträglich.«

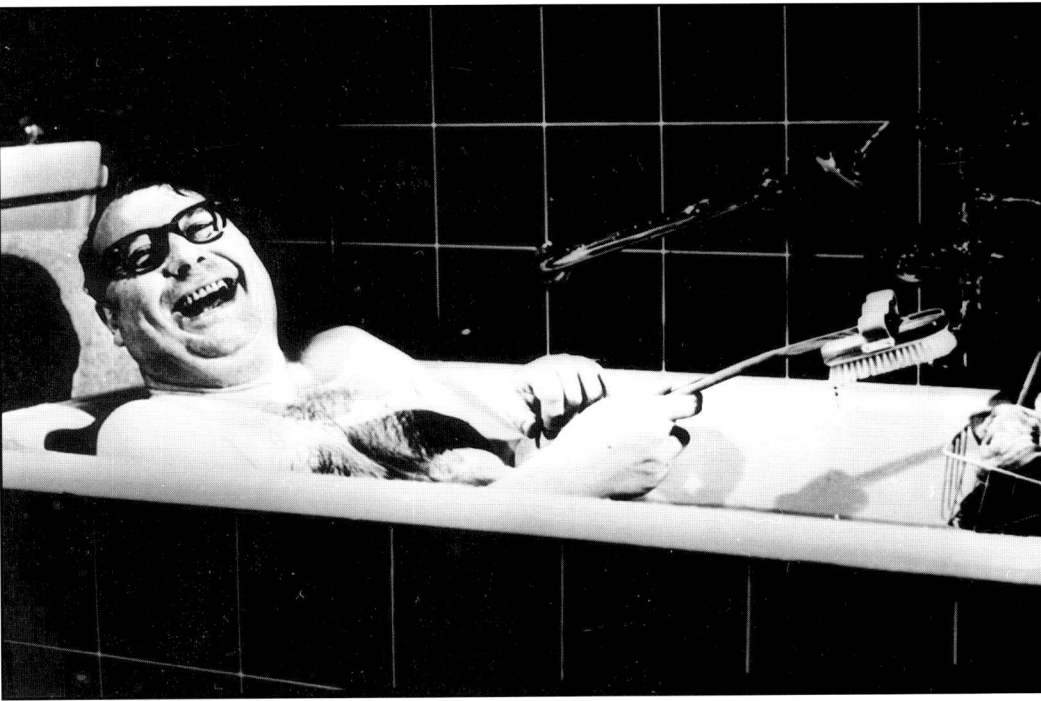

O-TON HEINZ ERHARDT

»Kladderaditsch, Kladderadutsch, Kladderadatsch.«

»Das treue deutsche Vaterauge, ich höre es auf mir ruhen.«

»Es sucht das Kinder Mutterbrust.«

»Eigener Tisch, eigener Stuhl, eigener Staub.«

»Jetzt wo er mich los wird, sagt er wieder du.«

»Ich werde meine Affen zusammensuchen.«

»Ich wäre heute fast gar nicht gekommen, wir hatten heute große Wäsche.«

»Ich trage mein Gesicht immer an derselben Stelle.«

»Ich fühle mich gebumfiedelt.«

»Man steht sich ja sämtliche Beine in den Bauch.«

In meiner Badewanne bin ich Kapitän

»Über meiner Geburt schwebt eine dunkle Finsternis. Ich bin das Kind mehrerer Eltern, mein Vater war sehr reich, er hatte mehrere Villen, er machte in Brillen – er war Tischler. Er hat meine Mutter erst stehen und dann sitzen lassen.«

»Es saß an dem Bache eine schöne Maid,
die wusch sich die Füße,
es wurde höchste Zeit,
das Wasser ward so kalt,
nun wäscht sie sich die Füße
nicht mehr so bald.«

KRITIK

»Daß Heinz Erhardt im *Charleys Tante*-Dress auch noch kräftig einen Song schmettern darf, ist der absolute Höhepunkt: ›Es ist wunderbar, es ist fabelhaft, wie der Egon das bei den Damen schafft. Jede Frau, die ihn sieht, ist in Liebe gleich erglüht! Jede Frau wird verrückt, wenn er ihr ins Auge blickt! Es ist wunderbar, es ist fabelhaft...‹ Solche Köstlichkeiten deutscher Unterhaltungskunst machen den Einsatz einer dreiköpfigen Affenfamilie, mit der Heinz Erhardt durch Bahnabteil und Weber-Villa ziehen muß, zu einer fast überflüssigen Nebensache: Einerseits belegen sie mal wieder die Geringschätzung der Erhardtschen Fähigkeiten, zum anderen aber liefert Grethe Weiser eine hervorragend affige Bett-

szene ab, um die es wirklich schade wäre. Wolfgang Schleif, mit großen Tieren vom Immenhof berühmt geworden, übernahm aus der 1953 entstandenen Verfilmung von Ernst Marischka die Darsteller Adrian Hoven und Grethe Weiser, die ihre Rollen noch einmal spielen und entlockte Ruth Stephan erotische Anzüglichkeiten, daß man sich nur wundern kann.« (Zitty Berlin, 1983)

»Freunde feinsinnig-volksnahen Humors gewahren mit Entzücken, wie Heinz Erhardt singend und quasselnd eine Schriftstellerin mimt. Gunther Philipp als Kinderarzt läßt bedauern, daß man nicht noch Hose und Hemd aus einem Stück trägt; wie gerne wäre man in seine Praxis gekommen. Daß auch Rudolf Vogel mitverwendet wurde, treibt einem das Wasser in die Augen. Aber nicht vor Lachen.« (Süddeutsche Zeitung, 1961)

»Die Mischung wirkt gut auf die Lachmuskeln und tut mit ihrer Harmlosigkeit keinem weh. In der großen Schlußversöhnung kommt alles ins richtige Gleis – und jeder Mann in die richtigen weiblichen Arme. Damit die heitre und unbeschwerende Geschichte noch besser läuft, singen Friedel Hensch und Peter Steffen; und das Orchester Günther Fuhlisch reißt mit seinen Tanzweisen den würdigsten Herrn der in diesem Film versammelten Gesellschaft von seinem imaginären Thron. Aber Lachen ist gesund und kann alles überbrücken.« (Südkurier Konstanz, 1961)

»Eine Replik Grethe Weisers müßte über dem ganzen Streifen schweben: ›Theo, Du

**Es ist wunderbar, es ist fabelhaft,
wie der Egon das bei den Damen schafft**

gegenübertreten, die in Wirklichkeit schon in der Gestalt von Carmela Künzel anwesend ist. Nichts als Unmöglichkeiten gibt's auf der Leinwand zu sehen... Wer bei diesem von allen Darstellern amüsant dargebotenen Filmspaß unter Begleitung eines oft recht witzigen Dialogs nicht lacht, muß schon sehr verknittert sein.« (Hannoversche Allgemeine, 1961)

»Daraus wurde eine jetzt recht läppisch anmutende Sache. Chansons wurden eingebaut, die Ehefrauen werden mit den Titeln ihrer Männer angesprochen, und fügte nicht Heinz Erhardt von sich aus einiges hinzu, wäre es ganz trostlos.« (Rheinische Post, 1961)

übertreibst immer so.‹ Heinz Erhardt und Ruth Stephan schießen, darauf bezogen, wohl den Vogel ab; und wenn dann gar erst drei film- und klamottensichere Affen in die handlungsleeren Stellen als Lückenbüßer eingeflochten werden und einer davon sogar Parfüm säuft und sich das Gesicht pudert und wenn dann noch Heinz Erhardt als berühmte Schriftstellerin verkleidet auftritt, dann kennt der Jubel im Publikum keine Grenzen.« (Kölnische Rundschau, 1961)

»Erhardt muß nicht nur den älteren ›Sohn‹ des jüngeren ›Vaters‹ spielen, sondern obendrein auch noch den Damen der Gesellschaft als die Romanschriftstellerin Helga Lüders

Oben: Heinz Erhardt erobert Ruth Stephan...
Unten: ...im Frauendress läßt sich Heinz Erhardt von Adrian Hoven die Hand küssen

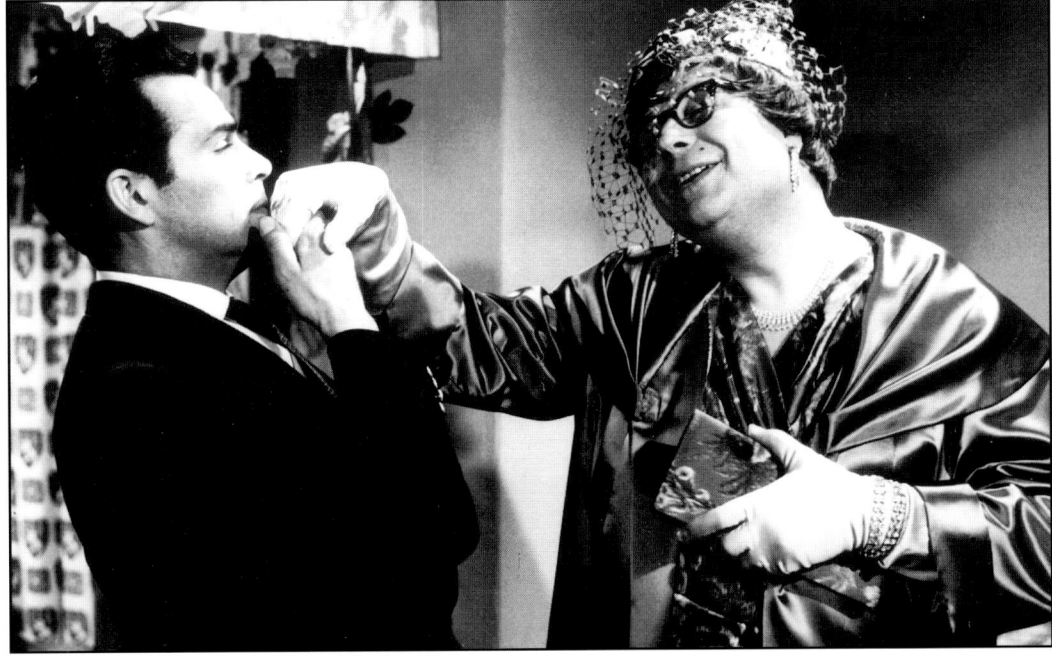

»Drei Mann in einem Boot«

Heinz Erhardt als Georg Nolte

Drei Mann in einem Boot
BR Deutschland/Österreich, 1961
Erstaufführung: 25.8.1961
Produktionsfirma: Kurt Ulrich, Wiener Mundus
Regie: Helmut Weiss
Buch: Wolf Neumeister
Vorlage: nach dem Roman von Jerome K. Jerome
Kamera: Sepp Ketterer
Musik: Werner Müller
Lieder: »Drei Mann in einem Boot«
»Marianne – das Leben könnt‹ schöner sein«
»Heut ist ein Tag – so wunderschön«
Schnitt: Wolfgang Wehrum, Liselotte Schumacher
Darsteller:
Hans-Joachim Kulenkampff (Harry Berg)
Heinz Erhardt (Georg Nolte)
Walter Giller (Jerome »Jo« Sommer)
Loni Heuser (Carlotta Nolte)
Ina Duscha (Grit Nolte)
Susanne Cramer (Betje Ackerboom)
Ida Boros (Julischa »Fee« von Wendorf)
Josef Sieber (Kapitän Ackerboom)
Bum Krüger (Bootsbauer Melmann)
Willy Reichert (Schwabe Mägele)
Sepp Rist (Guggemos, Meister der Landpolizei)
Wunderfox Tobby (Sputnik)

INHALT

Der Werbefachmann Harry Berg (Hans-Joachim Kulenkampff) und sein Freund und Arbeitskollege Jerome »Jo« Sommer (Walter Giller) wollen sich vom Streß in ihrer Agentur erholen und mit ihrem Fox Sputnik für ein paar Sommertage am Bodensee ausspannen. Harry flüchtet auf diesem Weg auch vor seiner unglücklichen Liaison mit der zickigen »Fee«, der jungen und wohlhabenden Witwe Julischa von Wendorf (Ida Boros). So erschrickt Harry nicht schlecht, als besagte Fee plötzlich in ihren Urlaubsfrieden platzt. Harry und Jo halten Kriegsrat. Ergebnis: Man kauft eine Barkasse, mit der sie einige Zeit auf dem Bodensee kreuzen wollen, um aus Fees Reichweite zu gelangen.

In einer Fischerschenke stößt noch ein dritter »Ausreißer« zu ihnen, der Kunsthändler Georg Nolte (Heinz Erhardt), der Abwechslung von seiner Familie sucht. Der ist ebenfalls froh, mal von seiner Frau verschont zu sein und in Ruhe zu angeln. Er verpflichtet sich, als Smutje für das leibliche Wohl der drei an Bord zu sorgen. Eines weiß Georg allerdings nicht: ausgerechnet seine Tochter Grit (Ina Duscha) ist das Mädchen, mit dem Jo in den letzten Tagen so manches Stelldichein hatte. Jo verliebt sich, nimmt seine neue Flamme jedoch den Freunden zuliebe nicht mit aufs Boot. Man sticht wohlgemut in See.

Fee gibt nicht auf und verfolgt die drei Männer sogar – in Begleitung von Frau Nolte (Loni Heuser) und Grit – mit einem Schnellboot. So verlassen die Strohwitwer den Bodensee und fliehen auf den Rhein.

Endlich können sie ihr deftiges »Piratendasein« genießen. Unterwegs fischen sie das Mädchen Betje Ackerboom (Susanne Cramer) aus dem Fluß, die bei einem Manöver aus dem Schiff ihres Großvaters gefallen ist und nun von den hilfsbereiten Männern bis nach Amsterdam mitgenommen wird. Das jungenhafte Mädchen verdreht Harry glatt den Kopf. Als das Trio samt Rettungspassagier endlich in Amsterdam ankommt, wird es schon von den vorausgeeilten Damen erwartet. Dicke Luft scheint im Anzug. Doch nach diversen Partnerstreits und Turbulenzen glätten sich die emotionalen Wogen: Harry gibt Fee einen eindeutigen und endgültigen Korb, indem er seine Zuneigung für die Bootsbekanntschaft Betje bekennt. Jo und Grit sind zum untrennbaren Paar geworden und Georg Nolte kehrt nach ausgelebten Freiheitstrieben wieder glücklich in die Arme seiner Ehefrau zurück.

WAS NICHT JEDER WEISS

Hans-Joachim Kulenkampff (1922-1998) war auch privat ein begeisterter »Seebär«. So fühlte er sich in jeder Hinsicht in seinem Metier, als er unter der Regie von Helmut Weiss (1907-1969) diese amüsante Feriengeschichte mit vielen beliebten Darstellern drehte. Helmut Weiss, auch als Autor und Schauspieler hervorgetreten, hat bei vielen erfolgreichen Unterhaltungsfilmen Regie geführt, u. a. bei Die *Feuerzangenbowle*, *Quax in Fahrt* und *Sag die Wahrheit*.

Eigentlich schippern die *Drei Mann in einem Boot* auf der Themse herum – wie es in Jerome K. Jeromes 1889 erschienenen Humor-Klassiker geschrieben steht. Auch auf der Leinwand trat das muntere Herrentrio nebst Hund mehrfach zur Schiffsreise an – dreimal in England (1920, 1933 und 1956) und 1961 dann schließlich in Deutschland. Regisseur Helmut Weiss und Drehbuchautor Wolf Neumeister nahmen dabei einen Schauplatzwechsel vor: So fahren die *Drei Mann in einem Boot* nun den Rhein hinauf.

Die Freiwillige Selbstkontrolle der Filmwirtschaft (FSK) hatte keine Bedenken, »den harmlosen Ulk, der eine Menge netter Gags enthält, für alle Altersstufen freizugeben.«

O-TON HEINZ ERHARDT

»Ich sitze in der Kombüse und putze Gemüse.«
»So, bitte Platz nehmen zum Abendessen. Klar Schiff bei Messer und Gabel. Bitte sehr. Das ist Schaschlik a la Nolte! Das Fleisch war eigentlich für den Hund bestimmt, aber ich koche so gerne.«

Was machst du denn hier, willst du das Schiff in Brand setzen? – »Nee, ich brate Koteletts.« »Und ich dachte immer, du kannst einen Rembrandt nicht von einem Weinbrand unterscheiden.«

KRITIK

»Amüsant-unterhaltsame Handlung an Bord eines ›Freiheits‹-Schiffes.« (Filmblätter, 1961)

»Musiklustspiel der Handesklasse C.« (Ponkie, Münchner Abendzeitung, 1961)

»Wolf Neumeister ist ein Drehbuchautor, dessen enorme Routine im Abfassen bundesdeutscher Filmmanuskripte ihn befähigte, einen der reizendsten Stoffe der heiteren Weltliteratur unseres Jahrhunderts zur Strecke zu bringen. Wer über den weltbekannten Roman ›Drei Mann in einem Boot – vom Hunde ganz zu schweigen‹ von Jerome K. Jerome (kaum mehr als der Titel blieb übrig!) innig geschmunzelt und herzhaft gelacht hat, der sei gewarnt! Vor der schönen Farbkulisse des Bodensees und des wunderschönen deutschen Rheins von den Fällen bis Holland spult sich obligater deutscher Film-Humor ab. Sitzen die drei Komiker im Boot und frühstücken: Schüttet Walter Giller den Inhalt seiner Tasse über Bord, sagt: ›Das soll Tee sein!‹ Sagt Hans-Joachim Kulenkampff: ›Mensch, das ist doch Kaffee!‹ Kommt Heinz Erhardt mit der Kanne ins Bild und fragt: ›Will noch jemand Kakao?‹ Natürlich ist der Dialog nicht durchweg so witzig... Gelacht wird trotzdem! Man soll auch nicht mit Kanonen auf Spatzen schießen. Das werde ich erst dann tun, wenn Filmstreifen ähnlicher Prägung Prämien von 250.000 Mark von unseren Steuergeldern erhalten. (Das erhofft sich die Branche nämlich von Bonn!)« (Hamburger Morgenpost, 1961)

»Ein entschlossenes Kleeblatt heuert ein Boot an, um dem allzu betriebsamen Berufsleben, dem Alltag, sowie der liebenden Damenwelt zu entrinnen, Werbetexte in Ruhe zu verfassen, zu brutzeln, ernsthafte und alberne Gespräche zu führen und zu angeln. In seiner Begleitung befindet sich ein intelligenter Terrier, später folgt ein vom Dampfer gerutschter Steuermann, der sich als bildhübsches Mädel demaskiert, an Bord. Auch die zurückgelassenen Lieben lassen nicht locker. Sie verfolgen das glückliche Triumvirat und sind nicht müde, heitere Situationen und Verwechslungen zu knüpfen. Heinz Erhardt führt seine Wortspiele spazieren, gerät ins Reimen, singt und verwandelt Koteletts in Briketts. Hans-Joachim Kulenkampff zieht eine ›Show‹ ab als schüchterner Verliebter. Walter Giller gibt einen etwas schusseligen jugendlichen Liebhaber von der jungenhaften Art. Im reichhaltigen Damenflor gefällt Susanne Cramer einerseits als schnoddriger Bootsjunge, anderseits als scheues Mädchen. Ein heiterer, harmloser Streifen mit sommerlicher Stimmung, der eif-

Heinz Erhardt steht kurz vor der Vollendung seines ersten Seemannsknoten, die Anleitung stammt von Hans-Joachim Kulenkampff

rig das Bilderbuch der Rheinlandschaften aufblättert, aber kaum auf Ähnlichkeit mit dem reizenden Buch von Jerome K. Jerome pochen darf, das es mit dem mehr besinnlichen Humor hält. Daß statt der Themsewellen hier die des Rheines Wogen rauschen, ist noch die kleinste Differenz.« (Rheinische Post, 1961)

»Der Roman gleichen Titels von Jerome K. Jerome ist stilistisch und als Demonstration englischen Humors immerhin so beispielhaft, daß er als Lektüre für die Oberstufe deutscher Gymnasien verwendet wird. Und dort wird er mit Freude gelesen. Der Film indessen wagt nur die Hälfte: Er scheut sich vor der harten und trockenen Komik, hat eine etwas wienerisch herausgeputzte Vorgeschichte erfunden und versetzt die Handlung von der Themse auf den – Rhein. Immerhin kann Helmut Weiss als Regisseur einiges an Atmosphäre retten. Es gibt Szenen, die noch vom umwerfenden Humor des Romans zehren, und die Hauptdarsteller Hans-Joachim Kulenkampff, Heinz Erhardt und Walter Giller geben sich alle Mühe, die einer ganz harten Logik entspringende Pointe richtig zur Geltung zu bringen. So kommt es, wie so oft: Wer das Buch kennt, ist leicht enttäuscht. Wer aber nur mit

dem Film bekannt wird, kann sich ohne Arg amüsieren.« (Saarbrücker Zeitung, 1961)

»Man sollte bei diesem Titel weniger an den gleichnamigen Roman Jerome K. Jeromes denken, den wohl die meisten schon einmal mit schmunzelndem Vergnügen gelesen haben, sondern sollte sich besser von vornherein auf die gewohnt zugkräftigen und nicht sehr wählerischen Späße des deutschen Lustspiel-Dreigestirns Kulenkampff, Erhardt und Giller einstellen. Mit einem Boot entfliehen die drei für ein paar Tage ihren festen Ehe- und sonstigen Bindungen, um sich männlich zu vergnügen. Das heißt, sie schmeißen mit faulen Tomaten, setzen sich in den als Proviant mitgenommenen Quark, steuern das Schiffchen um ein Haar in den Rheinfall von Schaffhausen und haben bei allen Zwischenlandungen vom Bodensee den

Rhein hinab bis nach Amsterdam alle Hände voll zu tun, ihre verfolgungswütigen besseren Hälften immer wieder abzuhängen, bis sie schließlich reuig und friedfertig wieder zu ihnen zurückkehren. Willy Reichert gibt nur ein sehr kurzes Gastspiel bei dieser gaudigen Angelegenheit.« (Stuttgarter Zeitung, 1961)

»Mit Ausnahme von Heinz Erhardt und Loni Heuser (wie immer unterschätzt und mit wenig Möglichkeiten, ihre Rolle voll auszuspielen) eher belangloses Geplänkel um drei Ferien-Strohwitwer. Mit einigen wenigen komischen Momenten.« (W.O.P. Kistner, MovieLine)

**Walter Giller, Heinz Erhardt und
Hans-Joachim Kulenkampff in einem Boot**

Heinz Erhardt als Mr. John Lion

Freddy und der Millionär
Originaltitel: LA SIGNORINA MILIARDO
BR Deutschland/Italien, 1961
Erstaufführung: 19.12.1961
Produktionsfirma: Divina, Lombarda
Regie: Paul May
Buch: Arnaldo Genoino
Kamera: Kurt Grigoleit
Musik: Lotar Olias, Liedertexte: Max Colpet
Lieder: »La Paloma«
»Der Boß ist nicht hier«
»Wann kommt das Glück auch zu mir?«
»Happy, happy Baby«
»Herr Meyer, Herr Meyer«
Schnitt: Werner Preuss
Darsteller:
Freddy Quinn (Fritz Meyer)
Heinz Erhardt (Mr. Lion)
Grit Böttcher (Edith)
Joseph Offenbach (Diener Robert)
Grethe Weiser (Mrs. Keller)
Vittoria Prada (Silvia Lion)
Peter Vogel (Student)
Claus Wilcke (Rex)
Hubert von Meyerinck (Direktor Walloschek)
Cathrin Heyer (June)
Henry van Lyck (Sekretär Jellicot)

INHALT

Fritz Meyer (Freddy Quinn) träumt davon, einmal Direktor der Perplex-Werke zu sein. Er träumt von großen Geschäften und weiten Reisen. Manchmal träumt er auch nur von Edith Schmidt (Grit Böttcher), die als Sekretärin bei den Perplex-Werken arbeitet. Er will Edith heiraten und mit ihr eine gemeinsame Urlaubsreise antreten. Doch die Träume vom gemeinsamen Urlaub zerrinnen, denn Edith ist unabkömmlich im Betrieb. Also unternimmt Fritz einen letzten Junggesellenurlaub: Er zieht mit Wagen, Zelt und Angel über den Brenner, bis hinunter nach Ischia.

Doch der Urlaub wird alles andere als idyllisch, denn als Fritz dem bargeldlosen Millionär John Lion (Heinz Erhardt) mit ein paar tausend Lire aus der Patsche hilft, gerät er in den Sog des süßen Lebens, das sich in der Villa des Millionärs ausbreitet. Mr. Lion ist nämlich von einer Horde vergnügungssüchtiger Menschen umgeben, die sich teils aus Falschspielern und Halsabschneidern der besten Gesellschaft, teils aus jugendlichen Playboys und Playgirls zusammensetzt. Letztere gehören zum weiten Freundeskreis von Silvia Lion (Vittoria Prada), der versnobten Tochter des Millionärs, die aus ihrer Heirat mit dem südamerikanischen Millionenerben Rex (Claus Wilcke) einen ordentlichen Medien-

wirbel machen will. Mr. Lion ist damit zwar nicht einverstanden, aber seine Autorität reicht nicht aus, etwas dagegen zu unternehmen. Auch Fritz Meyer kann an dem wilden Leben der Reichen und Schönen partout keinen Geschmack finden. Um so mehr findet die Miss Silvia Lion an Fritz Meyer Geschmack. Nicht wirklich ernsthaft. Aber eben mal so.

Millionär Lion hat bald eine wertvolle Entdeckung gemacht. In diesem praktischen und patenten Burschen Fritz Meyer hat er den Mann gefunden, der ihm den Rücken stärken kann. Und nachdem der geschäftskundige, sprachengewandte Meyer ein größeres Betrugsmanöver gegen Lion vereitelt hat, macht ihn der reiche Mann vollends zu seinem Vertrauten. Und jetzt räumt Meyer auf. Die feinen Herren, die beim Pokern immer noch ein Herz-As zur Reserve in der Hosentasche haben: Raus! Die verrückten jungen Leute, die unbedingt den Weltrekord im Dauertanzen brechen wollen: Raus! Der müde Nichtstuer Rex, der seinen eigenen Millionen das Millionenerbe von Silvia hinzufügen wollte: Raus! Der Onkel Doktor, der Lion seit

Typisch Millionär: Heinz Erhardt mit dicker Zigarre

Freddy und der Millionär

Ein Farbfilm von Paul May

Jahren an Krankheiten behandelt, die er gar nicht hat: Raus!

Eine himmlische Ruhe kehrt in der Villa von Mr. Lion ein. Die richtige Stimmung für Silvia, unter Einsatz aller Mittel einen Generalangriff auf den tugendhaften Meyer einzuleiten. Wie gut, daß noch rechtzeitig Edith Schmidt auftaucht. Schließlich hat sie sich nicht mit Meyer verlobt, damit er ihr von einer anderen weg geangelt wird. Und Meyer fühlt sich durch ihr Kommen auch gar nicht gestört. Er hat vom feinen Leben der Millionäre genug. Aber immerhin hat er den Herrschaften so viel von den besseren Reizen des Lebens vermittelt, daß in Zukunft der Bergungsreeder, Schloßbesitzer und Inselbewohner Lion gelegentlich sehnsüchtig vom einfachen Leben des Herrn Meyer träumen wird.

WAS NICHT JEDER WEISS

Freddy Quinns Themen hießen immer wieder Heimat, Heimweh, Fernweh und Verlassenheit. Mit den Seemannsliedern wurde er bekannt: »Nur zwanzig Prozent meiner Lieder sind Seemannslieder«, hat Freddy Quinn einmal gesagt. Auch bei seinen Filmen, die er zwischen 1958 und 1971 gedreht hat, spielten Seemannslieder und Fernweh eine große Rolle. Immer wieder durfte er vor der Enge des Alltags fliehen und in die weite Welt weglaufen. Und da solche Sehnsüchte viele schätzen (auch wenn sie es niemals tun), konnten Filmproduzenten und Drehbuchschreiber dieses Sujet immer wieder aufs Neue ausbeuten.

An der Kinokasse zahlten sich Fernweh und Einsamkeit allemal aus: *Freddy, die Gitarre und das Meer* hieß 1958 der erste von elf Filmen mit Freddy Quinn in der Hauptrolle, zuvor hatte er bereits in den Filmen *Die große Chance* (1957) und *Heimatlos* (1958) mitgewirkt. Ob *Freddy unter fremden Sternen* (1959), *Weit ist der Weg* (1960), *Nur der Wind* (1961), *Freddy und das Lied der Südsee* (1962) oder *Freddy und das Lied der Prärie* (1964) stets ließ ihn die Sehnsucht nach der Ferne nicht los. Ausnahmen von der Regel waren *Freddy und die Melodie der Nacht* (1960), in dem er einen Berliner Taxifahrer auf Verbrecherjagd mimt; *Freddy und der Millionär* (1961) und der Zirkus-Film *Freddy, Tiere, Sensationen* (1964) als Star der Trapeztruppe »Los Airos«. Für *Heimweh nach St. Pauli* (1963) holte Freddy Quinn Hollywood- und Kurvenstar Jayne Mansfield nach Deutschland: »Junge, komm bald wieder«, einer der erfolgreichsten Freddy-Titel überhaupt, ist in diesem Film zu hören. Nach seiner Film- und Plattenkarriere sowie etlichen TV-Sendungen wie »It's Country Time« startet er mit »Heimweh nach St. Pauli« seine Theaterkarriere: In München, Berlin, Hamburg und Wien ist es mit über 500 Aufführungen das erfolgreichste deutsche Musical, gefolgt von »Der Junge von St. Pauli« und »Große Freiheit Nr. 7«, mit denen Freddy Quinn in den neunziger Jahren auf Tournee geht.

Die Mahlzeit muß in Sicherheit gebracht werden

Max Colpet schrieb die Liedertexte für die Freddy-Songs des Films *Freddy und der Millionär*, für »Wann kommt das Glück auch zur mir« erhielt er den »Goldenen Löwen« von Luxemburg. »Liedertexte schreiben war nie mein Hauptberuf, eher ein lukratives Hobby«, bemerkt Max Colpet in seinen Memoiren »Sag mir, wo die Jahre sind«, denn »es gab genügend Kollegen, die das besser konnten. Ich schrieb lieber Gedichte, Theaterstücke und Filme. Und wenn dafür Lieder gebraucht wurden, dann ließ ich sie mir eben einfallen. Darum war für mich am reizvollsten die kombinierte Arbeit bei einem Original-Musical. Dort sind die Lieder nicht nur Einlagen wie bei der Operette, sondern sie setzen gewissermaßen den Dialog fort, exportieren die Charaktere. Das stellt auch an den betreffenden Komponisten bestimmte Ansprüche. Er darf nicht nur ein geschickter Nummernschreiber und Arrangeur sein, er muß Melodien finden, die ins Ohr gehen, Zwischenmusiken komponieren und Ballette. Ich kann von Glück sprechen, einen echten Könner auf diesem Gebiet getroffen zu haben: Lotar Olias, der – neben seinen vielen Freddy-Hits und ›Ein Tag so wunderschön wie heute‹ (das fast zu einer zweiten Nationalhymne geworden ist) – mit ›Prairie-Saloon‹ und ›Heimweh nach St. Pauli‹ sein Musical-Talent bewiesen hat.«

Essen, Telefonieren und dann noch den Hut von Grethe Weiser bewundern - so ein Millionär hat's schwer

O-TON HEINZ ERHARDT

»Ich habe mich verpflichten müssen, nicht auch zu singen; dafür ist er nicht komisch.« (Heinz Erhardt über Freddy Quinn in der Hannoverschen Presse, August 1961)

»Ich ziehe aus, sollen die doch mal sehen, wo ich bleibe.«

»Millionäre sind auch nur Menschen.«

KRITIK

»Das Ganze hat nur einen Sinn, wenn du ein Freund von Freddy Quinn.« (Ponkie, Münchner Abendzeitung, 1962)

»Kennst du das Land? Dorthin zieht es den Angestellten Meyer mit sanfter Braut, Fräulein Schmidt. Doch Chef Hubert von Meyerinck gibt ihr keinen Urlaub. Also braust er allein von hinnen und trifft, selbstverständlich, auf einen Millionär, und der hat, selbstverständlich, ein ungezogenes TöchterIein. Selbstverständlich bleibt Meyer der Schmidtchen treu... obwohl! Doch: Pfui über das süße Leben. Und tatsächlich, bei diesen Puppen männlichen und weiblichen Geschlechts im Twistfieber kann einem die Galle Beschwerde machen. Nun denn: Meyer entfleucht mit Fräulein Braut gen Norden, zwei liebe Arbeitsbienen. Doch zuvor singt er sie noch an, denn sein ziviler Name ist Freddy Quinn. Und er ist lieb und gut, und wenn er sentimental wird, röhrt er wie Zarah Leander. Nur einmal darf er unter Paul Mays Regie Pfeffer zeigen. Wenn er ›spielen‹ soll, schaut man lieber Grethe Weiser ›aufs Maul‹ oder dem

komischen Millionär Heinz Erhardt und seinem Lakaien Joseph Offenbach. – Alles neu macht dieser May nicht: wenn eine Hühnerkeule in der Schreibtischtür klemmt, ist seine humoristische Höchstleistung da.« (Telegraf Westberlin, 1962)

»Wieder einmal ist Freddy Quinn, hier als Auslandskorrespondent Meyer, der seinen Urlaub in Italien verbringt, Herr jeder komplizierten Leinwandsituation. In dieser neuen, farbigen Folge der nicht abreißen wollenden *Freddy und...*-Serie (Regie: Paul May) ist er der gute Geist eines, ach, so bemitleidenswerten Millionärs, dem er manches, unlösbar scheinende Problem lösen hilft: Er setzt der schon Wochen währenden Dauerparty seiner Dolce-Vita-Freunde ein Ende,

überführt den Sekretär des Betruges, entlarvt die Pokerfreunde als Falschspieler und verscheucht einen habgierigen Südamerikaner, der es auf dem Umweg über die Tochter auf die Millionen des Vaters abgesehen hat. Als er von dem darob vor Dankbarkeit gerührten Millionär mit dem Mädchen und einem Direktorposten belohnt werden soll, verzichtet der so   bescheiden und anständig gebliebene, im übrigen ausgiebig singende Büromensch auf die Chance seines Lebens und fährt mit seiner ihm nachgeeilten Verlobten, einer kleinen Sekretärin, nach Deutschland zurück. Eine nicht gerade einfallsreiche Story, und wenn nicht dank dem Millionär des Heinz Erhardt manch komische Situation entstünde, wäre das Ganze noch

fader, zumal sich die Kamera, obwohl die Außenaufnahmen auf Ischia entstanden, fast ausschließlich auf die Millionärsvilla und ihre ausgedehnten Gartenanlagen samt obligatorischem Swimming-Pool beschränkte.« (Der Tagesspiegel Berlin, 1962)

»Das wichtigste aber ist die Musik: Freddy singt nicht weniger als vier neue Lieder, und diese Kompositionen sind nicht nur völlig verschieden voneinander, sondern schlagen auch ganz neue Töne an... Ganz ungewöhnlich ist eine fast balladenhafte Nummer, die von der Jagd des kleinen Mannes nach dem Job berichtet: mit ›Der Boß ist nicht hier‹. Damit wird sich Freddy wohl sehr viele neue Freunde sichern. Einen grandiosen Jux schließlich leistet sich Quinn mit der Rock'n'Roll-Parodie ›Happy, happy Baby‹, in der bekannte Vorbilder kräftig durch den Kakao gezogen werden.« (Neue Ruhr Zeitung Essen. 1962)

»Mit Pointen eigensten Wuchses wartet amüsant Heinz Erhardt auf. Grethe Weiser glossiert High-Snob-Allüren zum Entzücken, Joseph Offenbach bietet einen erfreulich philosophierenden Butler. Die ganzen Handlung ist leicht und so hübsch, wie die vielfältig buten Hüte sommerlicher Damen an sommerlicher Adria.« (Rheinische Post Düsseldorf, 1962)

Freddy und der Millionär
Ein Farbfilm von Paul May
der Divina- Gloria

Wer lange angelt, braucht einen guten Sonnenschutz: Heinz Erhardt und Joseph Offenbach

»Der naturreine Freddy bricht in das ebenso künstliche wie süße Leben einer italienischen Millionärsvilla ein, selbstlos stärkt er das schwache Rückgrat des Hausherrn, unbeirrbar und unter Zurücklassung der angebotenen Millionentochter geht er seinen Weg ins bürgerliche Glück. Freddy Quinn ist so unverführbar, rechtschaffen und aufrecht, daß er zwar Mittelpunkt, aber nicht Hauptperson der allgemeinen Lustigkeit ist. Er läßt sich umbranden von ihr; er blickt ungerührt wie ein steifer Fels um sich, und in jedem Augenaufschlag sieht man's blinken: Ach, nur wer die Sehnsucht kennt... Zwischendurch singt er. Und glänzt in einer geschafften Rock'n'Roll-Parodie. Die nett unterhaltenden Gesichter rundum gehören Grethe Weiser, Grit Böttcher, Vittoria Prada, Joseph Offenbach und Peter Vogel. Und noch 'n Gesicht: Heinz Erhardt als leidender Herr über Millionen. Die flotte Regie führte Paul May.« (Abendpost Frankfurt am Main, 1962)

»Kleiner verliebter und verlobter Angestellter macht Urlaub ›ohne sie‹ im Süden und erliegt dort (fast) den Verlockungen ebenso reizvoller Landschaft wie berückender Damen. Ein so bewährter Regisseur wie Paul May weiß auch aus dieser Vorlage etwas zu machen. Er schuf daraus einen von Lotar Olias musikbeschwingten, heiteren Unterhal-

tungsfilm, dessen Pointen und muntere Gags blitzen wie das Meer und die Insel Ischia, auf der sich *Freddy und der Millionär* begegnen. Freddy, der unverwüstliche Quinn, zeigt mit neuen Schlagern, daß er nicht nur, wie bekannt, Gold in der Kehle hat, sondern auch schauspielerisch seinen Mann steht. Männlichkeit zu bewahren ist indes nicht leicht, denn durch einen kuriosen Zufall wird der ›kleine Mann‹ Geldgeber für von ärztlichen Ratschlägen, geldgierigen Falschspielern und allerlei finsteren Gentleman leicht durchgedrehten Millionär – eine Rolle, die Heinz Erhardt auf den Leib geschrieben ist. Schuld daran, daß der arme Reiche im goldenen Käfig seiner pompösen Villa durchdreht, sind auch seine Schwester, die – wie könnte es bei

Grethe Weiser anders sein – von vielen ›Fimmeln‹ befallen ist und das liebliche Töchterlein in Gestalt der italienischen Neuentdeckung Vittoria Prada. Im Wirbel um Millionen, Musik und Liebesglück machen noch Peter Vogel als ›Anhalter‹ und Joseph Offenbach als verschwiegener Diener mit, nicht zu vergessen der schwerbeschäftigte Bob, in Gestalt Hubert von Meyerincks.« (Wiesbadener Kurier, 1961)

Den Fisch hat sich Heinz Erhardt geangelt, da hat Freddy Quinn keine Chance

»Die Post geht ab«

Heinz Erhardt als Walter Eberhardt

Die Post geht ab
BR Deutschland, 1962
Erstaufführung: 21.9.1962
Produktionsfirma: Piran
Regie: Helmuth M. Backhaus
Buch: Helmuth M. Backhaus
Romanvorlage: nach einer Idee von Hans Bilian
Kamera: Gerhard Krüger
Musik: Christian Bruhn
Lieder: »Bitte, bitte, nimm mich mit!«
»Die Lebensleiter«
»Ein kleines Zelt«
»Wenn wir zwei uns wiedersehn«
»Kleopatra«
»Schau mir noch mal in die Augen«
»Schläfst Du schon, mein Liebling«
Darsteller:
Vivi Bach (Barbi Lothar, Tochter eines Schlagersängers)
Adrian Hoven (Willy, Trompeter einer Jazzband)
Claus Biederstaedt (Harry Eberhardt)
Corny Collins (Gina, Millionenerbin aus Italien)
Elma Karlowa (Wilma, Sekretärin eines Weinimporteurs)
Heinz Erhardt (Walter Eberhardt, Kaufmann)
Wolf Albach-Retty (Lukas Lenz, Schriftsteller)
Kurt Großkurth (Teutobald Stolze, Tourist)
Ilse Steppat (Elfriede Stolze)

Margitta Scherr (Anja Stolze, ihre Tochter)
Gunnar Möller (Franz, Posaunist der Jazzband)
Chris Howland (John, ein Engländer)
Gerhard Wendland (Rudolf Lothar, Schlagersänger)
Peter Fritsch (Till Hartmann)
Dagmar Hank (Petra Lenz)
Ralf Wolter (Bodo Ratsam, Weinimporteur)
Beppo Brem (Sepp, der Landgendarm)

INHALT

Das Leben ist voller Überraschungen. Man hofft auf eine glatte Million und erbt einen alten Autobus, mit dem man gar nichts anzufangen weiß. Für Willy (Adrian Hoven), Trompeter einer Jazzband, entpuppt sich das Vehikel dennoch als rettender Engel in einer peinlichen Situation: Die Band hatte einen Gesangswettbewerb veranstaltet und großzügig den Gewinnern zwei Ferienreisen in den sonnigen Süden versprochen. Der Skandal folgt dem Versprechen gleich auf dem Fuße: das Reisebüro, mit dem die Fahrten abgeschlossen waren, geht pleite. Das vierrädrige Erbstück wird nun ersatzweise die Preisträger Barbi (Vivi Bach), Tochter des Schlagersängers Rudolf Lothar (Gerhard Wendland),

und einen jungen Mann namens Till Hartmann (Peter Fritsch) gen Süden fahren.

Das Leben ist aber auch voller Schwierigkeiten: Barbi findet eine Reise mit fremden Männern gar nicht so verlockend und macht zur Bedingung, daß ihre Freunde Petra (Dagmar Hank) und Harry (Claus Biederstaedt) mitgenommen werden. Am Morgen der Abreise finden sich auch noch Barbis Freundin Wilma (Elma Karlowa) und ein gewisser Herr Ratsam (Ralf Wolter) zur Mitfahrt ein. Die Post geht ab, allerdings ohne väterlichen Segen: Barbis und Petras Väter bangen um das Wohl ihrer Töchter, Harrys Vater (Heinz Erhardt) will seinen einzigen Sohn mit einer italienischen Millionärstochter verheiraten und befürchtet, daß seine Pläne durchkreuzt werden. In schnellen Straßenkreuzern nehmen die Herren Väter mit weit mehr als 100 Sachen die Verfolgung des Busses auf.

Und das Leben ist voller Strapazen, wenn man halb Europa in solch einem vorsintflutlichem Fahrzeug bereist. Bei einer der zahllosen Pannen lernt die Reisegesellschaft nicht nur Land und Leute im allgemeinen, sondern auch den Touristen Teutobald Stolze (Kurt Großkurth), seine Frau Elfriede (Ilse Steppat), Tochter Anja (Margitta Scherr) und ihren Verlobten John (Chris Howland) kennen, der seinerseits dem Bus und seinen Insassen durch Verfolgungsmanövern zu neuen

Schwierigkeiten verhilft, weil der Posaunist Franz (Gunnar Möller) Johns Braut Anja »entführt« hat.

Schließlich ist das Leben auch noch voller Zufälle, als die Busgesellschaft im gleichen Hotel landet, wie die durch ihre Automarken schnelleren Väter und die plötzlich herbeigezauberte italienische Millionenerbin Gina (Corny Collins), in die sich Harry ebenso ahnungslos wie freiwillig und von Vaters Seite planmäßig verliebt. Und somit ist das Leben an der blauen Adria voller Freuden. Vier Paare haben sich nach vielen Hindernissen gefunden, ohne sich von vornherein unbedingt gesucht zu haben.

WAS NICHT JEDER WEISS

Heinz Erhardts Film-Partner als Jazz-Posaunist Franz war Gunnar Möller. In dem Buch »Heinz Erhardt, dieser Schelm!« von Rainer Berg und Norbert Klugmann erinnert er sich: »Die Zusammenarbeit mit Heinz Erhardt war wunderbar. Er hatte nicht den Ansatz von Staralüren. Er hat mir viel über sein Leben erzählt – auch wie er zweimal eingezogen und jedesmal wieder nach Hause geschickt wurde. Erhardt war bei den Dreharbeiten ein präziser Arbeiter. Er hatte auch eine Menge Einfälle, die meistens gut waren und übernommen wurden. Regisseur Backhaus ging darauf

ein. Ich habe in drei Filmen mit Heinz Erhardt zusammen gespielt. Das waren alles B-Filme, Sommerfilme. Es gab eine bestimmte Zahl von Musiknummern, die untergebracht werden mußten; hübsche Jungs als Liebhaber, dann die Komiker dazu – und schon ging die Post ab.«

O-TON HEINZ ERHARDT

»Wir fahren den Kindern hinterher, um sie etwas zu beaugapfeln«

Was wünschen Sie? – »Einen Martini.«

Einen trockenen? – »Nein, einen flüssigen – zum Trinken«

»Das ist ja unglaublich, hebe dich hinweg!«
»Manchmal muß man seine Kinder ja direkt zu ihrem Glück zwingen.«

KRITIK

»*Die Post geht ab* – und natürlich geht sie nach Italien ans blaue, blaue Meer. Die Idee gleicht den meisten anderen deutschen Lustspiel-Schlager-Filmideen, ein Ei ist wie das andere. Daran ändert auch der Regisseur Helmut M. Backhaus nichts. Sogar den guten Chris Howland läßt man – mit bekannt geistreicher Miene – vergeblich hinter seiner Braut herhasten. Und Heinz Erhardt: ›Ha, ha ha...‹ Den schmalzigen Handlungsablauf machen weder gequälte Gags noch kesse Bikinis schmackhafter. Erstaunlich ist nur die schnelle Arbeit der Filmer. Sie schaffen es immer wieder, ihren Streifen zu kurbeln, bevor die darin tönenden Schlager in Vergessenheit geraten.« (Münchner Merkur, 1963)

Wenn Gerhard Wendland und Heinz Erhardt sich freuen, versteht Wolf Albach-Retty überhaupt keinen Spaß

»Aber nach Triest, da geht kein Postwagen ab, sondern ein kleiner Bus, der, wie einmal ironisch bemerkt wird, von der Firma Schrott u. Co. gebaut wurde. Darin braust nun langsam und mit vielen Pannen eine Band gen Süden, bringt natürlich allerhand Schlagermusik zu Gehör, um so mehr, als der Vater der Bandsängerin, der zusammen mit dem Vater eines Bandmusikers ebenfalls nach Triest fährt, ein bereits bekannter Schlagersänger ist. Musik vom Twist bis zur Schnulze übernimmt denn auch weitgehend die Regie des Films. Gekoppelt wurden damit Liebeleien und Klamauk, die wenigstens in der ersten Hälfte des Films wiederholt etwas Witz verraten, werden hernach auch immer seltener. Dafür singt dann wieder der Schlagersänger: ›Schläfst du schon?‹ Als Darsteller ohne große Rollen sind mit von der Partie: Vivi Bach, Adrian Hoven, Claus Biederstaedt, Corny Collins, Heinz Erhardt, Wolf Albach-Retty, Chris Howland und andere.« (Hannoversche Allgemeine Zeitung, 1962)

»Statt erhoffter Millionen hat Willy, Trompeter einer Jazz-Band, einen steinalten Autobus geerbt. Für den täglichen Gebrauch im Stadtverkehr ist das Ding ungeeignet. Aber es hat immer noch so viel Puste, die Mitglieder der Band, die beiden Gewinner eines Gesangswettbewerbs und auch noch ein paar andere hübsche Mädchen in den sonnigen Süden zu fahren. Natürlich schleicht es nur durch die Landschaft und an jeder Ecke gibt es eine Panne. Für die Darsteller ist das immer eine Gelegenheit, sich singend oder tanzend zu produzieren. Vivi Bach ist darin unermüdlich und auch Gerhard Wendland liefert manche Schnulze dazu. Mit der Filmhandlung geht es dabei natürlich ebenso wenig zügig vom Fleck wie mit dem alten Bus. Mit einigen nicht ganz neuen Pointen und Gags wurde sie auf Humor getrimmt. Es ist leichte, wirklich ganz leichte Filmkost.« (General-Anzeiger Wuppertal, 1962)

»Die bunte Schlagerillustration ist nach bewährtem Muster hergestellt. Man nehme also eine Handvoll junger, der Jazz–; lies: Schlagermusik verschworener Berufs- und Amateurmusikanten, setze etliche von ihnen in Widerspruch zu der älteren Generation, und schon hat man die Handlung. Man lasse dann die Jungen in einem ererbten, vorsintflutlichen Autobus nach Triest fahren und die Älteren mit schnittigeren Kreuzern folgen. Diverse Liebesverwicklungen, bei denen schließlich immer die Richtigen zusammenkommen, füllen die Pausen zwischen den einzelnen Musikdarbietungen. Die Landschaft liefert bereitwillig die reizvollen optischen Motive; mit ihr wetteifern Vivi Bach und Margitta Scherr ebenso wie Corny Collins in Bademodenschauen, für einschlägige Komik sorgen Chris Howland und Heinz Erhardt;· die männliche Staffage wird unter anderen von Adrian Hoven und Gunnar Möller gebildet. Das Ganze wird dann ›flotte Welle‹

Links: Vater-Sohn-Konflikt:

Heinz Erhardt und Claus Biederstaedt

Rechts: Selten blöde Situation: Wolf Albach-Retty,

Gerhard Wendland und Heinz Erhardt in einem Taxi

genannt, die freilich nur mit sanftem Plätschern im deutschen Unterhaltungssand verläuft.« (Stuttgarter Zeitung, 1962)

»Für die kühlen Herbsttage empfiehlt die Gloria ihr Lustspiel, das uns (verregneten und vernebelten) rheinischen Erdenbürgern mit seinen gut fotografierten, sonnendurchfluteten Sommertagen eine Erinnerung an vergangene Urlaubsfreuden vermitteln soll. Für die glänzende Kamera-Arbeit zeichnet Gerhard Krüger verantwortlich, der zauberhafte Fotoschnappschüsse der herrlichen dalmatinischen Küste eingefangen hat. Die Handlung wurde nach alter Konfektionsmasche hergestellt: um ein halbes Dutzend bekannter Schlager wird ein Drehbuch angefertigt, in dem sich fünf junge Paare über verschiedene Umwege endlich im südlichen Triest finden. Die Dialoge sind nicht sehr von Geist geplagt, dafür aber sorgen bekannte Schauspieler wie Beppo Brem, Heinz Erhardt, Wolf Albach-Retty und Ralf Wolter, daß auch die ältesten Kalauer an den Mann kommen. Noch nie war der Hang unserer Film- und Schallplatten-Industrie so stark wie jetzt; deutsch-radebrechende Gesangsstars populär zu machen. Bei einem Publikum genügt schon ein fremder Akzent oder ein falsch gewählter Artikel und der persönliche Erfolg ist von vornherein garantiert, wie in diesem Fall bei Vivi Bach, der dänischen Loreley, und Chris Howland.« (Kölnische Rundschau, 1962)

»Axel Munthe, der Arzt von San Michele«

Heinz Erhardt als Brunoni

Axel Munthe, der Arzt von San Michele
BR Deutschland/Italien/Frankreich, 1962
Erstaufführung: 28.9.1962
Produktionsfirma: CCC, Cine Italia, Criterion
Produktion: Artur Brauner
Regie: Rudolf Jugert, Giorgio Capitani, Georg Marischka
Buch: Hans Jacoby, Harald G. Petersson
Romanvorlage: nach der Autobiographie »Das Buch von San Michele« von Axel Munthe
Kamera: Richard Angst
Musik: Mario Nascimbene
Schnitt: Jutta Hering
Darsteller:
O.W. Fischer (Axel Munthe)
Rosanna Schiaffino (Antonia)
Valentina Cortese (Eleonora Duse)
Ingeborg Schöner (Natascha)
Sonja Ziemann (Prinzessin Clementine)
Maria Mahor (Ebba)
Heinz Erhardt (Brunoni)
Renate Ewert (Patientin)
Christiane Maybach (Paulette)

INHALT

Die Lebensgeschichte des Modearztes, Schriftstellers und Lebemannes Axel Munthe: Geboren am 31. Oktober 1856 im schwedischen Provinzstädtchen Oskarshamm, gestorben am 11. Februar 1949 im königlichen Schloß zu Stockholm. Ein Film, bei dem Heinz Erhardt in einer Rolle als Impresario der Duse überrascht. In dieser poetisch verfremdeten, in Dichtung und Wahrheit schwelgenden Autobiographie läßt der schwedische Hofarzt und Tierfreund Axel Munthe in seinem Haus auf Capri sein aufregendes Leben Revue passieren. Stets war seine vertrauenerweckende Ausstrahlung größer als seine medizinischen Kenntnisse. Und auf seinem Lebensweg von einem schwedischen Provinzstädtchen zum königlichen Schloß in Stockholm durchstreift Munthe die Welt der Armen, der Hocharistokratie und der Wissenschaft. Er liebt die vornehmen Damen der Pariser Gesellschaft und heilt die Cholerakranken der neapolitanischen Slums, betreibt wissenschaftliche Tierversuche und setzt sich an die Spitze der Tierschutzbewegung. Dabei entwickelt er sich vom zynischen Frauenhelden zum philosophierenden Poeten.

»Ich war kein guter Arzt, mein Studium war zu hastig, meine Ausbildung im Krankenhaus zu kurz gewesen, aber zweifellos war ich ein erfolgreicher Arzt«; heißt es in dem »Buch von San Michele« von Axel Munthe. »Was ist das Geheimnis des Erfolges? Vertrauen erwecken. Was ist Vertrauen? Wo entsteht es, im Kopf oder im Herzen? Entstammt es den höheren Schichten unseres Bewußtseins, oder ist es ein Baum der Erkenntnis. Des Guten und Bösen, dessen Wurzeln in die Tiefe unseres Seins hinabreichen? Auf welchen Wegen teilt sich das Vertrauen anderen mit? Wird es sichtbar im Auge, wird es vernehmbar im gesprochenen Wort? Ich weiß es nicht, weiß nur, es kann nicht aus Büchern erworben werden und nicht am Krankenbett. Es ist ein magisches Kleinod, durch Geburtsrecht dem einen gewährt, dem anderen versagt. Ein Arzt, der diese Gabe hat, vermag nahezu Tote zu erwecken. Wer sie nicht hat, muß es sich gefallen lassen, daß bei einem Fall von Masern ein Kollege zur Konsultation zugezogen wird. Ich entdeckte bald, daß mir diese unschätzbare Gabe ohne eigenes Verdienst beschert war.

Ich entdeckte das noch rechtzeitig, denn ich war im Begriff, eingebildet und recht selbstzufrieden zu werden. So aber begriff ich, wie wenig ich wußte, und wandte mich mehr und mehr an Mutter Natur, die alte weise Pflegerin, um Rat und Hilfe. Schließlich hätte noch ein guter Arzt aus mir werden können, wäre ich bei der Hospitalarbeit und meinen armen Patienten geblieben. Aber dazu verlor ich alle Aussicht, denn nun wurde ich ein ›Modearzt‹. Wenn ihr einem solchen begegnet, beobachtet ihn vorsichtig aus sicherer Entfernung, ehe ihr euch in seine Hände begebt. Er kann ein guter Arzt sein, aber in vielen Fällen ist er es nicht. Erstens ist er meist viel zu beschäftigt, um eure langen Berichte geduldig anzuhören. Zweitens wird er fast immer zum Snob, wenn er es nicht von Natur aus ist. Er wird die Gräfin vor den übrigen Patienten hereinbitten, die Leber des Grafen sorgfältiger untersuchen als die seines Dieners, zum Gartentee der Britischen Botschaft statt zu dem Neugeborenen gehen, dessen Keuchhusten schlimmer geworden... Wenn sein Herz nicht gesund ist, wird dies Organ unverkennbare Zeichen vorzeitiger Verhärtung ausweisen; gleichgültig wird er werden wie die ganze vergnügungssüchtige Gesellschaft, in der er lebt, und fühllos für das Leiden anderer. Du kannst kein guter Arzt sein ohne Mitleid.«

Axel Martin Fredrik Munthe war ein Mensch mit einem nie ermüdenden Idealismus, aber auch mit einem leidenschaftlichen Geltungsdrang. Zwei ständig im Widerstreit liegende Wesensmerkmale, die sein abenteuerliches Leben prägten. Sein »Buch von San Michele« (vom fast erblindeten Munthe 1929 im Torre di Materita, dem Turm eines alten Kartäuserklosters auf Capri, geschrieben) gibt einigen Aufschluß über seine »unklare Persönlichkeit«, wie Munthe sich selbst, offenbar von Altersskepsis erfüllt, bezeichnete. »Einige Szenen dieses Buches«, so hat Munthe eingeräumt, »liegen in dem schwer definier-

baren Grenzgebiet, dem gefahrvollen Niemandsland -zwischen Tatsache und Phantasie –; wo so viele Memoirenschreiber gescheitert sind und wo selbst Goethe den Pfad verlor in seinem Buch ›Dichtung und Wahrheit‹...« Munthe hat sich auch immer wieder mit Entschiedenheit dagegen gewehrt, daß man sein »Buch von San Michele« ganz simpel als Autobiographie oder als Erinnerungen eines Arztes werten wollte. Er selbst erklärte: »Ich kann nur sagen, ich hatte nicht die Absicht, über mich selbst ein Buch zu schreiben, im Gegenteil, es war meine größte Sorge, diese unklare Persönlichkeit abzuschütteln.« Und resümierend hat er hinzugefügt: »Ich habe mein möglichstes getan, wenigstens einigen Episoden den Anschein spannender Geschichten zu geben. Ich wünsche nichts mehr, als daß man mir nicht immer glaubt..., denn der größte Autor spannender Geschichten ist das Leben.«

WAS NICHT JEDER WEISS

Der erfolgreiche Schauspieler O. W. Fischer überzeugte seinen Produzenten Atze Brauner von einem ungewöhnlichen Projekt: Sein alter Wunschtraum war es, das Buch von San Michele zu verfilmen. Atze Brauner vertraute dem Welterfolg des in über fünfundzwanzig Millionen Exemplaren verkauften Buches und ließ O. W. Fischer walten: »*Axel Munthe, der Arzt von San Michele* sollte das größte Verlustgeschäft Atze Brauners werden«, heißt es in dem Buch »O. W. Fischer – Seine Filme, sein Leben« von Dorin Popa. »Vier Autoren

O. W. Fischer gibt seinem Affen Zucker

Illustrierte Film-Bühne

VEREINIGT MIT Illustr. Film-Kurier

Nr. 06266

20 Dpf.

AXEL MUNTHE

Der Arzt von San Michele

Eine der bedeutenden Persönlichkeiten des europäischen Geisteslebens war der schwedische Arzt Axel Martin Fredrik Munthe.

Sein abenteuerliches Wirken als Arzt, Armenhelfer, Tierfreund, Schriftsteller und als Mann, der die Frauen faszinierte, ist endlich in einem Großfilm, der in internationaler Zusammenarbeit entstand, unter dem Titel „Axel Munthe, der Arzt von San Michele" aufgezeichnet worden. Ungezählte Freunde guter Literatur kennen sein „Buch von San Michele", das in 40 Weltsprachen übersetzt und in einer Auflage von 25 Millionen verbreitet ist. Es war die literarische Grundlage dieses bedeutenden Farbfilms.

Die in dieser Schrift gezeigten Bilder berichten Ihnen über den Film. Auszüge aus dem Buch von San Michele, das Munthe auf Capri schrieb, lassen besonders die einzigartige Liebe zu den Tieren erkennen, die Axel Munthe auszeichnete und mit der er als guter Freund der Men-

verschleißt O. W Fischer, bevor das Drehbuch seiner Vorstellung entspricht. Geza von Radvanyi hat nach *Das Riesenrad* und dem *Kaviar*-Doppel einstweilen genug von Fischer und lehnt den Regieauftrag ab. Georg Marischka übernimmt die Leitung und gibt sie mitten während der Dreharbeiten in Italien an Rudolf Jugert weiter. Nach der letzten Klappe räumt auch Jugert das Feld und überläßt seinem Hauptdarsteller die Mischung. Unter dem Protektorat des deutschen Tierschutzbundes läuft schließlich am 28. September 1962 ein effektsicheres Konvolut an, das quasi als Quintessenz von O. W. Fischers Weltbild philosophierende Exkurse, genießerische Exzesse, ein Leben voller Liebe und eine Welt voller Wahnsinn gegenüberstellt.«

KRITIK

»Sein Buch wird auch heute noch viel gelesen, es ist eine Art Autobiographie, in der sich Dichtung und Wahrheit zu einer äußerst reizvollen und farbenreichen Lebensschilderung vermengen. Eine Fülle von abenteuerlichen Begebenheiten, interessanten Menschen, Anekdoten, Reisebildern, Betrachtungen findet man – Stoff für mehrere Filme. Daß sich der Film dieses Buches bemächtigte, ist daher eigentlich kein Wunder; er brauchte gar nicht darauf zu spekulieren, daß alle, die Axel Munthes Buch gelesen haben, nun auch auf der Leinwand und möglichst noch in bunten Bildern, an den Abenteuern des Arztes teilhaben möchten. Ob aber den Munthe-Lesern mit der vorliegenden Filmfassung (CCC-Film im Gloria-Verleih) unter der Regie von Rudolf Jugert ein Gefallen getan wurde, mag dahingestellt bleiben. Man mußte sich bei der Fülle des Stoffes auf Episoden beschränken und sie mit einem roten Faden verbinden, Axel Munthes zunächst vergebliches Bemühen wird geschildert, in seinem Beruf es zu etwas zu bringen, die für ihn bedeutungsvolle Cholera-Epidemie in Neapel wird in mitunter knalligen Bildern breit ausgewalzt, dann sieht man ihn auf der Höhe seines Ruhms als gesuchter Arzt in Rom, erlebt die Erfüllung seines Traums mit dem Bau seines Capri-Refugiums, dann seine Verzweiflung über die hereinbrechende Blindheit, das Aufbäumen gegen das Schicksal, das Sichfinden in der Altersweisheit und man erlebt verschiedene seiner Amouren mit schönen Frauen... Einen heiteren Akzent bringt für einige Augenblicke Heinz Erhardt in das Filmgeschehen. Außerdem spielen einige Tiere mit und in leider nur wenigen Motiven die unvergleichlich schöne Landschaft und das weite Meer von Capri.« (General-Anzeiger Wuppertal, 1962)

»Der Film jedoch stellt seine Person in ständigen Großaufnahmen heraus und O. W. Fischer spielt ihn und spielt alle anderen an die Wand mit einer geradezu herausfordernden Eitelkeit... Zwei Stunden lang O. W. Fischer in seiner bekannten nachlässig eitlen Manier ist doch ein bißchen viel.« (Der Tag Berlin, 1962)

»Soviel Selbstgefälligkeit und joviale Überheblichkeit, wie diese Rolle ihm boten, hatte er schon lange nicht mehr zelebrieren können. Und in solchen Filmen ist Fischer nun einmal nicht zu schlagen, in denen er den ganz großen, schrecklich sensiblen und überaus primadonnenhaften Mann von Welt markie-

ren darf... Wenn Fischer einmal nicht spricht – ab und an geschieht das, zum Beispiel während der recht eindrucksvollen Cholera-Szenen in Neapel – dann löst Frau Musika ihn sofort ab.« (Kölnische Rundschau, 1962)

»Gäste aus Frankreich und Italien hat die im Programmheft ungenannte Regie (eine alte Vorankündigung schreibt sie Rudolf Jugert zu, in dessen Interesse ich das nicht glauben möchte) aufgeboten, ferner Sonja Ziemann, Heinz Erhardt und ein paar Sternchen deutscher Provenienz. An der Kamera stand Richard Angst, dem seine vielen Meisterleistungen von einst (*Piz Palü*) ein Alibi verschaffen. Als zähflüssiger Seelentonbrei wälzt sich durch den Film die Musik von Nascimbene (Majewski ist also auch ausgestiegen), die unbekümmert die Romantik von Weber, Schu-

mann und Chopin bis zu Tschaikowskij, Rachmaninow und Rubinstein plündert. Und wenn Dr. Munthe seiner Blindheit inne wird, tönt ihm von einem unsichtbaren Orchester Beethovens Fünfte entgegen: die Schicksalssymphonie. Ja, nach *El Hakim* hat sich nun auch der *Arzt von San Michele* als O. W. Fischer verkleidet. Was auf der Strecke blieb, war San Michele.« (Hannoversche Presse, 1963)

»San Michele tilgt die Gegenwart und ruft die Bilder der Erinnerung hervor. Der Film ist eine Retrospektive; sie hat keine weiten Horizonte, aber bisweilen eine so naturalistische Nähe, daß der Besucher das Taschentuch vor den Mund hält, um die Keime einer tückischen Krankheit abzuwehren...« (Allgemeine Zeitung Mainz, 1963)

Auf den Festen der feinen Gesellschaft:
O. W. Fischer als Axel Munthe

»Ohne Krimi geht die Mimi nie ins Bett«
Heinz Erhardt als Konsul Keyser

Ohne Krimi geht die Mimi nie ins Bett
Österreich, 1962
Erstaufführung: 19.10.1962
Produktionsfirma: Neue Delta
Regie: Franz Antel
Buch: Johannes Kai, Hugo Wiener
Kamera: Hanns Matula
Musik: Johannes Fehring
Lieder: »Das Lied vom Angeln«
»Tango d'Amore«
»Ohne Krimi geht die Mimi nie ins Bett«
»Geisterstundentango«
Schnitt: Pauline Dvorac
Darsteller:
Heinz Erhardt (Konsul Keyser)
Karin Dor (Barbara Holstein)
Harald Juhnke (Thomas Steffen)
Peter Vogel (Michael Lutz)
Ann Smyrner (Marion Keyser)
Trude Herr (Gina)
Gus Backus (Bob Stuart)
Raoul Retzer (Polizeichef)
Bill Ramsey (Bill)
Edith Hancke (Mimi)

INHALT

Die hübsche Stewardeß Barbara (Karin Dor) wartet seit langem darauf, von ihrem Freund Michael (Peter Vogel) geheiratet zu werden. Leider zeigt er sich in dieser Hinsicht äußerst begriffsstutzig, und das ärgert Barbara ebenso wie seine übertriebene Leidenschaft für das Angeln, der er seit Jahren im Urlaub auf einer kleinen Insel im Mittelmeer besonders inbrünstig frönt.

Die Ruhe, die Michael dort sucht, wird in diesem Jahr gestört, als Konsul Keyser (Heinz Erhardt), Fabrikant von Eiernudeln, seine Tochter Marion (Ann Smyrner) und Schwiegersohn in spe Thomas Steffen (Harald Juhnke) mit ihrer Campingvollausstattung überraschend aufkreuzen. Marion hat ihren fülligen Papa mit sanfter Gewalt zu einem Campingurlaub gezwungen; Konsul Keyser wiederum wünscht, daß sein Syndikus Steffen bei seinen Bemühungen um die etwas kratzbürstige Marion endlich Fortschritte macht.

Michael ist von Anfang an schlecht zu sprechen auf die Eindringlinge in seinem Anglerparadies. Um sie wieder zu vertreiben, läßt er sich etwas einfallen. Sein Plan funktioniert allerdings nicht ganz so, wie Michael sich das gedacht hat, weil Gina (Trude Herr), die temperamentvolle Frau eines dörflichen Polizeichefs auf dem Festland, die Sache heimlich in

eigene Regie übernimmt. So kommt es, daß Konsul Keyser und die Seinen von maskierten »Räubern« überfallen und ausgeraubt werden...

Eingebettet ist die vergnügliche Urlaubsgeschichte in eine Rahmenhandlung, in der Bill Ramsey und Edith Hancke das glückliche Pärchen Bill und Mimi spielen. Nur in einer Hinsicht bereitet seine Holde dem lieben Bill Kummer: Ohne Krimi geht die Mimi eben nie ins Bett!

WAS NICHT JEDER WEISS

»Nach einem bezaubernden Buch von Johannes Ray schrieben wir ein Drehbuch, das wie das Original den Titel ›Die Leute mit dem Sonnenstich‹ hieß«, erinnert sich Franz Antel in seiner Autobiographie (»Großaufnahme«). »Doch der Constantin-Verleih wollte einen anderen Titel. Die Titelwahl der deutschen Verleihfirmen war ja oft rätselhaft und hatte schon manchen Erfolg untergraben, denn ein dümmlicher Titel, der mit dem Inhalt nichts zu tun hat, kann das Publikum ganz schön verärgern. In diesem Falle konnten wir ausnahmsweise die Titelfindung der Constantin rekonstruieren: Konsul Barthel hatte seinen Pressechef angerufen und diesen nach dem zur Zeit erfolgreichsten Schlager gefragt. Der sah auf einer Liste nach und entschied: ›Ohne

Krimi geht die Mimi nie ins Bett‹ mit Bill Ramsey sei zur Zeit der Hit. Also mußte unser ›Sonnenstich‹-Film so heißen. Ich protestierte, aber Barthel meinte, ich solle mir eben etwas einfallen lassen, damit der Titel passe. Zum Glück fiel mir etwas ein: Ich erfand mit Bill Ramsey eine komische Rahmenhandlung. Mit von der Partie waren in diesem Lustspiel Karin Dor, Ann Smyrner, Peter Vogel, Harald Juhnke, Heinz Erhardt, Trude Herr und Raoul Retzer – neben Charly Fernbach und Erich Padalewski einer meiner drei ›Talismänner‹, die ich immer wieder in kleinen Rollen einsetzte. Als Glücksbringer, denn davon kann man ja beim Film nie genug haben.«

Im Januar 1986 erinnerte sich Harald Juhnke in der BZ an die Dreharbeiten des Films in Jugoslawien: »Wir drehten in einem kleinen Ort an der Küste. Gemeinsam mit meinem Kollegen Peter Vogel hatte ich ein Haus gemietet. Vogel versprach: Ich koche jeden Tag ganz tolle Sachen für dich. Doch im Kühlschrank war während der ganzen Zeit nichts als Slivovitz und Bier...« Und auf einer Party traf Juhnke den verstorbenen Staatschef Tito: »Er war ein Mann wie ich, den Genüssen des Lebens nicht abgeneigt. Wir haben uns zugeprostet, auch ein paar Worte auf Deutsch gewechselt.«

Die Freiwillige Selbstkontrolle der Filmwirtschaft (FSK) zeigte sich – zunächst jedenfalls – unwillig, den Film für Jugendliche unter 16 Jahren freizugeben: »Die Mehrheit des Ausschusses war u. a. der Meinung, daß

durch diesen Film eine nicht wünschenswerte Zeltplatzmoral proklamiert wird. Das junge Pärchen lebt wie Mann und Frau und ist ständig zweideutigen Situationen ausgesetzt. Auch die Dialoge lassen das klar erkennen, so daß die Freigabe des Films nur mit Schnittauflagen erfolgt ist. Die Altersgruppe der 12-15jährigen würde Wertvorstellungen übernehmen, die die Entwicklung zur gesellschaftlichen Tüchtigkeit beeinträchtigen.«

O-TON HEINZ ERHARDT

»Einer von uns beiden muß zur Hilfe eilen. Ich bleibe hier.«

»Figuren – solches verbitte ich mir. Bei mir kann von einer Figur keine Rede sein.«

»Hast Du Hunger, sei nicht dämlich, kauf' Dir Keysers Nudeln nämlich.«

»Neulich hat sie mich mit meiner Sekretärin im Restaurant gesehen.«

Und was hat sie rausbekommen? – »Ein Sportcabriolet.«

»Nehmen Sie doch erst mal, Fräulein Schleswig, äh, Fräulein Holstein.«

»Er ist der gewisse Fischer. O. W., er kommt zurück.«

»Ich finde es überhaupt nicht richtig, daß ein Mädchen ständig raucht.«

»Ich wäre schon für ein kleines Mittagessen, wobei ich die Vokabel ›klein‹ nicht so wörtlich meine.«

Ein Überfall maskierter Räuber: Hände hoch für Harald Juhnke, Ann Smyrner, Heinz Erhardt und Karin Dor

KRITIK

»Diese Mimi, das sei kurz vorausgeschickt, spielt in diesem Franz-Antel-Farbfilm nicht die Hauptrolle, wie man hätte annehmen können. Man sieht sie des Abends treu und brav im ehelichen Schlafzimmer neben ihrem Mann liegen und Krimis lesen, während der Arme mit einer recht hübsch anzuschauenden Pulle vorliebnehmen muß. Was Mimi liest, erfährt der Zuschauer im ›richtigen‹ Film. Und in diesem spielt Heinz Erhardt die Hauptrolle. Das ist sehr entscheidend: denn mit ihm steht und fällt der Streifen. Seine Späßchen und Mätzchen, die sich in der vergangenen Zeit beängstigend häufig in der mehr oder minder geschickten Organisation von herzhaften Fressalien erschöpfen, ermuntern seine permanent liebeskranken Partner Tochter Ann Smyrner, Schwiegersohn in spe Harald Juhnke und die von ihrem Geliebten etwas vernachlässigte Karin Dor – in angenehmer Art.« (Allgemeine Zeitung Rheinhessen, 1962)

»Eine junge Campingfanatikerin (Ann Smyrner) zerrt ihren alten Vater Eiernudelfabrikant, auf eben diese Insel, obwohl er ein komfortables Hotel vorgezogen hätte. Er läßt seinen schüchternen Reklamechef nachkommen, den er sich zum Schwiegersohn wünscht. Die zwei Pärchen scheinen schlecht gekoppelt, aber ein ›Changez les Dames‹ bringt auch keine Besserung, so daß man zur ursprünglichen Kombination zurückkehrt. Schließlich wird die Eiernudelfamilie noch ausgeraubt.... dann löst sich alles in Wohlgefallen auf. Die einzige schauspielerische Leistung vollbringt der von Moskitos und Hunger geplagte Fabrikant, so daß man doch ab und zu lachen kann.« (Saarbrücker Zeitung, 1962)

»Diesmal hat die krimibesessene Mimi sich aber im Bücherschrank vergriffen und statt eines spannenden Reißers eine etwas fade Geschichte aus dem sonnigen Süden erwischt, die Geschichte nämlich vom ewig hungrigen Nudelfabrikanten (Heinz Erhardt), seiner Tochter (Marke blondes Gift) und dem etwas schüchternen Betriebsjuristen, die alle zusammen in Urlaub fahren, weniger der Erholung, als einer eventuellen Heirat wegen... Mimi kann jetzt getrost einschlafen. Der Zuschauer könnte es vielleicht auch, hätte ihn nicht ›Sexbombe‹ Trude Herr mit ihrem netten Singsang muntergehalten.« (Münchner Merkur, 1962)

»Es verläuft alles so billig und lustlos, wie Franz Antel seit eh und je und immer wieder Regie führte. Da hilft kein Heinz Erhardt und keine Trude Herr, denen die Pointen sanft entschlummern.« (Rheinische Post Düsseldorf, 1962)

»Um dem Dauerbeschuß des ZDF mit Filmkomödien der fröhlichen 50er Jahre nicht weiterhin wehrlos ausgesetzt zu sein, schlägt die ARD jetzt zurück. Und sie sicherte sich, clever wie die Filmeinkäufer der Anstalten nun einmal sein können, mit Heinz Erhardt

Links: Erste Urlaubsnacht unter einer Decke: Heinz Erhardt und Harald Juhnke
Rechts: Tochter Ann Smyrner flirtet mit Peter Vogel, was Harald Juhnke und Heinz Erhardt gar nicht begeistern kann

eben jenen Helden, der dem ZDF an den Montagen des vergangenen Jahres so manches Mal satte Einschaltquoten beschert hatte. 1962 sorgte der bebrillt-bauchige Blödel-Biedermann mit dem hintersinnigen Humor als Konsul Keyser in Franz Antels vergnüglicher Urlaubsgeschichte *Ohne Krimi geht die Mimi nie ins Bett* für Verwicklungen am laufenden Band: Denn er will nicht nur seine Eiernudelfabrik sanieren, sondern auch noch seine Tochter mit dem Syndikus verkuppeln. Franz Antel drehte dieses Schlagerlustspiel mit der ihm eigenen Auffassung von

Unterhaltung. Dem österreichischen Regisseur gelang das einzigartige Kunststück, weit mehr als 50 Spielfilme nach dem Krieg zu realisieren, ohne auch nur ein einziges Mal den Beifall der Kritik zu erhalten. Seine Werke (wie *Kaiserwalzer, Die süßesten Früchte, Das ist die Liebe der Matrosen* oder *Otto ist auf Frauen scharf*) waren gemeint, als die Jungregisseure in Oberhausen gegen Opas Kintopp protestierten.« (Berliner Morgenpost, 1986)

»Einfältig-läppisches Lustspiel mit gelegentlichen Erhardt-Einlagen.«(TV Spielfilm)

»Mit keuscher Bikini-Erotik von Franz Antel (*Auf der Alm, da gibt's koa Sünd!*) bieder inszeniert, reißen allenfalls der Wortwitz von Heinz Erhardt und der Titelschlager von Bill Ramsey die Klamotte raus. Für Fans der kalauernden Ulknudel al dente.« (TV Today)

»Am Ende müssen sich die Leute, die der Ingenieur eigentlich loswerden wollte, in seine enge Robinson-Behausung flüchten. Im üblich lustlosen Lustspielstil von Franz Antel inszeniert und mit etwas keuschem Bikini-Sex dekoriert, versickert der Sommerfilm in seiner Dümmlichkeit.« (TV Movie)

Heinz Erhardt als Waldemar Fischer

Apartmentzauber
BR Deutschland, 1963
Erstaufführung: 20.12.1963
Produktionsfirma: Piran
Produktion: Viktor Eisenbach
Regie: Helmuth M. Backhaus
Buch: Gregor Trass
Kamera: Gerhard Krüger
Musik: Christian Bruhn
Schnitt: Anneliese Artelt
Darsteller:
Rex Gildo (Karl Fischer)
Heinz Erhardt (Waldemar Fischer)
Helga Sommerfeld (Karin)
Gunnar Möller (Thomas Butterfield jr.)
Gitta Winter (Elfi)
Gerti Gordon (Almut Behringer)
Lotte Ledl (Mabel)
Mario del Marius (Baldrian)
Carola Höhn (Frau Fischer)
Horst Naumann (Barbesitzer Nino)
Elma Karlowa (Geschäftsinhaberin)
Ilse Steppat (Sittenkommissarin)
Helmuth M. Backhaus (Irrenarzt)

INHALT

Weil ein junger Mann namens Karl Fischer (Rex Gildo) bei den hübschen Mädchen allzuviel Erfolg hat, ist Papa Waldemar kategorisch der Meinung: »Der Junge muß für ein Jahr aus dem Haus, in eine fremde Stadt, in einen fremden Betrieb!« Waldemars zweite Sorge: Karl muß die Almut Behringer (Gerti Gordon) heiraten; sie ist zwar nicht umwerfend hübsch, aber reich. Außerdem: Das schöne Geld, das Kinderwagen-Produzent Waldemar Fischer (Heinz Erhardt) jahraus und jahrein dem Transportunternehmen Behringer zahlt, bliebe beim Zustandekommen der geplanten Ehe hübsch in der Familie.

Papa Fischer telefoniert mit dem Apartmenthaus der Firma Behringer in Italien. Oder richtiger: mit Hausmeister Baldrian (Mario del Marius), der zeit seines Lebens noch niemals nüchtern war. Karl soll einquartiert werden. Ein Hörfehler macht aus ihm das Mädchen Karla. Womit alles Unheil seinen Lauf nimmt. Schon unter der Dusche vom Apartment F gerät Karl vom Regen in die Traufe. Erschreckt flüchtet vor dem splitternackten Karl die ebensowenig bekleidete Elfi (Gitta Winter). Erfolg? Bei ihm Liebe auf den ersten Blick. Bei ihr? Abgrundtiefe Abneigung. Woraus die hübsche Elfi bei ihrer Freundin Karin (Helga Sommerfeld) kein Hehl macht. Den gestörten Apartment-Frieden soll Baldrian wiederherstellen. Unter dem Motto: »Der männliche Eindringling aus Deutschland muß raus!«

Auf Elfi wartet an diesem Morgen noch ein zweiter Schreck. Wegen notorischen Zuspätkommens verliert sie ihren Büro-Job. Was nun? Auf Zureden von Karin, die beängstigend von Mietrückstand, Baldrians Strenge und Rausschmiß stammelt, entschließt sich Elfi schweren Herzens, ihr Glück als Bardame im »Eldorado« zu versuchen. Karin macht indessen die Bekanntschaft des charmanten Erfinders Thomas Butterfield jr. (Gunnar Möller): nur weiß sie nicht so recht, ob die 300 Fläschchen Feuerzeugbenzin, die er im Laden, wo sie angestellt ist, kaufen will, auf seine Erfindergenialität zu verbuchen sind oder auf seine Verliebtheit. Der glückliche Zufall will es, daß Thomas sehr bald unter Baldrians Schutz Apartment-Mitbewohner wird. Weniger allerdings gefällt ihm, daß er seine Freundin Mabel (Lotte Ledl), die steinreiche US-Förderin seiner erfinderischen Genieblitze, nicht los wird.

Inzwischen treiben die Sorgen im Hause Waldemar Fischer ihrem Höhepunkt zu. Die Ansichtskarte, die Karl seiner ungeliebten Almut aus Italien geschrieben hat, klingt auffällig harmlos. Also beschließt man, im sonnigen Süden vorsichtshalber mal nach dem Rechten zu sehen. Im Apartmenthaus tut sich in Sachen Liebe augenblicklich zum Bedauern der Männerwelt herzlich wenig. Dafür hat's um so mehr den Erfinder Thomas gepackt. Ein Draht, ein Kontakt, ein kleiner Hebel – und zum Entsetzen von Mabel fliegt kraft des »explosionslosen Benzins« Hausmeister Baldrian rußgeschwärzt aus dem Fenster, um sodann unversehens im Kinderwagen durch Straßen, Obstmarkt und Delikatessengeschäft zu sausen, bis die Wellen der blauen Adria der Schußfahrt mitleidig Einhalt gebieten. Der Erfinder dieser Rutschpartie indessen hat mehr Glück. Er trifft Karin wieder...

Im »Eldorado« streitet sich Elfi mit ihrem neuen Chef Nino (Horst Naumann) darüber, wieviel oder wiewenig Textilien einer Bardame als Berufskleidung zuzumuten sind. Doch schließlich gibt sie nach. In schwarzen Netzstrümpfen tritt sie ihren Dienst an, Karl versucht indessen, angesichts eines üppigen kalten Büfetts, das er für sich und Elfi bereitstellen ließ, aus Baldrian Einzelheiten über seine Angebetete herauszulocken. Mit dem Ergebnis, daß er praktisch nichts erfährt und Baldrian wieder einmal komplett betrunken ist.

Mit Karin und Thomas verfährt das Schicksal freundlicher. Sie reden bereits von Liebe. Daß Karin dem hoffnungsvollen Erfinder allerdings erst am Tage, da er sein nicht-explodierendes Benzin lizenzreif vorweisen kann, die Hand zum Bund fürs Leben reichen will, stört den Optimisten nicht. Dafür um so mehr Mabel... Um das Maß der Verwirrung im Apartmenthaus vollkommen zu machen, erscheint die gestrenge Sittenpolizei. Sie will etwas gehört haben vom dolce vita eines jungen Mannes und zweier hübscher Mädchen. Baldrian ist verzweifelt. Eine Karla Fischer

Hahn im Korb: Gerti Gordon, Helga Sommerfeld und Gitta Winter machen es Heinz Erhardt nicht leicht

dann hat der Erfinder Thomas Butterfield jr. eine sensationelle Neuigkeit parat: seinen allerneuesten Benzinmotor! Wieder assistiert Baldrian zitternd. Und abermals gibt's eine ohrenbetäubende Explosion... Doch außer dem trunkenen Hausmeister sind alle glücklich, sogar der Kinderwagenfabrikant Waldemar...

WAS NICHT JEDER WEISS

Der Jugendentscheid, die Freigabe des Films ab 16 Jahren, wurde vom Arbeitsausschuß der Freiwilligen Selbstkontrolle (FSK) im Dezember 1963 so begründet: »Eine Diskussion über Wert oder Unwert dieses Exemplares der Kategorie ›Klamauk-Abenteuer-Sex-Film‹ erübrigte sich. Die Mitglieder des Arbeitsausschusses waren sich einig, daß die alberne, im ›sonnigen Süden‹ spielende Story so mit Zweideutigkeiten, Eindeutigkeiten und stripteaseähnlichen Szenen angereichert ist, daß trotz aller ›hochmoralischen‹ Bravheits-Beteuerungen er Kindern und Jugendlichen unter 16 Jahren nicht zugemutet werden kann, ohne ihre Erziehung zur seelischen und gesellschaftlichen Tüchtigkeit ernsthaft zu beeinträchtigen. Es wurden alle Möglichkeiten dieses Filmgenres ausgenutzt, es fehlte auch im Bild nichts, nicht die Verkleidungsszenen (Mann spielt Frau), nicht die Verächtlichmachung der ›Sittenpolizei‹ und auch nicht der Vergewaltigungsversuch vor offener Bettstatt.«

Gegen die Jugendfreigabe legte die Verleihfirma Berufung ein, doch diese wurde

muß her! Mabel soll sie spielen. Doch Thomas hat für Baldrians Sorgen kein Ohr. Der Hausmeister muß wieder einen Draht halten. Mit dem Erfolg, daß der Alkoholselige abermals zum Fenster hinausfliegt und auf einem Lastwagen in einer Farbtonne landet. Thomas eilt dem Gefährt nach und gerät ob seiner verworrenen Behauptungen ins Irrenhaus.

Karin und Elfi sind wegen der Sittenpolizei in höchster Aufregung. Wer kann ihnen aus der Patsche helfen? Nur Karl! Mit Perücke, Damenkleid und Stöckelschuhen verwandelt er sich in Karla Fischer. Die Beamtin kann mit Müh und Not getäuscht werden. Als die Gefahr gebannt ist, besteht Karl darauf, daß

Elfi ihm erklärt, wo sie sich nächtens »herumtreibt«. Elfi schweigt beharrlich.

Thomas entkommt dem Irrenhaus. Der von ihm produzierte Kaffee schmeckt eigenartig nach Benzin und explodiert nicht! Waldemar Fischer und Almut stellen Karl am Strand. Worauf Elfi davonläuft. Jetzt will Karl endlich wissen, wo sein Schwarm allnächtlich arbeitet. Im »Eldorado«! Wo der saubere Barchef Nino gerade skrupellos dabei ist, Elfi mit Sekt und Brutalität gefügig zu machen. Eine wüste Schlägerei entwickelt sich. Auch Papa Waldemar will eingreifen; doch Türen schlagen ihn k. o.. Almut gibt auf. Dann ist es endlich soweit: Karl und Elfi küssen sich. Thomas und Karin folgen ihrem Beispiel. Und

Verseschmied Heinz Erhardt und die Wienerin Gertie Gordon

zurückgewiesen, Hauptgründe dafür waren: »Häufung von sexualbezogenen Szenen, Suggerierung eines falschen Weltbildes durch übertriebenes Luxusmilieu.« In der Diskussion des Hauptausschusses wurde folgendes besprochen: »Der Zynismus, mit dem die im Film auftretenden Erwachsenen über die Beziehungen der Geschlechter sowie über die Ehe sprechen, sei für Kinder und Jugendliche der Altersgruppe 12-15 Jahren abträglich und könne sie in ihrer Erziehung zur gesellschaftlichen Tüchtigkeit beeinträchtigen. Die vielen sexuell anzüglich oder zumindest zweideutigen Szenen des Films (Verhalten des Vaters Fischer seiner Sekretärin gegenüber, des Barbesitzers seiner Bardame gegenüber – Szenen, in denen Personen beiderlei Geschlechts ohne bzw. in spärlicher Bekleidung im Apartment bzw. im Badezimmer auftreten) seien darüber hinaus geeignet, Kinder und Jugendliche in ihrer normalen geschlechtlichen Entwicklung irrezuleiten, und zwar sowohl durch die Bildeinstellungen als auch durch die textlichen Formulierungen. Die insgesamt verbildende Wirkung des Films wurde noch verstärkt durch die Darstellung einer negativen Haltung zur Arbeitsmoral, mit der sich Kinder und Jugendliche der genannten Altersgruppe allzu leicht identifizieren könnten (Szenen mit dem Hausmeister, dem ›Erfinder‹ und dem jungen Fischer). Eventuell anzubringende Schnitte müßten so zahlreich sein, daß die Handlung des Films erheblich entstellt würde.«

KRITIK

»Er findet im sonnigen Süden statt, angeblich in Italien, in Wirklichkeit in Jugoslawien: ein singender Jüngling (Rex Gildo) wird in ein Drei-Personen-Apartment eingewiesen – er heißt Karl, doch per Telefon wird sein Name für Karla gehalten, mithin wohnt er mit zwei Mädchen zusammen und im Badezimmer lernen sie sich kennen und eine davon wird sofort heftig geliebt. So tummeln sie denn dahin – niedliche Untalente versprudeln Papierschlangen-Dialoge; zwischendurch zischt, spukt und knallt es: heiter gedachte Einlagen. Wer genau wissen will, warum es eine deutsche Filmkrise gibt – hier wird er darüber erschöpfend aufgeklärt.« (Münchner Merkur, 1964)

»Wenn Helmut M. Backhaus Regie führt, kann sich der Beseher auf etwas gefaßt machen. Anspruchsloseste Zelluloidproduktion wird ohne auch nur einen Funken neuen Einfalls an ewig blaues Meer mit noch ewigerem blauem Himmel verlegt, und Backhaus regiert darin herum, läßt Mädchen Schaumbaden und Herren unter die Brause treten, und ein ganzer Schreibmaschinensaal klappert und tanzt im Takt; gesungen wird auch noch wie in einem Musical, nur ist das kein Musical, denn so weit reicht es nun einmal nicht.« (Stuttgarter Nachrichten, 1964)

»Von Zauber kann natürlich keine Rede sein, höchstens von ein wenig Singsang und Schnickschnack unter Verwendung ältester Schwankrequisiten. Im Apartmenthaus an Italiens Sonnenküste, in dem ein junger Mann irrtümlich ein Zimmer in einem Damenwohnabschnitt zugewiesen bekommt, ereignet sich nicht die geringste Pikanterie, obwohl reichlich Dessous gezeigt werden.

Was der Jüngling zu bieten hat, sind auch nur ein paar Liedchen und ein opulentes kaltes Büffet. Im gleichen Haus, von dem man am häufigsten die Treppe sieht, fabriziert dann noch ein Erfinder wiederholte Explosionen. Das ist aber auch der einzige Knalleffekt, der Regisseur Backhaus einfällt. Was sich sonst noch an Liebe und Hiebe auf der Leinwand zeigt, ist so dürftig arrangiert, daß es nicht verwundert, wenn einige der gelernten Schauspieler aus diesem Spiel ganz unmotiviert verschwinden.« (Stuttgarter Zeitung, 1964)

»Bei dem Wort Zauber darf man allerdings nicht an jene gläserne Atmosphäre denken, die Billy Wilders *Apartment* beherrschte. In Drehbuchautor Gregor Trass' Film-Schwank – den Liebeshändeln von zwei fixen Burschen und ihren nicht minder findigen Bräuten gewidmet – regiert der deftige ›Budenzauber‹ teutonischer Art, der die Beteiligten mehr als die Zuschauer zum Lachen reizt. Immerhin: es gibt noch ein paar jugendfrische Leistungen von Rex Gildo, Gitta Winter, Helga Sommerfeld und Gunnar Möller. Auch zwei Komödianten von Format, Heinz Erhardt und Mario del Marius, liefern sich erbitterte Klamotten-Duelle. Regisseur Backhaus mischt sich als Irrenarzt unter die Akteure.« (Frankfurter Nachtausgabe, 1964)

»Das ist nicht neu. Gewiß nicht. Manches aber ist drollig. Es wäre noch drolliger, wenn mehr Schwung dahinter steckte, nicht Gag neben Gag, nicht Szene neben Szene stünde. Ein deutscher Film. Je nun. Wollen wir Nachsicht üben.« (Allgemeine Zeitung Mainz, 1964)

»Ein Filmwerk von phantastischer Durchschnittlichkeit.« (TV Spielfilm)

Heinz Erhardt als Tristan Wentzel

Wenn man baden geht auf Teneriffa
BR Deutschland, 1964
Erstaufführung: 11.9.1964; Produktions-
firma: Piran; Produktion: Eva Rosskopf
Regie: Helmuth M. Backhaus
Buch: Gregor Trass
Kamera: Gerhard Krüger
Musik: Christian Bruhn
Schnitt: Anneliese Artelt
Darsteller:
Geneviève Cluny (Jutta Wilke)
Peter Kraus (Tom)
Corny Collins (Christa)
Heinz Erhardt (Tristan Wentzel)
Helga Lehner (Bruni)
Gunnar Möller (Jens)
Richard Häussler (Erik Varnhagen)
Loni Heuser (Christas Mutter)
Hans Elwenspoeck (Perro)
Ursula Oberst (Bessy)
Karin Heske (Ilse)
Hannes Stütz (Martin)
Ralph Persson (Fritz)
Rolf Castell (Reisebüroangestellter)
Horst Pasderski (Benson)
Karin Teleky (Ellen)

INHALT

Die Eltern haben sechs Oberschülern – drei Mädchen und drei Jungen – versprochen, das bestandene Abitur mit einer Flugreise nach Teneriffa zu belohnen. Natürlich bestehen die sechs ihre Prüfungen. Voller Reise- und Abenteuerlust begeben sie sich an den Start – auf den Flughafen. Die erste kühle Dusche ist die Begegnung mit Jutta Wilke (Geneviève Cluny), der Reiseleiterin, die nicht nur aussieht wie eine Gouvernante, sondern sich auch so gebärdet. Tristan Wentzel (Heinz Erhardt), der einzige erwachsene Mitreisende, sekundiert ihr brummelnd bei allen erzieherischen Maßnahmen. Nach einem fröhlichen Flug mit einer Chartermaschine erobern die jungen Leute einen Eselwagen zur Fahrt ins Grandhotel Fiesta, für das sie gebucht haben. Es ist nicht ganz grand, aber immerhin ganz nett. Reiseleiterin Jutta allerdings vergeht die Freude bald, denn sie muß erfahren, daß ihr Reisebüro vor der Pleite steht, das Geld für den Aufenthalt nicht an das Hotel überwiesen hat und so verschuldet ist, daß die Chartermaschine auf der Insel festgehalten werden soll.

Die jungen Reisenden müssen nun dem trägen Hotelbesitzer Perro (Hans Elwenspoeck) Personal-Dienste leisten, um ihren Aufenthalt zu verdienen. Sie wollen das lahme Geschäft des Hotels sogar ankurbeln helfen und beschließen, den Hotelkönig Erik Varnhagen (Richard Häussler), dessen Besuch auf der Insel bevorsteht, in das Grandhotel Fiesta zu locken. Tom (Peter Kraus), einer der Jungen, wird als Hausdiener mit Fahrrad und Gepäckanhänger in den Hafen entsandt. Er bringt statt des Hotelkönigs eine reizende junge Dame namens Bessy (Ursula Oberst), deren Kleid sich in seinem Rad verfangen und in seine Bestandteile aufgelöst hatte. Reiseleiterin Jutta hat sich inzwischen unter dem Einfluß der allgemeinen Unternehmungslust von ihrer Gouvernanten-Aufmachung getrennt und in eine attraktive junge Frau verwandelt. Das findet auch Erik Varnhagen, der ihr beim Einkaufen begegnet und bei ihrem Anblick spontan beschließt, sein Witwer-Dasein zu beenden. Ehe ihm das gelingt, sind noch Schwierigkeiten zu überwinden. Als er zum Beispiel eng umschlungen mit jener jungen Dame, deren Kleid zerriß, gesehen wird, lassen der in sie verliebte Tom und die Varnhagen zugetane Jutta alle Hoffnungen sinken. Zum Glück erfahren die Betroffenen noch zur rechten Zeit, daß Varnhagen der Vater der jungen Bessy ist. Bruni (Helga Lehner), eine der Abiturientinnen, will gleich vom Flughafen aus den Hafen der Ehe mit dem Piloten der Chartermaschine, die infolge einer Geldspritze seitens des Reisebüros wieder flügge ist, ansteuern, und auch die restlichen vier Teenager haben entdeckt, daß sie sich zu zweimal zweien großartig verstehen. Tristan Wentzel entpuppt sich als Meinungsforscher über Pauschalreisen. Er rät Erik Varnhagen, das Grandhotel Fiesta zu erwerben und zum Anziehungspunkt Nr. 1 der Insel zu machen.

KRITIK

»Nicht nur die sechs jungen Leute... auch der Film (Regie: Helmuth M. Backhaus) geht baden. Wenn das, was sich hier tummelt, deutsche Nachwuchstalente sind, dann ist Heidelinde Weis die neue Greta Garbo. Am ansehnlichsten posiert allenfalls noch Ursula Oberst. Sie kriegt wenigstens hin und wieder einen Satz über die Runden, ohne mimisch fünfmal ansetzen zu müssen, was man von ›Schwabinchen‹ Helga Lehner oder Hannes Stütz, die nur durch krampfhaftes Verziehen des Gesichts zu verstehen geben, daß sie spielen, nicht gerade behaupten kann. Eine blödsinnige, gleichzeitig natürlich typische Handlung, ein stumpfsinniger Heinz Erhardt, eine vom deutschen Film mittlerweile restlos verschlissene Geneviève Cluny und ein chronisch farbloser Peter Kraus ergänzen sich würdevoll in diesem Lustspiel, das weder eine Lust noch ein Spiel ist.« (Süddeutsche Zeitung München, 1964)

»Corny Collins, Karin Heske, Helga Lehner, Hannes Stütz, Peter Kraus und andere gehören zu einer Touristengruppe, die durch Vermittlung eines Reisebüros und unter der Reiseleitung der streng gouvernantenhaften Französin Geneviève Cluny südliche Ferien genießen wollen. Daß sie in und auf Teneriffa buchstäblich im doppelten Sinne baden gehen werden, ahnen sie beim Start noch nicht. Erst am Ziel angekommen, wird man ihnen sagen, daß das Reisebüro sie reingelegt hat und ihre Hotelzimmer nicht bezahlt sind. Was bleibt ihnen allen da anderes übrig, als den Aufenthalt auf Teneriffa sich eigenhändig als Hotelpersonal zu verdienen? Das geschieht in

Als deutscher Super-Tourist zeigt sich Heinz Erhardt

einem Farbfilmlustspiel mit viel Musik.«
(Saarbrücker Zeitung, 1964)

»Hei, wie da unser Flimmer-Nachwuchs wieder Lebensfreude und Optimismus sprüht! Gerüstet mit Gitarre, Trompete und allzeit bereitem Sing-Sang kann ihn nicht einmal die Pleite des Reisebüros erschüttern, die dazu zwingt, sauer ersparte und teuer bezahlte Ferien auf der Atlantik-Insel vorwiegend als Hoteldiener zu verbringen. Fürs Happy-End – dessen stolzes Ergebnis: fünf glückliche Paare – sorgt ein Hotel-König, der, seines Witwer-Daseins müde, der charmanten Reiseleiterin erfolgreich den Hof macht. Auch der Flugkapitän der Chartermaschine wird in zarte Bande geschlagen, und des Hotel-Königs Töchterlein, Klavierspielerin, angelt sich den Trompeter Peter Kraus. Dazwischen: Händchenhalten, Trotzköpfchenreaktionen, Urlaubsromantik, die üblichen Verwechslungen (Tochter wird für Geliebte gehalten) und alberne Sprüche des noch am ehesten zufriedenstellenden Heinz Erhardt. Ein deutscher Schlagerfilm der Unterklasse, über dessen Ungereimtheiten man kein Wort mehr zu verlieren braucht. Das Ganze ist zudem recht konventionell inszeniert. Dem bekannten Klischee folgend müssen die jungen Leute – sechs Abiturienten und Abiturientinnen, wie uns das Drehbuch weismachen möchte – gleich bei ihrer Ankunft auf der Insel einen Fiaker besteigen

Links: Wenn man telefonieren geht auf Teneriffa
Rechte Seite:
Oben: Gouverneur Heinz Erhardt und
Gouvernante Geneviève Cluny
Unten: Ein Herz und eine Seele:
Geneviève Cluny und Peter Kraus

und singend die Uferstraße entlang fahren. Daß dabei die unvermeidliche Gitarre so gehalten wird, wie man sie garantiert nicht spielen kann, daß Peter Kraus einen grausamen Trompetenansatz vormacht – außerdem schlecht mit der Filmmusik synchronisiert – sei nur am Rande vermerkt.

Was man einem Schlager-Film am wenigsten wünschen möchte, ist eine dürftige Musik, lahme Schlager-Nummern. Das ist die nächste Enttäuschung. Vollends deutlich wird die Ideenarmut der Produzenten aber erst, wenn man verschämte Gag-Anleihen bei großen Stummfilmen registrieren muß. Traurig, traurig... Daß ganz nebenbei auch einige Szenen förmlich nach Schleichwerbung riechen, soll nicht unerwähnt bleiben. Ebensowenig das teils recht dilettantische Spiel der beteiligten Starlets, dem die Routine erfahrener Kollegen nur mühsam die Waage hält. Geneviève Cluny – bezaubernde Darstellerin in französischen Filmlustspielen – braucht ihre Wandlungsfähigkeit nicht allzu sehr zu bemühen. Die von ihr verlangte Verwandlung vom zunächst zugeknöpften Gouvernantentyp zur unter südlicher Sonne aufblühenden charmanten Reiseleiterin schöpft ihre Möglichkeiten sicher nicht aus. Nach ›bewährtem Rezept‹ nicht sehr flott abgedrehter Schlagerfilm der Unterklasse. Lahme Songs ohne Witz, nach Klischee gezeichnete Jugend. Harmlos und überflüssig.« (Evangelischer Filmbeobachter, 1964)

»Allerdürftigstes deutsches Schlagerlustspiel. Selbst dem gewieften Spaßvogel Heinz Erhardt verschlägt's die Sprache.« (Katholischer Filmdienst, 1964)

Heinz Erhardt als Eberhard Traugott

Die große Kür
BR Deutschland/Österreich, 1964
Erstaufführung: 6.10.1964
Produktionsfirma: Team, Wiener Stadthalle
Regie: Franz Antel
Buch: Kurt Nachmann
Kamera: Siegfried Hold
Musik: Erwin Halletz
Lieder: »Honeymoon in St. Tropez«
»Kavalier, Kavalier«
»Ich bin kein Eskimo«
Schnitt: Arndt Heyne
Darsteller:
Marika Kilius (Marika)
Hans-Jürgen Bäumler (Hans-Jürgen)
Peter Kraus (Jonny)
Paul Hörbiger (Franz Haslinger)
Mady Rahl (Marikas Trainerin)
Marte Harell (Mrs. King)
Wolf Albach-Retty (Vetter, Manager der Wiener Eis-Revue)
Gunther Philipp (Tommy Toifel)
Heinz Erhardt (Eberhard Traugott)
Marlene Warrlich (Helga, Journalistin)
Peter Fröhlich (Peter, Fotoreporter)
Dorothee Parker (Jane)

INHALT

Hektik herrscht im Festsaal des Hotel International in Wien. Beifall, Blitzlichter, Blumen. Im Mittelpunkt des Interesses stehen Marika (Marika Kilius) und Hans-Jürgen (Hans-Jürgen Bäumler), die Weltmeister auf dem Eis, deren Amateurlaufbahn um Mitternacht zu Ende gehen wird. Noch ist nicht entschieden, welchen Weg die beiden als Professionals einschlagen werden. Die Agenten Eberhard Traugott (Heinz Erhardt) und Tommy Toifel (Gunther Philipp) konkurrieren im Interesse einer Wiener und einer amerikanischen Eis-Revue um die Gunst des Traumpaares, das bei der einen oder der anderen Show einen Vertrag unterzeichnen soll.

Im Augenblick können sich allerdings weder Marika noch Hans-Jürgen um das Tauziehen hinter den Kulissen kümmern. Peter (Peter Fröhlich), ein Fotoreporter und Freund Hans-Jürgens, will eine Aufnahme mit den beiden Weltmeistern und ihrem Hund Lumpi machen. Aber Helga (Marlene Warrlich), ihres Zeichens Sportjournalistin und Pressebetreuerin Marikas, ist dagegen. Als sie jedoch Marika anstelle des Hundes einen riesigen Rosenstrauß in den Arm drücken will, stößt sie auf den entschiedenen Widerstand Hans-Jürgens, denn die Rosen stammen von einem smarten jungen Mann namens Jonny (Peter Kraus), von dem man nur weiß, daß er

Rennfahrer ist und Marika seit Wochen mit roten Rosen geradezu bombardiert. Weder Hans-Jürgen noch Lumpi, der Rauhaardackel, sind ihm gewogen. Dafür scheint Marika ihn recht nett zu finden – und »Tante Trude« (Mady Rahl), die langjährige Trainerin Marikas, ist überhaupt hin- und hergerissen von Jonnys Charme.

Hans-Jürgen, der Marika noch nie gestanden hat, daß er mehr für sie empfindet als nur kameradschaftliche oder freundschaftliche Zuneigung, entschließt sich an diesem Abend, seine Zurückhaltung aufzugeben. Freund Peter begleitet ihn noch mitten in der Nacht zu dem alten Rosenzüchter Haslinger (Paul Hörbiger), damit auch Hans-Jürgen endlich durch die Blume sagen kann, was er bisher nicht über die Lippen brachte. Aber als die beiden mit ihrem Bukett ins Hotel zurückkehren, sind Marika, Tante Trude und die beiden Manager mit Jonny in die Eden-Bar gegangen.

Am nächsten Morgen hat Hans-Jürgen seinen nächtlichen Ärger bereits vergessen. Auch Tante Trude, die etwas verspätet mit Marika und Helga zum Morgentraining erscheint, erinnert sich an allerlei nicht mehr. Sie hat nämlich bei dem heiteren Fest in der Eden-Bar ein bißchen zu tief ins Whisky-Glas geschaut. Ergebnis: Eberhard Traugott besitzt ihre Unterschrift unter einem Vertrag, der die noch minderjährige Marika an seine Agentur bindet. Hans-Jürgen, den nicht nur die vermeintliche Eigenmächtigkeit Marikas ärgert, sondern auch die Tatsache, daß Jonny Marika auf Schritt und Tritt begleitet, unterschreibt in »Nun gerade«-Laune bei der Agentur Toifel. Was beide nicht wissen: Traugott arbeitet mit der amerikanischen, Toifel mit der Wiener Eis-Revue zusammen.

Marika ahnt von Hans-Jürgens tieferen Beweggründen nichts. Daher nimmt sie, nun ihrerseits verstimmt, die Einladung Jonnys an, mit Tante Trude und Helga einige Urlaubstage in Villars zu verbringen. »Zufällig« trainiert dort gerade die amerikanische Eis-Revue. Ihr Boß, eine sehr zielstrebige Dame namens Hermione King (Marte Harell), bietet Helga an, Pressemanagerin der Eis-Revue zu werden. Mrs. King verlangt nur eine Bewährungsprobe: Helga soll dafür sorgen, daß Hans-Jürgen zur amerikanischen Eis-Show kommt. Über Marika macht sich Mrs. King keine Sorgen, denn sie weiß sie von Jonny in ihrem Sinne betreut. Jonny ist nämlich Mrs. Kings Sohn, aber das soll natürlich niemand erfahren, bevor nicht alle Verträge unter Dach und Fach sind.

Tante Trudes Schwatzhaftigkeit zieht jedoch einen dicken Strich durch Mrs. Kings

Regisseur Franz Antel setzt das Eis-Traumpaar Marika Kilius und Hans-Jürgen Bäumler in Szene

Pläne. Die Trainerin lanciert nämlich die Presse-Ente von einer bevorstehenden Verlobung Marikas mit Jonny. Hans-Jürgen liest in Wien die Sensationsmeldung und unterzeichnet noch am selben Tag einen Vertrag mit der Wiener Eis-Revue. Marika, die noch immer nicht begreift, daß Hans-Jürgen nur aus gekränkter Liebe handelt, läßt sich von den Amerikanern engagieren. Das Weltmeisterpaar ist getrennt. Aber weder Marika noch Hans-Jürgen haben Glück mit ihren neuen Partnern. Ihre Leistung sinkt schon während der Proben für die Shows, deren Zugstars sie sein sollen, so deutlich ab, daß sowohl Vetter (Wolf Albach-Retty), der Manager der Wiener Eis-Revue, als auch Mrs. King unruhig werden. Vor allem Hans-Jürgen, der in Wien die Nächte mit der Striptease-Tänzerin Jane (Dorothee Parker) durchbummelt, gerät in ein gefährliches Fahrwasser. Weder die Vorhaltungen seines Freundes Peter noch die verständnisvollen Ermah-

nungen des alten Haslinger, bei dem Hans-Jürgen nun wohnt, sind von Nutzen.

Die einzige Verbindung zwischen Marika und Hans-Jürgen, die noch besteht, ist ihr Hund Lumpi. Die eine Hälfte des Monats soll er bei Hans-Jürgen, die andere bei Marika verbringen. So haben es die beiden abgemacht. Und dieser Hund Lumpi ist es schließlich auch, der dem alten Haslinger die rettende Idee eingibt, wie Marika und Hans-Jürgen miteinander ausgesöhnt werden können. Am Tag der Premiere in der Wiener Eis-Revue sitzt Hans-Jürgen traurig und einsam in seiner Garderobe. Mozarts »Kleine Nachtmusik« erklingt. Das ist sein Auftritt. Er fährt hinaus auf die Eisfläche, ein Spalier von Pagen mit Kerzen in den Händen öffnet sich vor ihm, um den Weg zu seiner Partnerin freizugeben – und dann weiten sich Hans-Jürgens Augen in staunender Freude: Keine andere als Marika läuft ihm entgegen. *Die große Kür* kann endlich beginnen...

WAS NICHT JEDER WEISS

1963 und 1964 gewannen Marika Kilius und Hans-Jürgen Bäumler hintereinander den Weltmeistertitel im Paarlauf. Bis heute sind sie in dieser Disziplin das bekannteste und erfolgreichste Paar Deutschlands. 1964 drehte Franz Antel mit *Die große Kür* den ersten Film mit den beiden. Beteiligt an dem aufwendigen Revuefilm waren das Orchester von Max Greger, Mitglieder der Wiener Staatsoper als Tanzsolisten und die bekannte Wiener Eisrevue. *Die große Kür* wurde im gleichen Jahr mit der Goldenen Leinwand ausgezeichnet. Marika Kilius heiratete und zog sich daraufhin vom Showgeschäft zurück. Hans-Jürgen Bäumler startete eine zweite Karriere als Sänger, Schauspieler und zuletzt als Fernsehmoderator.

»Auch das Eislaufen sah ich mir an«, schreibt der Regisseur Franz Antel in seiner Autobiographie »Großaufnahme« über seinen Besuch bei den Olympischen Winterspielen 1964 in Innsbruck, »fasziniert war ich doch, wie der Großteil des Publikums, vor allem von Marika Kilius und Hans-Jürgen Bäumler. Ein solch fulminantes Paar hatte es in unseren Breiten schon lange nicht mehr gegeben. Das Paar bekam zwar in Innsbruck nur die Silbermedaille, aber ich witterte einen großen Filmerfolg. Mit *Symphonie in Gold* hatte ich schon einmal einen Treffer gelandet – mit Kilius-Bäumler müßte das doch zu wiederholen sein. Bald saßen wir zusammen und verhandelten. Einen Vertrag durften die Eis-

Premiere der Eisrevue:
Marika, Hans-Jürgen und die kleine Nachtmusik

läufer vor der Weltmeisterschaft in Dortmund nicht abschließen, aber über einen Film waren wir uns einig: Mit der Wiener Eisrevue und dem Titel *Die große Kür*. In der Stadthalle bauten wir dann eine Eisbahn von 52 x 38 Metern – die größte, die je für Filmzwecke errichtet wurde – und drehten eine frei erfundene Liebesgeschichte mit dem umjubelten Weltmeisterpaar. Da wurde alles eingesetzt, was gut und teuer war...

Der Kilius-Bäumler-Film wurde nach Aufnahmen in Villars und St. Tropez schließlich in Wien fertiggestellt. Da kam aus Frankfurt eine Hiobsbotschaft: Marika wollte heiraten. Aber nicht ihren Partner auf dem Eis, sondern einen Herrn Zahn! Gut, ich war ja nicht der Regisseur ihres Privatlebens, aber wir hatten ein so schönes Happy-End mit Bäumler gedreht, genau das, was die Millionen Fans dieses Traumpaares sehen wollten. Durch die Heirat mit einem anderen schien plötzlich der Erfolg des ganzen Films in Frage gestellt... Der Film wurde ein Riesenerfolg! Allein in der BRD lockte er mehr als drei Millionen Zuschauer in die Kinos. Unvorstellbare Zahlen für heutige Begriffe. Und mein Zittern und Bangen wurde sogar mit der ›Goldenen Leinwand‹ belohnt. Aber die letzten Wochen hatten mir doch ein paar graue Haare beschert, und wenn ich im nachhinein an den Film dachte, fiel mir noch öfter das alte Sprichwort ein: Wenn's dem Antel zu wohl wird, geht er aufs Eis tanzen!«

Heinz Erhardt und Gunther Philipp:
Woher wollen Sie denn wissen, wie man Babys wickelt?

O-TON HEINZ ERHARDT

Sooft ihm *Die große Kür* eine drehfreie Minute ließ, arbeitete Heinz Erhardt an seinem zweiten literarischen Werk »Noch 'n Buch«. Es ist eine Art Autobiographie des Komikers, die er mit den Worten einleitet: »Um einen möglichst großen Leserkreis zu erfassen, hat der Autor besondere Rücksicht auf die Diabetiker genommen. Man wird das Wort Zucker vergeblich in diesem Buch suchen...« Seiner Geburt widmet er lediglich die Worte: »Sie fand im Saal statt. Im Kreissaal.« Zu seiner Person äußert er: »Ich hatte kaum Haare auf dem Kopf, geschweige denn eigene Zähne, auch war ich überall recht dick. Kurz, ich sah aus wie jetzt!«

Seine Rolle als ewig Pillen schluckender Manager in *Die große Kür* beflügelte ihn zu folgendem Gedicht:

Besitzt du Senkfüße, schluck Pillen
und du bist platt: Sie helfen gleich! –
Hinweg mit Fenchel und Kamillen!
Vergiß das Zeugs um Himmelswillen!
Des Menschen Pille ist sein Himmelreich!

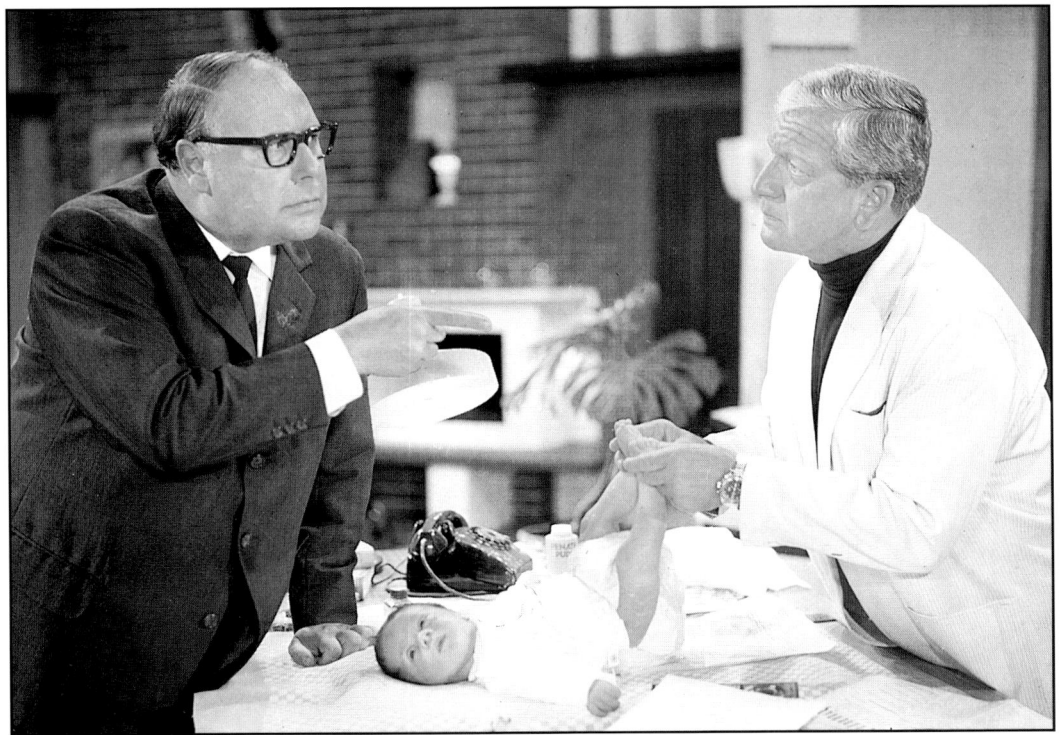

KRITIK

»Der Film ist miserabel. Nur wer mit bibberndem Gemüt, feuchten Augen und einsatzbereiten Tränendrüsen ins Kino geht, kann ihn genießen. Es wird viel geredet. Es werden viele alte Kalauer erzählt. Es werden zweitrangige Variéténummern geboten. Es wird ein bißchen getanzt. Aber von der Kunst des Weltmeisterpaares sieht man wenig.« (Basler National-Zeitung, 1964)

»Das Publikum strömte nur so herbei. Besonders viele gesetzte Damen waren sofort an die Kinokasse geeilt. Im allgemeinen war es im Ufa-Pavillon wohl mehr eine Versammlung von Illustriertenlesern als von Sportfans. Denn *Die große Kür* rückt alle Träume wieder zurecht, die das Leben so rauh und jäh beendete. Marika Killus und Hans-Jürgen Bäumler eistanzen graziös ins Happy-End – wie schön. Lange haben sich Gunst und Liebe auf dieses Paar konzentriert, heller Schopf und dunkler Kopf, zwei geschmeidige

Schlanke. Sie paßten doch so gut, so rührend, so elegant zusammen. Was heißt hier Zahn? Und was heißt da Hexy? Wenn wir unseren Kintopp nicht hätten. Natürlich, Schauspieler sind sie nicht. Und Regisseur Franz Antel soll ja während der Dreharbeiten einiges durchgemacht haben. Er hat sie mit einem Stall voll erfahrener Filmhasen gestützt und hat ihnen möglichst oft die schmalen Hilfsmittel belassen, die ihre ganze Sicherheit ausmachen, die Schlittschuhe. Dann sind sie eine Show. Sie müssen nicht einfach so rumlaufen wie andere Leute und passende Miene zum schwierigen Spiel machen.

Hans-Jürgen übersteht solche Szenen treuherzig und ungemein lieb. Marika könnte just ein Mädchenpensionat erfolgreich absolviert haben. Macht nichts – richtige Stars im alten Sinne sollen schlicht reflektieren, was ihre Anhänger in sie hineinwünschen. Na, und das tun sie beide. Die Handlung wird auch noch zusätzlich wesentlich durch einen kleinen

Hund belebt. In dezenten Schattenrissen findet gar ein Striptease statt. Und wer nun noch immer nicht befriedigt ist, der darf sich an die Wiener Eisrevue halten: Springbrunnen, Lichteffekte, prächtige Kostüme und viele Beinchen – der ganze aufwendige, schmelzende rosa Eisbonbon wird pompös ausgewickelt. Zum Schluß trägt unser Traumpaar ein Rokokokostüm. Die Eismeister waren zerstritten, aber nun gleiten sie lächelnd aufeinander zu. Manches Auge wird feucht. Herzlich kommt der Schlußapplaus. Vielleicht machen sie doch noch einen zweiten Film zusammen. Und wenn Marika einmal einen kleinen Zahn kriegen sollte – man wird ihr nichts nachtragen. Sie hat schön gespielt, und das Leben ist anders, mehr Pflicht als Kür.« (Elvira Reitze, Der Abend Berlin, 1964)

»Aus Amateuren kann man über Nacht Profis machen, aus Weltmeistern auf dem Eis aber noch lange keine Schauspieler. Regisseur Franz Antel wußte das noch nicht – oder wollte er es nicht wissen? Die bösen Vorahnungen, die einen plagten, bestanden zu recht... Dafür dürfen die übrigen Mitspieler ein um so größeres Palaver entfachen. Gunther Philipp, Heinz Erhardt, Mady Rahl und Marte Harell als Manager von Holiday on Ice und der Wiener Eisrevue balgen sich läppisch um das Paar.« (Spandauer Volksblatt Berlin, 1964)

Peter Fröhlich möchte ein Foto mit Marika, Hans-Jürgen und dem Dackel Lumpi

»Wer geglaubt hatte, Marika und Hans-Jürgen würden vor der Kamera versagen, sah sich getäuscht. Beide erweisen sich als überraschend talentiert, wobei ihnen sicherlich ihr jahrelanges intensives Körpertraining entscheidend zugute kam. Weshalb die Filmkamera – Siegfried Hold zeigte sich übrigens vor allem in den Revueszenen als außerordentlich einfallsreich – vor Nahaufnahmen zurückscheute, wird daher nicht ganz klar. Lobenswert, daß sich der Film in der Frage von Marikas Gesangskünsten selbst karikierte. Man wird dem Unterton durchaus zustimmen: Tanzen und Eislaufen kann Marika wesentlich besser. Franz Antels routinierter Regie gelang es leider nicht, das schwache Drehbuch (Kurt Nachmann) überzeugender zu machen. Zu peinlich wirkten oft die Parallelen zum Privatleben der beiden Eisläufer. Zu deutlich konstruiert schleppte sich die sentimentale Handlung dahin, sobald sie von der Wirklichkeit abwich, und zu hölzern stolperten die Dialoge. Selbst ein Schauspieler vom Rang Paul Hörbigers wußte mit ihnen mitunter nichts anzufangen. Am ehesten kamen in komischen Rollen Heinz Erhardt, Gunther Philipp und Mady Rahl damit noch zurecht. Daß auch das ehemalige Teenageridol Peter Kraus in dem Film mitwirkt – er gibt sich frisch und natürlich –; sei nur am Rande vermerkt. Alles in allem: ein sicherer Publikumserfolg – und eine Augenweide für alle, die den Eislauf lieben.« (Hannoversche Presse, 1964)

»Es beginnt wie ein Märchen. Das junge, gutaussehende Eiskunstlaufpaar wird vom Publikum gefeiert und geliebt und liebt offensichtlich einander. Zweifel und Mißtrauen lassen nicht auf sich warten. Zwei Agenturen sorgen in Gestalt ihrer Chefs dafür, ebenso ein Nebenbuhler und eine Konkurrentin. Schließlich ist das Paar entzweit – hier amerikanische, dort wienerische Eisrevue. Die Qualitäten werden dadurch nicht gesteigert. Bis die große Versöhnung kommt, augenfällig gemacht durch pomphafte Schlußapotheose, wird hin und hergeplänkelt, mit Herzlein, Schmerzlein, Scherzlein, derartig, wie man es zuweilen sieht, wenn um die Größen mannigfacher Sparten filmisches Rankwerk erblüht. Daß der Film um die beiden vielbesprochenen Spitzenkönner Kilius und Bäumler gedreht wurde, ließ Schlimmeres vermuten. Dafür, daß diese Art von Vergötterung der Grund war, ist die Handlung noch recht annehmbar geworden, zumal man Humorkundige wie Gunther Philipp und Heinz Erhardt bemühte, das Eis schmelzen zu lassen.« (Rheinische Post Düsseldorf, 1964)

Das Eislauf-Traumpaar tanzt ins Glück

»Der Ölprinz«

Heinz Erhardt als Kantor August Hampel

Der Ölprinz
BR Deutschland/Jugoslawien, 1965
Erstaufführung: 25.8.1965
Produktionsfirma: Rialto, Jadran
Regie: Harald Philipp
Buch: Fred Denger, Harald Philipp
Vorlage: nach einem Roman von Karl May
Kamera: Heinz Hölscher
Musik: Martin Böttcher
Darsteller:
Stewart Granger (Old Surehand)
Pierre Brice (Winnetou)
Macha Méril (Lizzy)
Harald Leipnitz (Ölprinz)
Mario Girotti (Richard Forsythe)
Antje Weisgerber (Frau Ebersbach)
Heinz Erhardt (Kantor August Hampel)
Walter Barnes (Campbell)
Branko Supek (Jack)
Paddy Fox (Old Wabble)
Zvonimir Crnko (Bill Forner)
Veljko Maricic (Bergmann)
Vladimir Leib (Duncan)
Gerhard Frickhöffer (Kovacz)
Slobodan Vedernjak (Knife)

INHALT

Winnetou (Pierre Brice) und Old Surehand (Stewart Granger), letzterer in Begleitung von Old Wabble (Paddy Fox), durchstreifen die Hügellandschaft von Arizona. Unterwegs treffen sie den jungen Farmer und Scout Bill Forner (Zvonimir Crnko), der auf dem Wege nach Tuscon ist, um einen Siedlertreck zum Shelly-See zu führen. Im Hotel des kleinen Städtchens aber wohnt ein Mann, dem daran liegt, daß die Siedler ihr Ziel nicht erreichen. Aus diesem Grunde läßt er durch Mitglieder der berüchtigten Fingers-Bande den Scout abfangen und töten. Durch einen Zufall kommt Old Surehand dahinter, daß ein falscher Scout die Siedler ins Unglück führen soll. Jener Fremde (Harald Leipnitz), der allgemein Der Ölprinz genannt wird, will den Shelly-See zum Schauplatz eines bereits eingefädelten Betrugs machen. Er will dort dem Präsidenten der Arizona Commercial Bank für 75.000 Dollar eine gar nicht vorhandene Ölquelle verkaufen...

Während Old Surehand die Siedler davon unterrichtet, daß ihr Führer ermordet und ausgetauscht wurde, überzeugt Winnetou den Häuptling der Navajos von den friedlichen Absichten der weißen Siedler, die sich am Shelly-See niederlassen wollen. Old Wabble wird von Old Surehand damit beauftragt, die Siedler zu führen. Er selbst reitet los, um mit Winnetou dem Häuptling der Comanchen einen Besuch abzustatten. Unterwegs wird er von der Fingers-Bande überrascht. Winnetou rettet Old Surehand das Leben. Zum Treck, der inzwischen von seinem Anführer Campbell und Old Wabble zum Shelly-River – dem ersten Zwischenaufenthalt – aufgebrochen ist, gehören unter anderem die junge Witwe Ebersbach (Antje Weisgerber), ihr musiknärrischer Bruder, Kantor Hampel (Heinz Erhardt), und der etwas zwielichtige Städter Bergmann (Veljko Maricic), dessen Tochter Lizzy (Macha Méril) aus dem Falschspieler Richard Forsythe (Mario Girotti) einen anständigen Menschen zu machen versucht.

Trotz ausgestellter Nachtwachen gelingt es der Fingers-Bande, die Siedler zu überfallen. Nur durch das rechtzeitige Eingreifen von Old Surehand und Winnetou kann das Schlimmste verhindert werden. Der Ölprinz, erzürnt über den fehlgeschlagenen Angriff, faßt daraufhin einen teuflischen Plan. Er hat in Tuscon unter den Siedlern den einzigen Überlebenden des Überfalls auf eine Postkutsche entdeckt, der einen von fünf Geldsäcken behalten haben muß. Unverzüglich reitet der Ölprinz zum Häuptling der Navajos und sagt ihm, daß die Siedler gar nicht so arm seien, wie Winnetou ihm versichert habe. Daraufhin reitet Häuptling Nitsas-Ini mit seinem

Sohn zur Wagenburg der Siedler. Als sich der Sohn des Häuptlings über die Reisetruhe Bergmanns beugt, blitzt ein Wurfmesser auf, das den Navajo durchbohrt. Häuptling Nitsas entdeckt den Geldsack, den Bergmann mit sich führte, und schwört Rache, wenn der Mörder seines Sohnes nicht innerhalb eines Tages gefunden sei.

Der Ölprinz und sein Leibwächter Knife (Slobodan Vedernjak) sind bereits über alle Berge, als Old Surehand ihnen nachsetzt. In aller Eile begibt sich der Ölprinz mit dem Bankpräsidenten Duncan (Vladimir Leib) und dessen Beauftragtem Kovacz (Gerhard Frickhöffer) zum Shelly-See, führt ihnen eine raffiniert fingierte Ölquelle vor, kassiert den Scheck über 75.000 Dollar und versucht durch Sprengung einer Höhle sich der beiden geprellten Bankiers zu entledigen. Doch der Mordanschlag schlägt fehl. An einer Hängebrücke gelingt es Old Surehand, den flüchtigen Ölprinz und dessen Mordgehilfen zu überrumpeln.

Die Zeit drängt, denn mittlerweile ist die Frist abgelaufen, die der Häuptling der Navajos den Siedlern gestellt hat. Brennende Pfeile erhellen die Morgendämmerung und setzen die Wagenburg der Siedler in Flammen. Winnetou gibt Anweisung, Frauen und Kinder auf ein Floß zu retten. Doch das Unglück will es, daß das Floß in reißender Strömung auf die Wasserfälle zusteuert. Winnetou und Richard Forsythe riskieren ihr Leben, um eine Katastrophe zu verhindern. Dem Eingreifen Old Surehands im letzten Augenblick ist es schließlich zu verdanken, daß alles gut geht.

Als Old Surehand dem Häuptling Nitsas-Ini die Mörder seines Sohnes gegenüberstellt, wirft Knife zum letztenmal sein Messer. Sure-hand reißt den Häuptling, für den es bestimmt war, zu Boden. Das Wurfmesser trifft den Ölprinzen, der tot zusammenbricht. Von Winnetou und Old Surehand begleitet, ziehen die Siedler in das fruchtbare Gebiet um den Shelly-See, um dort mit den Indianern friedlich zusammenzuleben.

WAS NICHT JEDER WEISS

»Habt Ihr schon von Old Surehand gehört? Bei diesem Namen ergriff alle eine Bewegung der Überraschung. Gewiß, wir alle kennen ihn. Yes, er ist der beste Schütze im ganzen Wilden Westen.« Mit diesen Sätzen hat Karl May den Auftritt eines Mannes arrangiert, der als Old Surehand immer mehr zum verklärten Ebenbild seines Kollegen Old Shatterhand werden sollte. Und der Volkspoet aus Sachsen ließ Old Surehand schließlich auch auf seine Weise den Shatterhandschen Freundschaftsbund mit dem edlen Apatchen-Häuptling Winnetou durch eine ganze Reihe von gemeinsam bewältigten Prüfungen fortleben. Diesem Weg ihres Vorbildes folgten auch die Karl-May-Verfilmer. Nach seinem ersten Auftritt in Unter Geiern stand der Held im Ölprinz zum zweitenmal an der Seite Winnetous vor der Kamera.

»Die jugoslawische Karstlandschaft mit ihren großartigen Felspyramiden, weiten Prärien, brausenden Flußtälern und romantischen Schluchten war der Schauplatz auch dieses Karl-May-Filmes, und wie bei seinen erfolgreichen Vorgängern verlangte die Produktion auch diesmal absolute Echtheit bei allen Szenen, und seien sie auch noch so gefährlich«, heißt es in dem Filmbildband »Der Ölprinz« über die Dreharbeiten. »Dar-

steller und technisches Team mußten sich demzufolge in manches Abenteuer fern jeder Westernromantik stürzen. ›Karl May ist lebensgefährlich‹ – das war die übereinstimmende Ansicht der Beteiligten. Es war in Trilji, wo man die aufregenden Floßszenen drehte, als ein jugoslawischer Stuntman, ein mit allen Wassern gewaschener Sensationsdarsteller, plötzlich im reißenden Cetinafluß unterging und nicht wieder auftauchte. Ein paar Leute rannten am Ufer hin und her. Seile schossen wie Schlangen weit ins Wasser hinaus. Hundert Meter flußabwärts tauchten die Arme des Mannes auf. Die Hände griffen hilflos aus dem Wasser in die Luft und verschwanden wieder im schäumenden Gischt.

Einige Männer rissen sich die Kleidung vom Leib und stürzten auf den Fluß zu. Da tauchte der Mann wieder auf. Er rang nach Luft, blickte verzweifelt um sich und bekam das quer über den Fluß gespannte Stahlseil der provisorischen Fähre zu fassen. Dort hing er, bis man ihn holte.

Derartige Zwischenfälle sind bei den Dreharbeiten zu den Karl-May-Filmen an der Tagesordnung. ›In den überwiegenden Fällen‹, erklärte Herstellungsleiter Erwin Gitt, ›sind solche Unfälle keineswegs auf Leichtsinn oder Unbedachtsamkeit zurückzuführen, sondern eben Berufsrisiko. Die meisten Szenen, die im Kino auf der Bildfläche

gefährlich aussehen, sind auch beim Drehen wirklich gefährlich. Wir können nicht Stürze vom Pferd, von Felsen, oder die Rettungsaktion der Kinder im reißenden Fluß, wie im *Ölprinz*, im Atelier gemütlich und ohne Gefahr drehen. Tricks sind nur bedingt anwendbar.‹ Daß mehrere *Ölprinz*-Darsteller ins eiskalte Flußwasser steigen mußten, rangierte bei den harten Arbeitsbedingungen nicht unter gefährlich, sondern nur unter unangenehm. Immerhin geriet der rechte Zeigefinger von Pierre Brice bei den Floßaufnahmen dermaßen zwischen zwei Balken, daß eine große Rißquetschwunde entstand, die genäht werden mußte.«

O-TON HEINZ ERHARDT

Da *Der Ölprinz* für Heinz Erhardt der erste Wildwestfilm war, inspirierte ihn dies zu dem Artikel »Auch ich war in Indianien«, den er in seinem unvergleichlichen Stil schrieb. »Das reift so aus dem Steg«, sagte er zu seinem nachfolgenden *Ölprinz*-Opus: »Täglich wenn die Sanduhr erst fünf oder sechs tickt und die Sonne zischend aus der Adria steigt, werfen sich schon die Schatten mitsamt ihren Ereignissen auf mich. Ich werde geschminkt. Da läuft mir so mancher Stein über die Leber. Sodann karrt man mich auf einem Kriegspfad zum Ort des Getümmels. Auf dem Weg treffe ich oft ein paar Indianer, die ganz aus dem

Zeltchen sind, weil sie im Matsch stecken und eben so viele Schwierigkeiten haben, heraus zu kommen, wie damals Ariadne ohne Faden. Manchmal ruft einer um Hilfe, aber ich kann nicht nach jederrothaut Friedenspfeife tanzen.

Am Drehort angekommen, gehe ich unbehenden Fußes zum Wohnwagen. Denn es regnet meist. Es sind noch kaum Indianer da und ein Indianer macht bekanntlich keinen Sommer. Erst wenn die anderen Blauhäute – so kalt ist es – kommen, wagen sich ein paar Millieinheiten Sonne hervor. Oft sträubt sich mir die Gänsehaut, daß ich am liebsten aus derselben fahren möchte. Da sitze ich nun, ernst wie die jugoslawische Landschaft. Doch Winnetou rief und alle, alle kamen. Auch ich stellte mich vollzählig ein. Ich weiß, ich muß meine Rolle biegen oder brechen. Eines ist klar: das hier sind keine Lorbeeren, auf denen gut ruhen ist. Im Gegentum: unbarmherzig tritt oft trotz der Kälte, Axel, der Erfinder des gleichnamigen Schweißes, in Aktion und streut einem denselben in die Augen.

Oft möchte ich me nothing you nothing, wie der Engländer sagt, Fersendinar geben. Ich bin indes kein Mauser, der sich unter jeder Schicksalsohrfeige duckt. Inmitten gefährlicher Scharen, die nichts als Mützel im Kopf haben, ist es schwer zu wissen, wo der eigene steht. Und wie man dann suchen muß, wenn man die Hände über ihm zusammenschlagen will. Jeder trägt den Tomahawk im Brotsack, viele werfen ihre Colts in die Waagschale und Ölprinz Harald Leipnitz ist vollauf damit beschäftigt, sein dramaturgisches Verhältnis mit Old Surehand Stewart Granger zu spannen. Deswegen werfe ich natürlich nicht das Gewehr ins Getreide. Unten im Tal ist der

Fluß. Schon der Faserplattenerzeuger Heraklit sagte einmal: ›alles fließt‹. So auch der Fluß. Er ist grausig kalt. Pierre Brice, Antje Weisgerber, Macha Meril und Mario Girotti müssen da wirklich hinein. Ich glücklicherweise nicht. Eher würde ich auch in den sauren Zankapfel beißen.

Immerhin hing eine ganze Weile das Damoklespferd über mir. Ich habe Angst vor diesen Raubtieren und deshalb im Vertrag, daß ich keines zu besteigen brauche. Pferde sind das reinste Indianergeschenk. Kaum wollte ich in bester Absicht dem Gaul von Harald Leipnitz Zucker reichen, da biß er mich in den Finger, der nun eine einzige Quetschwunde ist. Ein Königreich für kein Pferd! Solange die Quetschwunde reichte, ging ich mit ihr an der Hand und mehreren Klößen im Hals zum Mittagessen. Dieses wird aus sogenannten Lunchtüten verabreicht, deren Inhalt oft bläht. So wurde ich in reiferem Alter auch noch zum Blähboy.

Schlechter noch ergeht es den Leuten, die auf dem Fluß mit dem Floß arbeiten müssen. Pierre Brice zog sich auf dem Floß ebenfalls eine Quetschwunde am Finger zu. Ich tröstete ihn mit dem immer hilfreichen Satz: ›Geteilter Quetsch ist halber Schmerz, doch ist's beileibe auch kein Scherz.‹ Pierre hatte die Stirn, sie zu runzeln. Das Floß muß vier Stunden den Fluß hinan getragen werden und wenn dann – während es munter stromabwärts treibt – die Sonne ausgeht, hebt das ganze von vorn wieder an. Die reinste Syphilisarbeit.

Im kleinen und halben folgt ein Warr dem Wirr. Ich könnte fest stellen, nehme aber lieber locker an: auch mit dem Film hat man sein Theater.«

KRITIK

»Das erfolgreiche Teamwork von Winnetou und Old Surehand wird fortgesetzt. Diesmal geht es dem skrupellosen Ölprinzen, der Ölquellen verkauft, wo gar keine sind, brave Siedler schikaniert und seine Helfershelfer zu Untaten anstiftet, an den Kragen. Ja, der Schurke schafft es sogar, Zwietracht zwischen Winnetou und seinen indianischen Freunden zu säen. Aber Surehand ist wachsam und führt die Schuldigen gerechtem Urteil zu, erwirbt bei den Siedlern Heimstatt und kittet alte Freundschaften. Nach diesen Friedenstaten reitet er neuen Abenteuern entgegen, die die Filmkamera sicher weiterverfolgen wird. Pierre Brice und Stewart Granger sind die beiden Helden, die kühn und untadelig wirken, wie Karl May sie einst erdachte. Harald Leipnitz stellt dem Edelmut seinen finsteren Habititus entgegen. Heinz Erhardt, neu im eingespielten Ensemble, stattet seinen Pastor mit hauseigener Komik aus. Die Freunde Karl Mays kommen auf ihre Kosten.« (Telegraf Berlin, 1965)

»Ist Winnetou Tenor? – so was Albernes kann natürlich nur ein Heinz Erhardt fragen. Nach Ralf Wolter, Bill Ramsey und Chris Howland kutschiert auch er jetzt westernwärts, beladen mit Kalauern. Auch sonst gera-

Links: Gutes Bier - eine Stärkung ist immer vonnöten

Rechts: Und jetzt noch ein kleines Pokerspiel:
Die Sache hat nur einen Haken, der Kantor hat
keine Ahnung von den Spielregeln

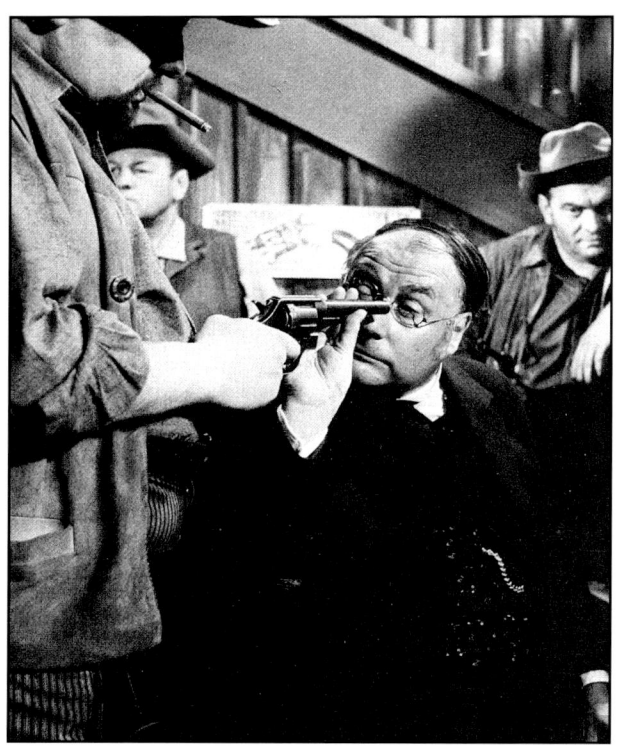

neueste Breitwandschau des Berliner Karl-May-Produzenten Horst Wendlandt ungefähr wie eine Inszenierung der Tegernseer Bauernbühne zu einer Aufführung des Londoner Old Vic. Regisseur Harald Philipp hielt sich teilweise an die überwiegend erbaulich gestaltete Romanvorlage, bemühte sich andererseits jedoch auch um deftige Arizona-Stimmung. Nur die Schurkentypen, bärtig und mit unablässig grimmem Blick, ähneln eher Bösewichtern aus einer deutschen Hafenkneipe als Ganoven aus einem Prärie-Saloon. Pierre Brice ist wie stets als Winnetou bei jeder Gefahr, die seinem Freund Old Surehand droht, überraschend zur Stelle. Den Surehand spielt Steward Granger, der in jeder Szene gepflegt und feingemacht wirkt, als posiere er für den Modeteil eines Herrenmagazins. Immerhin, für handfesten Trubel, Schießereien, Faustkämpfe, Verfolgungsjagden und ähnliche Abenteuer-Kurzweil ist gesorgt. Vornehmlich jugendliche Zuschauer mögen an den Indianerspielen Aufregung und Vergnügen finden. Der schurkische Ölprinz entgeht zudem der gerechten Strafe nicht. Ihn stellt Harald Leipnitz dar, der seit langem nicht so mild auf der Leinwand erschien wie in dieser Rolle. Zum Pulverdampf kommt überdies noch hausbackener Jux: Komiker Heinz Erhardt als trotteliger Kantor macht braven Blödsinn. Zur Düsseldorfer

Premiere war schon die erste Nachmittagsvorstellung ausverkauft.« (Rheinische Post Düsseldorf, 1965)

»Wieder einmal rollt, unter der Regie von Harald Philipp, die edle Welle eines Karl-May-Filmes pathetisch dahin, in ihrem Verlauf das Böse verschlingend, das Gute aber ans Licht emportragend. Hier gehen die säkularisierten Heilsbringer Winnetou (Pierre Brice), in königlicher Haltung und blumiger Sprache Lebensweisheiten ausstreuend, und sein weißer und weißschläfiger Bruder Old Surehand (Stewart Granger) ins Gericht mit dem absolut infamen Ölprinzen (Harald Leipnitz), was für den Übeltäter ein übles Ende nimmt. Verbrämt wird die harte, aber gerechte Arbeit der beiden mystifizierten

ten immer neue Stars in den Karl-May-Sog. Als Bösewicht, der mit falschen Ölquellen Spekulationen treibt, stößt hier Harald Leipnitz hinzu. In zwei nichtssagenden Nebenrollen zwei gute Schauspielerinnen. Antje Weisgerber und die Französin Macha Meril. Wie schade um sie! Pierre Brice als Winnetou schaut wieder edel in die Ferne, und eigentlich hat nur Stewart Granger als Old Surehand Pfeffer im ... na, Sie wissen schon. Im Western nichts Neues. Trotzdem hält das junge Publikum den Atem an bei soviel wilder Romantik.« (Bodo Kochanowski, BZ Berlin, 1965)

»Zu einem der klassischen Western amerikanischer Meisterregisseure verhält sich die

Helden durch manch tollkühnen Spaß, durch manch keusche Liebesgeschichte und die Komik Heinz Erhardts (als Pastor Hampel), der, entschuldigend die Arme schwenkend, sich inmitten all der Gefahr der deutschen Muse, der Musik verschrieben hat.« (Der Tagesspiegel Berlin, 1965)

»Nach bewährtem Strickmuster wurden die Karl-May-Streifen Mitte der 60er Jahre abgespult, sich dabei selbst ein bißchen auf die Schippe nehmend. Für den *Ölprinzen* wurde nun gar ein Erzkomiker (Heinz Erhardt als Kantor Hampel) aufgeboten, der in dem Treck als herum-opernder Einwanderer mitzieht. Auch wenn die May-Welle jahreszeitlich spät an unsere Ufer wogt, bringt sie doch unterhaltsame Märchenkost in Kino- und Fernsehalltag.« (Sächsische Neueste Nachrichten Dresden, 1983)

»Bunte Handlung, Figurenreichtum, Phantastik. Die bösen Fingers sind da und der schrullige heldenopernkomponierende Kantor Hampel und die Frau Ebersbach, man könnte jubeln, wenns nicht halt so dünnblütig und vom Klischee gezogen wäre, platt und brav und ganz ohne die Skurrilität und herrliche Farbigkeit der May'schen Figuren, und auch Pierre Brice, immer wieder ein echter Winnetou, vermag da allein das Kraut nicht fett zu machen, zumal der sterile Stewart

Links oben: Alle Drohungen sind doch nur ein Scherz, oder?
Links unten: Der große Treck zieht los: der Kantor träumt von seiner großen Wildwestoper
Rechts: Die Banditen zwingen Kantor Hampel mit vorgehaltenem Revolver, weiter für sie zu spielen

Granger mit dem Zahnpastareklamelächeln schrecklicherweise wieder mitmischen darf.« (Leipziger Volkszeitung, 1983)

»War *Old Surehand*, den Edgar-Wallace-Regisseur Alfred Vohrer inszeniert hatte, eine Enttäuschung, so dürfte der von Harald Philipp (der zugleich als Mitautor verantwortlich zeichnet) gedrehte *Ölprinz* ein wenig mehr zufriedenstellen. Die Handlung ist stärker und sie hat – bei allen unwahrscheinlichen Momenten – doch mehr Sinn. Sie kommt dem Zuschauer durch das Schicksal des Trecks menschlich näher und löst in einigen Passagen (so wenn ein junges Mädchen und ein kleiner Junge auf einem winzigen Boot im reißenden Fluß auf Wasserfälle

zutreiben) erregende Spannung aus. Mit den Figuren des Old Wabble (Paddy Fox) und des kindlich-naiven, liebenswerten Kantors Hampel (Heinz Erhardt) injizierten Fred Denger (Co-Autor) und Harald Philipp der Story eine Humorspritze. Aber leider vermisse ich ihr Augenzwinkern bei der Gestaltung der Indianerpassagen. Sie entsprechen dem Bild, das sich heute nur noch Klein Moritz und Lieschen Müller von den Rothäuten machen. Daher noch einmal: Die DEFA wandelt da auf historisch genauerem Indianerweg.« (Mitteldeutsche Neueste Nachrichten Leipzig, 1983)

Heinz Erhardt als Professor Morgenstern

Das Vermächtnis des Inka
VIVA GRINGO
BR Deutschland/Italien/Spanien, 1965
Erstaufführung: 9.4.1966
Produktionsfirma: Franz Marischka, Pea, Orbita
Regie: Georg Marischka
Buch: Georg Marischka, Winfried Groth, Franz Marischka
Vorlage: nach einem Roman von Karl May
Kamera: Siegfried Hold
Musik: Riz Ortolani
Darsteller:
Guy Madison (Jaguar)
Rik Battaglia (Perillo)
Geula Nuni (Graziella)
William Rothlein (Haukaropora)
Fernando Rey (Präsident Castillo)
Walter Giller (Fritz Kiesewetter)
Heinz Erhardt (Prof. Morgenstern)
Chris Howland (Don Parmesan)
Ingeborg Schöner (Mme. Ruiz)
Carlo Tamberlani (Anciano)
Santiago Riveirro (Minister Ruiz)
Francesco Rabal (Gambusino)

INHALT

Allen Widerständen zum Trotz scheint die Verständigung zwischen den Indianern Perus und den Weißen Fortschritte zu machen. Schon hat sich der letzte Inka-König bereiterklärt, seinen Sohn in die Hauptstadt zu schicken, damit er dort erzogen werden kann. Da aber zerreißen Schüsse die Luft. Unerkannt kann der Bandit Gambusino (Francesco Rabal) ein Stück einer Knotenschrift rauben, die den Weg zu dem sagenhaften Schatz der Inka weisen kann. Bei der Verfolgung des Mörders fällt einer der Abgesandten der Regierung, der andere wird des Mordes verdächtigt und der Friede, um den sich die Regierung bemüht, ist gebrochen.

1865: Nach zehn Jahren ist der Junge von einst ein Mann geworden. Für die Indianer aber ist er, als letzter Sproß der Inka, noch weit mehr: Er ist der Inbegriff und das Symbol einstiger Macht und Hoffnung auf die Wiedererrichtung dieser Macht. Erzogen von fanatischen Priestern, bereitet er sich darauf vor, das alte Reich mit Gewalt und Schrecken wiederaufzurichten und alle Weißen, die Feinde und Teufel, aus dem Land zu treiben. So wie die Unruhe unter den Indianern und der drohende Aufstand der Regierung in Lima nicht unbekannt bleibt, so ist er auch anderen Grund und Anlaß, eigene Pläne darauf abzustellen. Gambusino, der noch immer

nur einen Teil der Knotenschrift in der Hand hat, möchte den Aufstand der Indianer schüren, denn er weiß, daß das Ende dieses Aufstands nur die Vernichtung der Indianer sein kann, die ihm erst die Möglichkeit gibt, endlich an den gesuchten Schatz zu kommen. Unerwartet erhält Gambusino noch einen Helfer: Der Stierkämpfer Perillo (Rik Battaglia), das Haupt einer revolutionären Clique, bedient sich gern der Hilfe der Banditen, denn auch er braucht den Aufstand der Indianer, um seinerseits die Macht ergreifen zu können, wenn das Land durch den Indianeraufstand an den Rand des Chaos gerät.

Hilflos und von den Verrätern in den eigenen Reihen unterhöhlt, verfolgt die Regierung des Präsidenten Castillo (Fernando Rey) die Entwicklung. Verzweifelt sucht man einen Mann, der die Indianer zur Vernunft bringen kann, der bei ihnen soviel Ansehen genießt, daß es ihm gelingt, sich gegen den Einfluß der fanatischen Priester durchzusetzen. Als in dieser Situation nach langem Aufenthalt in den USA Haukaropora (William Rothlein) nach Lima heimkehrt, zögert Präsident Castillo nicht, diesen mit der Aufgabe eines Vermittlers zu betrauen. Die Verschwörer innerhalb der Regierung sehen die Gefahr und bezichtigen ihn des Mordes, den vor zehn Jahren Gambusino an dem letzten Inka-König beging. Aber Castillo vertraut Haukaropora und ist davon überzeugt, daß er unschuldig ist.

Nun müssen sowohl Perillo wie Gambusino handeln, denn wenn es gelänge, die Indianer von ihrem Aufstand abzuhalten, könnte der eine nicht revoltieren und der andere sich nicht des Schatzes bemächtigen. Die Verschwörer des Perillo und die Bande des Gambusino hetzen Haukaropora, der sich unter Todesgefahren seinen Weg zu den Indianern erkämpft. Von zwei Seiten erfährt Haukaropora unerwartet Hilfe. Einmal ist es seine Nichte Graziella (Geula Nuni), die von dem Anschlag auf ihren Onkel erfährt und diesem nachreitet, um ihn zu warnen, zum anderen ein deutscher Professor (Heinz Erhardt), der mit seinem Faktotum Fritz Kiesewetter (Walter Giller) und einem Halbblut (Chris Howland) auf der Spur prähistorischer Ausgrabungen ist. Der Professor sieht einem im Indianergebiet verschollenen Oberst täuschend ähnlich und begreift, daß ihm diese Ähnlichkeit vielleicht eine schicksalhafte Aufgabe stellt...

Während es dem Professor gelingt, als »Oberst« die aufständischen Truppen umzudirigieren, begegnet Graziella auf ihrem Weg dem letzten Inka-Sproß Haukaropora. Die Begegnung und der gemeinsame Weg der beiden jungen Menschen wird zur Wurzel ihrer Liebe – und aus Liebe wiederum wächst bei Haukaropora der Zweifel an der Richtigkeit seiner bisherigen Ansicht. Er begreift, daß das

William Rothlein als junger Inka-Fürst

Wohl der Indianer nicht in der Wiedererrichtung des alten, grausam-gigantischen Inka-Reiches liegt, aber seine Zweifel kommen zu spät: Seine Krönung, das Signal zum Aufstand ist beschlossene Sache. Gambusino, Perillo und ein fanatischer Oberpriester verleumden Haukaropora und Graziella. Und doch gelingt es Graziella, den jungen Inka von der Redlichkeit ihres Tuns zu überzeugen.

Nun weiß Haukaropora, was er zu tun hat. Er kann die Krönung zum Inka-König nicht mehr abwenden. Der Oberpriester hat ihn überrumpelt, aber er kann den Aufstand verhindern. Er läßt die Krone in den Abgrund fallen und sich von den aufgebrachten Indianern töten. Aber sein Tod – so weiß er – ist auch der Tod der Inka-Idee. Der Traum endet mit ihm; das Leben, Seite an Seite mit den Weißen, kann für die Indianer beginnen.

WAS NICHT JEDER WEISS

Mit großem Aufwand inszenierte Regisseur Georg Marischka seine Abenteuergeschichte um den letzten Inka-König und den sagenhaften Inka-Schatz nach dem gleichnamigen Roman von Karl May. Marischka, Sproß der bekannten Wiener Regisseur- und Schauspieler-Dynastie und Neffe von Ernst Marischka (*Sissi*) hat auch andere Karl-May-Stoffe bearbeitet. So schrieb er unter anderem das Drehbuch zu *Der Schut*. Zu seinen Regiearbeiten zählen *Der fidele Bauer*, *Peter Voss, der Held des Tages* und (teilweise) *Axel Munthe, der Arzt von San Michele*, bei dem er ebenfalls mit Heinz Erhardt zusammengearbeitet hat. Neben Gastauftritten von Heinz Erhardt, Walter Giller und Chris Howland wartet *Das Vermächtnis des Inka* mit Fernando Rey in der Rolle des Präsidenten mit einem Star des

internationalen Kinos auf, der vor allem durch seine Rollen in Bunuel-Filmen (*Der diskrete Charme der Bourgeoisie, Dieses obskure Objekt der Begierde*) berühmt wurde.

O-TON HEINZ ERHARDT

»Kam zurück von den Dreharbeiten zum *Ölprinz*, da erhalte ich neues Angebot, der *Schatz der Inkas* wird gedreht, diesmal in Peru. Nach langem Zögern lasse ich mich impfen, bin sechs Tage todkrank, endlich stehe ich wieder auf wackeligen Beinen. Da ruft die Filmfirma an und sagt, sie habe umdisponiert, man drehe den Film nicht in Peru, sondern in der Lüneburger Heide.«

Wie Heinz Erhardt den Film fand, darüber findet sich eine kurze Notiz in seinem Tagebuch unter dem 9. Juli 1966: »Heute, am Tage vor der Fußballweltmeisterschaft England-Deutschland, habe ich den Film gesehen. Große Sch...«

KRITIK

»Man sieht es bereits den ersten Szenen dieser neuesten deutschen Karl-May-Verfilmung an, daß sie nicht aus der mit vorfabrizierten Teilen arbeitenden Wendlandtschen Filmfabrik stammen. Regisseur und Drehbuchautor Georg Marischka ist nicht den Weg des geringsten Widerstandes gegangen, hat den

Film nicht in den Kalkbergen Jugoslawiens, sondern an den Originalschauplätzen in Peru gedreht. Dies verleiht seinem Film, der ja immerhin ein historischer Film ist, eine ungewöhnliche Authentizität. Auch in der Wahl seiner Schauspieler geht Marischka konsequent seine eigenen Wege. Er verläßt sich nicht auf die gängigen Karl-May-Stars, sondern riskiert es, dem deutschen Publikum nahezu unbekannte ausländische Schauspieler – Francesco Rabal, Guy Madison und Rik Battaglia – vorzuführen. Da er zugleich auch in der Lage ist, sie zu führen – ein in Deutschland recht seltenes Talent –; ist sein Film schon in dieser Hinsicht ein ungetrübter Genuß. Die weibliche Hauptrolle spielt ein völlig unbekanntes Mädchen (Geula Nuni) mit einem faszinierend kinounüblichen Gesicht. Erfreulich, daß Marischka auf alle die heute so beliebten Kamerakunststücke verzichtet, die ja meistens nur den Zweck haben, dem Publikum zu zeigen, was für ein großartiger Regisseur man ist. Er weiß, was er kann, und es gelingt ihm, mit dem geringsten optischen Aufwand die bislang besten deutschen Aktionsszenen zu filmen. Eine Konzession an den deutschen Publikumsverstand hat Marischka allerdings gemacht: die komischen Einlagen des (so steht es im Programmheft) ›beliebten deutschen Komiker-Trios Walter Giller, Chris Howland und Heinz Erhardt‹. Er hätte wissen müssen, daß Filme auch komisch sein können, ohne das ›Komiker‹ darin aufzutreten brauchen. Doch der Film hat so viele

Inmitten des Getümmels:

Heinz Erhardt, Walter Giller und Chris Howland

andere Meriten, daß man diesen Fehltritt schnell vergißt. *Das Vermächtnis des Inka* ist der beste bisher gedrehte Karl-May-Film und zweifellos eine der gelungensten kommerziellen deutschen Nachkriegsproduktionen.« (Rudolf Thome, Süddeutsche Zeitung, 1966)

»Intrigen und Verschwörungen um den Letzten der Inkas werden hier geheimnisvoll und phantastisch angerichtet, ganz so, wie es Karl May einst befahl. Mit seinem international zusammengesetzten Team zog Regisseur Georg Marschika nach Peru, Spanien und Bulgarien, um seinem Film mit den möglichst originalgetreuen Schauplätzen den benötigten dramatisch-heroischen Hintergrund zu geben. In der Story geht es um den alten Traum der Indianer, das mächtige alte Reich der Inkas wiedererstehen zu lassen. Natürlich sind dann auch die Dunkelmänner nicht weit, die mit den Hoffnungen der Eingeborenen Schindluder treiben. Walter Giller, Chris Howland und Heinz Erhardt in malerischen Ponchos sorgen dafür, daß die Geschichte nicht zu traurig wird.« (Lübecker Anzeiger, 1966)

»Dankenswerterweise hat Regisseur Georg Marischka mit dem ungeschriebenen Filmgesetz gebrochen, allen Karl-May-Filmen als Hauptdarsteller Lex Barker mitzugeben. Diesmal darf sich Guy Madison als ›Vater Jaguar‹ die Herzen alter und junger Fans erwerben. Ein weiterer Pluspunkt des Streifens: Die Außenaufnahmen an den alten Inkastätten in Peru und das Drehbuch, dessen dürftige Originalhandlung die Brüder Marischka nicht ungeschickt mit geographischem und volkskundlichem Wissen auffüllten.« (Ruhr Nachrichten – Essener Tageblatt, 1966)

»Immer breiter wird das Schauspieleraufgebot für die filmischen Karl-May-Interpretationen. Diesmal engagierte Regisseur Georg Marischka den Western-Mimen Guy Madison für die Hauptrolle. Zweifellos keine schlechte Wahl für die Rolle des ›Jaguar‹, der reitend, schießend und kletternd seinen Rachedurst löscht. Dennoch ist das *Vermächtnis des Inka* keine Fortsetzung der May-Erfolge von *Winnetou* bis *Old Surehand*. Die Inkahandlung ist zu breit ausgewalzt, der Ton zu pathetisch. Chris Howland steht zwar die Rolle des trotteligen Indios ausgezeichnet und Walter Giller gibt sich viel Mühe, aber Tolpatsch Erhardts Witzchen sind einfach zu alt, um auch nur eine müde Lachsalve zu garantieren. So groß das Aufgebot an Statisten auch ist, und so gut Francesco Rabal den Banditenchef Gambusino mimt: Die Handlung bleibt zuwenig gestrafft, die schauspielerischen Mittel sind zu dünn.« (Neue Ruhr Zeitung Essen, 1966)

»Die Brüder Georg und Franz Marischka, alte Filmhasen, die seit Jahrzehnten wissen, wie der Hase läuft, machten sich daran, Karl May zu verfilmen. Sie wichen vom Schema ab, in Jugoslawien oder Spanien zu drehen, sie befolgten die Anforderungen des Autors (Band 39 des Gesamtwerkes) und nahmen Peru, das tatsächliche Land des alten Inkareiches, als Spielort. Sie fanden die wenigen Indianer, die keinen Hollywoodvertrag in der Ponchotasche haben – und das merkt man denn auch. Die Marischka-Brüder waren informiert, daß die indianische Kultur mongolischen Ursprungs sei und Eskimo-Elemente aufweise. Entsprechend bricht nur dann und wann bei Szenen und kultischen Feiern das Wiener Operettengemüt durch. Es

wird verkraftet. So kommt es denn in der deutsch-spanisch-italienischen Koproduktion, hergestellt in Peru und Bulgarien, zu ganz neuen Aspekten der Indianerfilmmache. Der edle Jaguarbändiger (Guy Madison) hat einen ebenbürtigen Gegner in dem Stierkämpfer (Rik Battaglia), der aus ebenfalls edlen Motiven den letzten Inka (William Rothlein) finden will, um zu verhindern, daß ein fanatischer Inka-Priester einen sinnlosen Krieg gegen die Weißen beginnt. Aus dem deutschen Darsteller-Reservoir wirken Walter Giller und Heinz Erhardt mit. Sie bleiben Fremdkörper im Geschehen. Was sich sonst noch darstellerisch betätigt, ist verschiedentlich vom Hauch der österreichischen Schmiere angeweht. Immerhin ein imponierender Versuch, das Schema der gängigen Karl-May-Verfilmungen zu durchbrechen.« (Rheinische Post Düsseldorf, 1966)

»Armer Karl May! Wenn er geahnt hätte, daß er vom Film derartig strapaziert werden würde, er hätte bestimmt nur die Hälfte seiner Romane geschrieben. Allzu unbekümmert geht man mit dem Vermächtnis des alten Romantikers um. Kurzerhand erfindet man einige komische Situationen, um das Trio Walter Giller, Chris Howland und Heinz Erhardt unterbringen zu können. Von den drei Spaßmachern schien man nämlich besondere Anziehungskraft auf das Publikum zu erwarten. Dabei können sich die gewiß nicht billigen Außenaufnahmen in Peru, Spanien und Bulgarien wahrhaftig sehen lassen. Auch Guy Madison ist ein prachtvoller Jaguar und Rik Battaglia ein Sohn von Format.« (Bremer Nachrichten, 1966)

»Das gewisse Etwas der Frauen«

Heinz Erhardt als Herr Schüssel

Das gewisse Etwas der Frauen
Originaltitel: COME IMPARAI AD AMARE
LE DONNE
BR Deutschland/Italien/Frankreich, 1966
Erstaufführung: 23.11.1966
Produktionsfirma: nfg, Sancro, Marceau,
Cocinor
Regie: Luciano Salce
Buch: Willibald Eser
Kamera: Erico Menczer
Musik: Ennio Morricone
Darsteller: Robert Hoffmann (Robert)
Romina Power (Irene)
Cachin Chantal (Wilma, ihre Freundin)
Sandra Milo (Frau Direktor)
Gianrico Tedeschi (Direktor)
Orchidea de Santis (Agnes)
Elsa Martinelli (Rallye-Fahrerin)
Vittorio Caprioli (Playboy)
Sonja Romanoff (Monika)
Nadja Tiller (Baronin Laura)
Michèle Mercier (Franziska)
Anita Ekberg (Margaret Joyce, ein Sexstar)
Heinz Erhardt (Herr Schüssel)
Erica Schramm (Betty)
Zarah Leander (Tante Olga)
Patrizia Perini (Anna-Maria)
Bernadette Keil (Violetta)
Gigi Ballista (Sir Archibald)
Michèle Mercier (Franziska, eine Atomphysikerin)

INHALT

Mit offenen Augen für die Schönheiten dieser Welt stürmt Jüngling Robert (Robert Hoffmann) in das Leben hinaus. Es zeigt ihm seine Sonnenseite. Leidenschaftliche, schöne und extravagante Evastöchter helfen ihm, Das gewisse Etwas der Frauen zu entdecken. Die Serie seiner Entdeckungen fängt im Internat an. Die verführerische Frau Direktor (Sandra Milo) erteilt ihm Nachhilfestunden im Wahlfach Liebe. Nächste Station ist ein Autosalon. Als Mechaniker gerät Robert erst auf die Bahn einer kurvenfreudigen Rallyefahrerin (Elsa Martinelli), danach als Autoverkäufer auf die Luxusliege des badeseligen Vamps und Busenstars Margaret Joyce (Anita Ekberg), der er beim Pokerspiel mit Herrn Schüssel (Heinz Erhardt) beiwohnen darf. Bei ihr sammelt er die vergnügliche Erfahrung: Es ist nicht alles Sex, was auf Titelbildern so aussieht. Beim Vorführen eines Superwagens in einem Schloß begegnet Robert der Baronin Laura (Nadja Tiller). Im Paradies auf Rädern nimmt sie ihm jegliche Konzentration. Dieser Zustand gehört offenbar zum Milieu des Hauses, denn auch die drei Nichten der Schloßherrin machen dem netten Burschen den Kopf heiß. Vor allem Irene (Romina Power), die jüngste, wendet einen besonders raffinierten Eroberungstrick an. Die erfindungsreiche Baronin kauft bei Roberts Firma das Auto – sogar mit Rabatt und dem Vorführer als Zugabe. Neu eingekleidet wird er Oberverkäufer in der eleganten Boutique der Herzdame. Dienstlich wie privat befaßt sich Robert bei seiner blaublütigen Auftraggeberin mit reizvollen Dessous.

Auf einer Modeparty begegnet ihm die Kernphysikerin Franziska (Michèle Mercier). Sie wirkt ebenso anziehend wie ungewöhnlich intellektuell. Robert bringt sie in ihre Wohnung. Unweit des nüchternen Forschungsreaktors, der Franziska tagsüber beschäftigt, widmet sie sich nachts unter gepuderter Perücke und in stilgerechter Einrichtung den Liebesspielen einer Rokokoschönen. Erst nach drei Nächten kann der Jüngling aus der erotischen Vergangenheit in den Alltag von heute entfliehen.

Sein Weg führt ihn stracks zur lebensklugen, welterfahrenen Tante Olga (Zarah Leander). Sie ist die Tante der drei süßen Mädchen, die ihm damals im Schloß arg zugesetzt hatten. Die gewitzte, reife Frau von Welt findet Gefallen an Robert. Erstens braucht sie für ihre Fabriken einen tatkräftigen Manager, zweitens für die jüngste Nichte einen richtigen Mann. Geschickt lenkt sie seinen Blick auf die reizende Irene. In ihren Armen beschließt er, mit standesamtlicher Genehmigung, seine Jagd auf Das gewisse Etwas der Frauen.

WAS NICHT JEDER WEISS

Cornelia Zumkeller schreibt in dem Buch »Zarah Leander – Ihre Filme, ihr Leben« über den letzten Leinwandauftritt Zarah Leanders, bei dem sie Theo Mackebens »Eine Frau wird erst schön durch die Liebe« sang: »In *Das gewisse Etwas der Frauen* ist sie aber längst nicht mehr die Hauptperson, ihr Name taucht lediglich unter ›ferner liefen‹ auf, und sie konnte gottfroh darüber sein, denn dieser Film war nicht einfach nur überholt und von der Thematik her abgedroschen wie ihre Nachkriegsfilme, sondern er war in seiner Plumpheit auch noch unsäglich peinlich.«

Für die Freiwillige Selbstkontrolle der Filmwirtschaft (FSK) kam im November 1966 eine Freigabe für Jugendliche nicht in Frage: »Der Film will zeigen, wie ein junger Mann durch eine Reihe von sexbezogenen Abenteuern, bei denen die Aktivität keineswegs von ihm ausgeht, zu einem heiratsfähigen Mann heranreift«, urteilten die Sachverständigen für Jugendschutz. »Zuerst wird er von einer lüsternen Frau Direktor und einer leichtgeschürzten Hausgehilfin in einem Internat umworben. Dann folgt eine Rennfahrerin, die mit einer Kosmetikerin zusammenlebt, wobei Gelegenheit geboten wird, pikante Massageszenen zu zeigen. Darauf eine Baronin, die einen extravaganten Modesalon besitzt, in dem eine perverse Modenschau mit sadistischen Effekten vorgeführt wird. Dazwischen trifft der arme Mensch mit einem Star zusammen, der von Anita Ekberg freizügig mit den ihr eigenen Mitteln dargestellt wird. Das Ende ist eine Hochzeit mit der Nichte von Zarah Leander, hier als ›Tante Olga‹ und Besitzerin einer Hubschrauberfabrik. Gelegentlich glaubt man

parodistische Züge zu entdecken, jedoch wird dieser Stil nicht einheitlich durchgehalten. Der Ausschuß diskutierte die allgemeine Freigabe ausführlich, wobei schon hier die Frage aufgeworfen wurde, was denn das sittliche Empfinden verletzen könne, wenn nicht diese Serie schlüpfriger Abenteuer. Für die allgemeine Freigabe wurden mehrere Bildschnitte verlangt.«

KRITIK

»Er ist jung und sieht nach landläufigen Vorstellungen gut aus. Das ist aber auch schon alles; aber es genügt, um ihm zu amourösen Abwechslungen, vor allem aber zu gesellschaftlichem Ansehen und sozialem Aufstieg zu verhelfen: Durch die Boudoirs der besseren Gesellschaft also führt sein Weg nach oben. Es ist eine steile, offensichtlich aber auch eine anstrengende Karriere, die der junge, gewandte Mann (nicht sonderlich auffallend: Robert Hoffmann) hier absolviert. Am Beginn steht, oder besser liegt – nämlich auf dem nassen Boden eines Waschsaals in einem Knabenpensionat – die Frau des Direktors (nicht ohne Reiz: Sandra Milo). In bunter Folge reiht sich dann eine belanglose Begegnung an die andere – von der nach Rennfahrerruhm dürstenden attraktiven Dame (äußerst charmant: Elsa Martinelli) über die selbstgefällige Filmdiva (mit etwas zu wenig Witz: Anita Ekberg), die eigenwillige Modeschöpferin (wie gewohnt: Nadja Tiller) und die elegante Atomphysikerin, die sich zu Hause im Stile Ludwigs XVI. bewegt (charmant: Michèle Mercier) bis zur abgetakelten Sängerin, die zur Industriellen avanciert ist (eine Karikatur ihrer selbst:

Zarah Leander). Am Ende freilich wollen alle die lebenslustigen Damen, die in dieser Vielfalt und Fülle auf die Dauer nur ermüden, immer dasselbe von dem jungen Mann, der auf lange Sicht diesen Anforderungen nicht gewachsen sein dürfte, weshalb er sich am Ende in die bequemeren Gefilde bürgerlichen Ehelebens zurückzieht, dies allerdings überraschenderweise mit einem nicht eben allzu reizvollen Geschöpfchen (kaum überzeugend: Romina Power). Das schleppt sich unter Luciano Salces wenig pointierter Regie ziemlich dahin, zumal in jeder der zahlreichen Amouren die Grundkonzeption dieselbe bleibt. Und gerade die ständigen Wiederholungen lassen das Interesse dann doch erlahmen. Der Spaß tritt so auf der Stelle, anstatt sich neue Bereiche zu suchen. So daß man am Ende gar nicht weiß, worum es dem Regisseur dieser deutsch-italienisch-französischen Gemeinschaftsproduktion eigentlich ging – um eine gesellschaftskritische Satire wohl kaum. Der eindeutige Witz wird mehr oder minder Selbstzweck. Die Variationen dienen einzig und allein diesem einen Ziel. Und das kann nicht jeden befriedigen.« (Der Tagesspiegel, Berlin 1967)

»Von Zeit zu Zeit besinnt sich der Film auf das Motiv jenes Jünglings, der auszieht, die Frauen zu entdecken. In dieser deutsch-französisch-italienischen Gemeinschaftsproduktion – in Farbe, versteht sich – sind es gleich fünf an der Zahl, die der Ehrgeiz gepackt hat, aus ihm ›einen richtigen Mann‹ zu machen, und da sich der Junge nicht unbegabt anstellt (Robert Hoffmann spielt ihn mit gebotenem lässigem Understatement), vollzieht sich seine Karriere, ein Wechselspiel von Geben und Nehmen, im Einhandeln einschlägiger

Erfahrungen, die schließlich mit einer maßgeschneiderten Hochzeit ihr Ende finden… Das alles präsentiert sich in einem Episodenfilm von jener absichtsvoll oberflächlichen ›Gepflegtheit‹, die den mehr oder weniger unverblümt zur Schau gestellten Sex mit milden ironischen Gags zu verbrämen sucht. Diese entpuppen sich freilich nur allzubald als – wenn auch charmanter – Vorwand, die einseitig auf erotische Effekte zielende Atmosphäre, neben der alles andere bedenklich zu kurz kommt, um so hemmungsloser auszuspielen. Das Drehbuch Willibald Esers ist um diesbezügliche Varianten, die Regie Luciano Salces um die entsprechenden, auf vordergründige Unterhaltsamkeit gerichteten Einfälle nicht verlegen. Gleichwohl bleibt beim Betrachter ein fader Geschmack: Oberflächlichkeit ist nur dann zu ertragen, wenn sie wirklich gekonnt ist. Davon aber ist dieser Film, so möchte man meinen, ein gutes Stück entfernt.« (Allgemeine Zeitung Mainz, 1967)

»Ein Männlein steht im Walde und weiß nicht, was tun…Da kommen die Michèle Mercier, die Elsa Martinelli, die Sandra Milo, die Anita Ekberg, die Nadja Tiller und machen aus dem Hemdenmatz einen rechten Hosen-Träger. Robert Hoffmann, der derart auf Trab gebrachte Knabe, bleibt Sportsmann. Zu guter Letzt hat er die minderjährige Romina Power an der Angel und läßt sie dort auch nur bis zur Hochzeitsnacht zappeln. Fürwahr – eine potente Leistung, ungeachtet aller Strapazen, dem schönen Geschlecht wei-

Langsam hat er schon Erfahrung im Pokerspiel:

Heinz Erhardt mit Sandwich und Bier

terhin die Treue zu halten. Doch der Robert kann nun mal nicht anders. Der liebreizende Hans-Guck-in-die-Dekolletés verliert zwar im Laufe der Gefechte seine Unschuld, bleibt dafür aber weiterhin Mamas Liebling. Luciano Salce, der Herausgeber dieses Bettgeflüsters, macht kaum Umstände. Damen mit Hüllen und Füllen stehen ja Schlange, also macht auch die Kamera brav den Ausverkauf an Galanteriewaren mit. Darüber hinaus zeigt sie lediglich schicke Häuser, zerwühlte Lagerstätten und flottes High-Life. Mit der Schauspielerei hat sowieso keiner was im Sinn – im Bett schließlich kommt's ja auch hauptsächlich darauf an, Mensch zu bleiben. Unbefriedigend an diesem Lust-Spiel ist, daß sich kein Krümel Komik finden läßt, keine Ironie und keine Persiflage den Jahrmarkt der Eitelkeiten in besondere Lichter taucht.« (Der Abend Berlin, 1967)

Heinz Erhardt als Professor Klemmke

Otto ist auf Frauen scharf
Österreich/BR Deutschland, 1968
Erstaufführung: 28.6.1968
Produktionsfirma: Neue Delta, Terra
Regie: Franz Antel
Buch: Kurt Nachmann
Kamera: Hanns Matula
Musik: Johannes Fehring
Rex Gildo singt den Schlager »Wie eine Sinfonie«
Bill Ramsey singt den Titelschlager »Otto ist auf Frauen scharf«
(Musik: Heinz Gietz, Text: Joachim Relin)
Bauten: Ferry Windberger
Ton: Willi Bramann
Schnitt: Anneli Artelt, Annemarie Reisetbauer
Aufnahmeleitung: Bernhardt Lohse, Oszkar Berek
Produktionsleitung: Kurt Kodal, Josef Györffy
Herstellungsleitung: Carl Szokoll
Darsteller:
Gunther Philipp (Otto Zander)
Dietmar Schönherr (Christian Bongert)
Terry Torday (Gloria Anden)
Hubert von Meyerinck (Dr. Zwyfalt)
Willy Millowitsch (Wackernagel)
Heinz Erhardt (Professor Klemmke)
Uschi Mood (Tina)
Ralf Wolter (Dr. Kobalt)
Beppo Brem (Nigl)

Franz Muxeneder (Wurzeneder)
Hannelore Auer (Trix)
Dany Siegel (Annabelle)
Christiane Rücker (Maggie)
Marthe Harell (Tante Bertha)
Mady Rahl (Frau Krause)
Werner Abrolat (Major Kroll)
Edith Hancke (Garderobefrau)
Jonas Csanyi (Samson)

INHALT

Welcher Teufel in den Herrn Prokuristen Otto Zander (Gunther Philipp) gefahren ist – die Angestellten der Firma Bongert können sich's nicht erklären. Jahraus, jahrein war er das Musterbeispiel an Fleiß und Korrektheit. Das bekommt die schöne Annabelle (Dany Siegel), seine neue Sekretärin, zu spüren, die seinem Büro zu einer behaglicheren Ordnung verholfen hat. Aber nach seiner Meinung gehört Behaglichkeit nicht ins Büro. Noch eine Überraschung. Eine Hiobsbotschaft aus New York, der Zentrale des Konzerns. Ein Revisor ist im Anmarsch! Ausgerechnet an dem Tage, da Christian Bongert (Dietmar Schönherr). der Firmenchef, auf dem Weg nach London ist, soviel Tante Bertha (Marthe Harell), Christians Erb- und Lieblingstante, weiß...

Sie weiß es nicht besser. In Wirklichkeit hat sich Christian nämlich, um Tante Berthas kargen Zuwendungen und der Mühsal der Geschäfte zu entgehen, in ein Privatdomizil im Firmenlager VI zurückgezogen, wo ihn Trix (Hannelore Auer) erwartet, ein ebenso hübsches wie unzufriedenes Mädchen. Unzufrieden, weil er den Geschäften nur immer mit Mühe entfliehen kann. Es geht Trix nicht allein so. Auch Maggie (Christiane Rücker), einer Stewardeß, und anderen Schönen.

Was bleibt Otto, dem Prokuristen, also anderes übrig, als selbst den »Spion« aus New York zu empfangen? Und wieder eine Überraschung: es ist eine Spionin! Eine bildhübsche obendrein. Sie heißt Gloria (Terry Torday). Sie hat erbarmungslos vorgearbeitet, indem sie Dr. Zwyfalt (Hubert von Meyerinck) beauftragte, Ermittlungen über die Firma Christian Bongert anzustellen. Dabei hat sich Schlimmes in den Bilanzen herausgestellt... Das Schlimmste sogar. Otto alarmiert den Chef. Beide wissen, daß jetzt Not am Mann oder besser an der Firma ist. Gloria, zielstrebig auf Schritt und Tritt, spürt das Versteck im Lager VI auf. Christian ist verloren – außer er fände einen Sündenbock.

Und er findet ihn: Nicht er, der Chef, sondern der Prokurist Otto Zander sei derjenige, der das sündhaft teure Liebesnest auf Kosten der Firma unterhält. Otto, obwohl erschreckt und verängstigt, erklärt sich bereit, den Playboy zu spielen. Er übernimmt also das Lager VI und, ohne es zu wollen, auch Maggie und Trix und deren Bräutigam, den Boxer Samson (Jonas Csanyi), der den vermeintlichen Verführer aus Eifersucht k.o. schlägt. So weh es ihm tut, Otto muß die Rolle weiter spielen und in Christians Stammlokal, dem »Trocadero«, dolce vita aufführen. Aber auch von solcher Show läßt sich die ebenso liebenswerte wie unerbittliche Gloria nicht bluffen; das Ende mit Schrecken steht bevor. Der allerletzte Ausweg: Otto muß untertauchen, mit ihm die verräterischen Bilanzen.

Sein Verschwinden irritiert nicht allein Gloria, sondern auch das biedere Polizistenpaar Nigl (Beppo Brem) und Wurzeneder (Franz Muxeneder), das eine öffentliche Belobigung für Otto vorbereitet, der 25 Jahre lang unfallfrei Auto gefahren ist. Prompt vertauschen sie sein Foto mit dem eines gesuchten Millionenbetrügers, und so beginnt eine atemberaubende Verfolgungsjagd. Otto, der bei einem Schulfreund Zuflucht zu finden hoffte, ist von Stund an auf der Flucht: durch Operationssäle, Schwimmbäder, Hippie-Keller, Beerdigungsfeiern und Damensaunas.

Professor Klemmke (Heinz Erhardt) begrüßt die Zuschauer des TV-Ratespiels »Was bin ich?« An Klemmkes Seite sitzt sein Freund Blacky, ein Bernhardiner, und Klemmke, nicht der Bernhardiner – trinkt einen Himbeergeist und dann ›noch 'n Himbeergeist‹. Da das Rateteam nicht da ist, muß Klemmke selber raten; dazu holt man einen »Mann von der Straße« – und der ist ausgerechnet Otto Zander. Da er noch immer von der Polizei gejagt wird, flieht er vor den

Fernsehkameras. »Ihr Schweinderl«, ruft ihm Klemmke hinterher.

So viel Herzeleid um einer Firma willen kann wohl niemand verlangen, nicht einmal Christian Bongert: er gesteht Gloria endlich den wahren Sachverhalt. Auf das offene Geständnis hat sie nur gewartet. Und da sie außer der Beauftragten des Konzerns auch die Tochter des Konzern-Chefs ist, steht einem geschäftlichen und privaten Happy-End nichts mehr im Wege. Und da Otto durch seinen zwangsweisen Umgang mit den hübschesten Frauen seine Schüchternheit ein für alle Mal verloren hat, fällt auch ihm der Lohn all der Angst zu – in Gestalt der schönen Annabelle.

WAS NICHT JEDER WEISS

Die Freiwillige Selbstkontrolle der Filmwirtschaft (FSK) machte sich den Jugendentscheid nicht leicht, der Film wurde ab 16 Jahren freigegeben: »Prokurist Otto Zander (Gunther Philipp) und sein Chef sitzen in der Klemme: Eine Revision steht bevor; es gilt - die Unregelmäßigkeiten der Buchführung ebenso zu verschleiern wie den Zweck des Lagers 6 (sex), das den privaten Amüsements des Chefs dient. Otto setzt sich, um seinen Chef zu decken, dem Verdacht aus, ein übler Sittenstrolch zu sein. Auf der Flucht vor der Polizei und der Revisorin absolviert er diverse Verwicklungen, flüchtet in und aus Betten, durch Nachtbars und Kliniken, Saunas und Hippiekeller, bis schließlich der Klamauk

happy endet. Das vordergründige Lustical bietet eine einzige Folge primitiver Situationskomik (Bewerfen mit Torte u. ä. m.) und gefällt sich vor allem in erotisch-sexuellen Zweideutigkeiten. Nach Meinung des Arbeitsausschusses darf von 16jährigen angenommen werden, daß sie die Zweideutigkeiten, Verlogenheiten und Anspielungen, die der Film bietet, als vordergründigen und billigen Klamauk durchschauen und als solchen beurteilen, zumal sie über genügend eigene, anders geartete Erfahrungen verfügen. Eine Freigabe für die darunterliegenden Altersstufen war auf Grund des Themas und wegen zahlreicher zweideutiger, sexuell-stimulierender Situationen, wegen des albernschwülen Milieus und wegen der frivolen Dialogtexte nicht möglich.«

O-TON HEINZ ERHARDT

»Meine Damen und die, die ihnen nachlaufen...«

KRITIK

»Regisseur Franz Antel ist nichts heilig, nicht die Polizei und – nicht einmal des bundesdeutschen Fernsehzuschauers liebstes Kind: ›Beruferaten mit Robert Lembke‹. Über das bunte Getümmel aus Bilanzen, Betten und duften Puppen strahlt ungeschwächt das gewisse Lächeln des unermüdlichen Mattscheiben-Fragekönigs – von Heinz Erhardt herzhaft gemimt. Zwischendurch gibt's viel Klamauk, Sex und Späßchen – etwa so originell wie der Name Otto im Titel.« (Mannheimer Morgen, 1968)

»Es ist ein Rendezvous der hochdotierten Spaßmacher. Gunther Philipp als begriffsstutziger Otto. Mady Rahl als verschmitzte

Vermieterin, Hubert von Meyerinck als freundlich zwinkernder Detektiv, Heinz Erhardt als Fernsehlöwe, Dietmar Schönherr als Playboy, Willy Millowitsch als grollender Vater und Beppo Brem als grimmer Polyp.« (Rheinische Post Düsseldorf, 1968)

»Hochsommerlich ist der Humor, den Regisseur Franz Antel in diesem Filmschwank serviert. Die Phalanx der Darsteller garantiert für pralles Gelächter: Gunther Philipp spielt mit kurzem Atem, augenrollend und nüsternbebend den mittelalterlichen Casanova,

der jeder Schürze nachrennt. An lautem Spaß steht ihm Willy Millowitsch nicht nach. Für die etwas leiseren und bekömmlicheren Töne sorgen Hubert von Meyerinck, Heinz Erhardt, Ralf Wolter und Beppo Brem. Die zur Verzierung eingesetzten Damen sind hübsch und unbedeutend. Wer grobkörnige Gaudi mag, wird gut bedient.« (Frankfurter Nachtausgabe, 1968)

»Otto jedenfalls geht schweren Zeiten entgegen. Als Playboy und Millionenbetrüger wird er gehetzt, verhauen, muß Torten-

schlachten überstehen, landet auf Operationsbetten und im Sarg – was eben so einem Drehbuchschreiber zum Thema Komik einfällt. Schließlich bekommt er die fleißige, aber trotzdem hübsche Sekretärin, während der Playboy-Chef mit der Revisorin aufs breite Lotterbett sinkt. Der Film ist so banal, daß Entrüstung sich schon nicht mehr lohnt. Man fühlt sich in die Steinzeit deutschen Lustspiel-Kintopps zurückversetzt... Der Film liegt gut im Rennen um die Palme des schlechtesten Films des Jahres.« (Filmbeobachter, 1968)

Links: Gunther Philipp in Bedrängnis zwischen Hannelore Auer und Jonas Csanyi
Rechts: Heinz Erhardt bei seiner liebenswürdigen Parodie auf Robert Lembkes Beruferaten »Was bin ich?«

Heinz Erhardt als nervöser Herr

Charley's Onkel
BR Deutschland, 1969
Erstaufführung: 18.4.1969
Produktionsfirma: Terra, Allianz
Produktion: Heinz Willeg
Regie: Werner Jacobs
Buch: Kurt Nachmann
Kamera: Werner Kurz
Musik: Raimund Rosenberger
Schnitt: Renate Willeg, Ursula Hummel
Darsteller:
Gila von Weitershausen (Charley)
Karl Michael Vogler (Boy)
Heidy Bohlen (Lilo)
Gustav Knuth (Tressblekken)
Erna Sellmer (Tante Cornelia)
Gunther Philipp (Dr. Krusius)
Edith Hancke (Helga)
Hubert von Meyerinck (Most)
Willy Millowitsch (Rütterbusch)
Andrea Rau (Dottie)
Heinz Erhardt (nervöser Herr)
Achim Strietzel (Sonnenfeld)
Loni Heuser (Frau Müggel)
Rolf Olsen (Egon Lommel)
Ralf Wolter (Polizist)
Hans Terofal (Weinsiedel)
Heinz Spitzner (Bornemann)
Herbert Weissbach (Pinkus)
Gerhard Frickhöffer (Langbein)
Rudolf Schündler (Dr. Bruhn)

Hans Waldherr (riesiger Herr)
Evelyn Gressmann (»Dame«)
Rudolf Beiswanger (Käpt'n Zapp)
Uwe Reichmeister (Pinkus jr.)
Karel Gott (Thaddäus)
Die vier Insterburgs

INHALT

Das »Erlebnis Familie« gehört zu den Lieblingsthemen der Komödienschreiber, die »Lieben Verwandten« liefern immer wieder Stoff zu Lustspielen. Der erfolgreichste Verwandten-Schwank kam vor über 100 Jahren auf die Bühne, die Verwechslungs-Kleider-Komödie »Charley's Tante«. Das Stück wurde in 24 Sprachen übersetzt. Wie das Theater hat auch der Film *Charley's Tante* zu einem Repertoire-Stück gemacht. Jede Generation hat ihre eigene Tante. Paul Kemp war 1934 die erste deutsche Film-Tante, Heinz Rühmann 1955 die zweite und Peter Alexander 1963 die dritte. Und in den German Classics von Bernd Eichinger für SAT.1 schlüpfte 1996 Thomas Heinze in die Titelrolle, wobei Regisseur Sönke Wortmann in seinem Remake die alte Story modernisierte. Natürlich spielte Werner Jacobs 1969 bei seinem Film auf dieses Erfolgsstück an, doch Charley's Tante ist hier in Wirklichkeit ein Onkel, ist ein Mann. Warum soll das Zugpferd nicht einmal in entgegengesetzter Richtung traben? Warum soll nicht auch einmal ein Onkel eine Tante sein? Eine Frau – in Männerkleidern?

Unter diesen umgekehrten Vorzeichen soll sich das Publikum an einer Fülle von Verwechslungen erfreuen: Carola, genannt Charley, ist ein junges Mädchen, das seinen Beruf gewissenhaft ausübt. Charley ist Fahrlehrerin. Aber sie hat das Pech, daß sich ihre Schüler in sie verlieben und den Schalthebel mit ihrem Knie verwechseln. Dem ist sie auf die Dauer nicht gewachsen. Sie kündigt und hält sich an ihre Freundin Lilo, die es bereits zu finanziellem Erfolg gebracht hat. Sie betätigt sich als Trösterin zahlreicher unverstandener Ehemänner aus der High Society. Als Lilo mit einem Verehrer auf Weltreise geht, ist Charley bereit, inzwischen auf die Wohnung aufzupassen. Aber dieser Freundschaftsdienst hat es in sich. Denn mit der Wohnung muß Charley die dort aus und ein gehenden Herren übernehmen. Eine glänzende Karriere steht ihr – wenn sie wollte – offen, denn der Betrieb in dem kleinen Apartment wächst.

Charley's Onkel ist ein alter Seemann, der ihr immer dann als Vorwand dient, wenn es gilt, sich einen unbequemen Liebhaber vom Halse zu schaffen. Eine sinnige Einrichtung veranlaßt den Portier, immer dann anzurufen und sich als der seinen Besuch ankündigende

Onkel auszugeben, wenn der jeweilige Besucher zur Unzeit erschien. Charley betätigt, für den Beruf ihrer Freundin ungeeignet, dauernd diese Notrufanlage. Schwierig wird die von Anfang an schon recht verfahrene Situation aber erst, als Charley sich in einen »ehrlichen« Flugkapitän verliebt, der sie seinerseits für ein Call-Girl hält. Schließlich taucht auch noch der echte Onkel mit einem »Schlachtschiff« von Eheweib auf...

WAS NICHT JEDER WEISS
Der Arbeitsausschuß der Freiwilligen Selbstkontrolle der Filmwirtschaft (FSK) hat am 9. April 1969 den Film *Charley's Onkel* geprüft und ab 18 Jahren freigegeben, eine Freigabe ab 16 Jahren dagegen abgelehnt. Gegen die Prüfentscheidung des Arbeitsausschusses hat die Verleihfirma Berufung eingelegt mit dem Antrag auf Freigabe des Films ab 12 Jahren: »Die Berufung ist zulässig, hatte jedoch keinen Erfolg«, beschied der FSK-Hauptausschuß.

In der Begründung heißt es dazu: »Zwar ist Jugendlichen der obersten Altersgruppe die Tatsache, daß es Callgirls gibt und das solche Mädchen oft ein luxuriöses Leben führen weitgehend bekannt. Auch ist in dem Film die Darstellung der Männerbesuche in der Woh-

nung des Callgirls – bis auf wenige Bildeinstellungen, – die durch entsprechende Schnittauflagen erfaßt werden könnten – zurückhaltend und ausgesprochen schwankhaft. Abträglich für die sozialethische Erziehung Jugendlicher erscheint jedoch auch dem Hauptausschuß mit welcher unkritischer Selbstverständlichkeit hier das Callgirl-Milieu, auch im Hinblick auf die anständige Schulfreundin des Callgirls, gezeigt wird und wie drastisch die bürgerliche Ehe des Schiffskapitäns lächerlich gemacht wird (ärztlich empfohlenes Abreagieren seines ehelichen Zorns durch Bewerfen des Bildes seiner Frau mit Eiern und Tomaten). Hinzu kommt, daß der Dialog des Films in sexueller Hinsicht eine Fülle von schlüpfrigen Bemerkungen

und libertinen Äußerungen enthält. Deshalb ist der Film für Kinder und Jugendliche unter 18 Jahren nicht geeignet, so daß die Berufung als unbegründet zurückzuweisen war.«

O-TON HEINZ ERHARDT
In *Charley's Onkel* ist der Auftritt von Heinz Erhardt sehr kurz – nicht ganz zwei Minuten lang. Er absolviert einen Mini-Auftritt als Vertreter für ein Spray namens »Sprühteufelchen«, eine Art Luftbefeuchter mit Duft, in den Größen »A, B und Cis«. Der Preis: »Da legen Sie sich glatt hin – 320 Mark für zwei Personen.« Niemand will kaufen. »310?«, fragt er zaghaft. Dabei spritzt er die ganze Zeit Willy Millowitsch an.

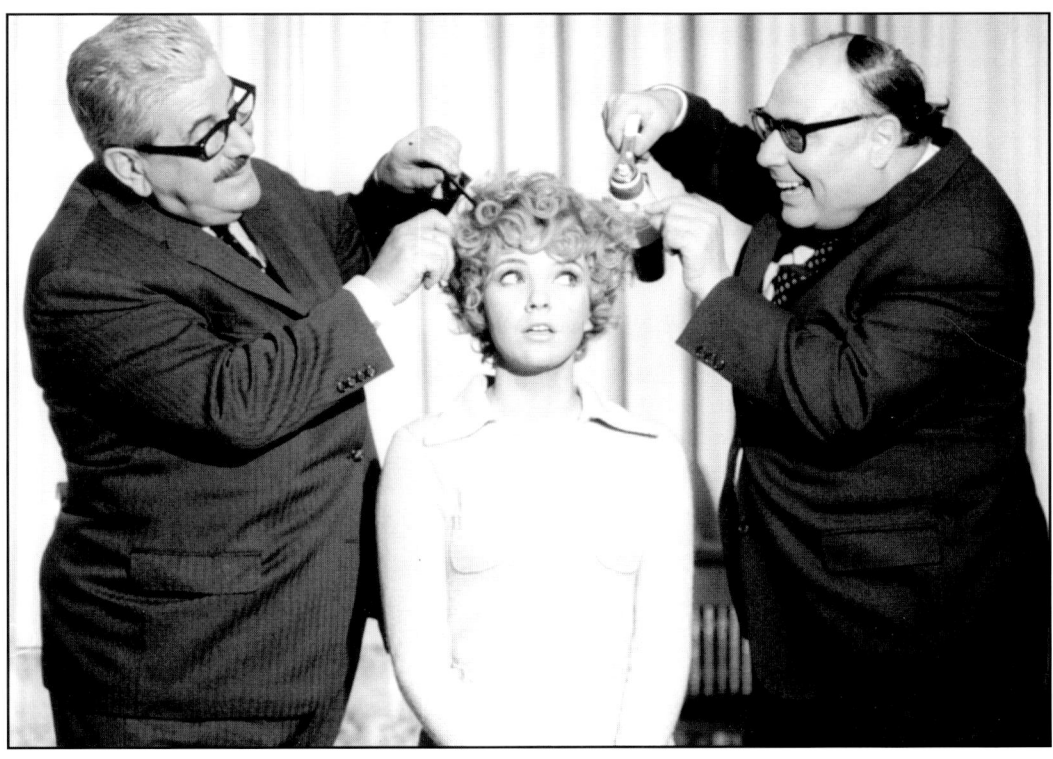

Der nervöse Herr Erhardt und Willy Millowitsch nähern sich dem vermeintlichen Playgirl Gila von Weitershausen auf sehr »originelle« Weise

KRITIK

»Jedermann kennt *Charley's Tante*, den klassischen Schwank englischer Provenienz, zu dem jeder Star greift, wenn ihn die Sehnsucht nach Weiberröcken packt, wenn es ihn gelüstet, hochhackig als Transvestit über die Bretter zu stolzieren, die die Welt bedeuten. Auf diese Titel-Signalwirkung hat die Constantin-Film, die es ja seit Jahren versteht, Schmarrn an den Mann zu bringen, gebaut, als es galt, einmal mehr Sexklamauk zu machen. Ergebnis: dieser Film. Wenn Tante Cornelia, die strenge Kapitänsfrau, ihren üppigen Matronenbusen in eine Uniformjacke zwängt, dann zuckt des Spießers Humornerv. Und dabei gibt es noch viel Lustigeres zu belachen! Und auch für Nuditäten ist gesorgt. Es wurden wieder einmal keine Kosten und Mühen gescheut. Und wenn einer kommt und Zeitgemäßes heischt, kann man ihm vorhalten, daß Insterburg und Co., die Bürgerschrecke, an dem Werk zur höheren Ehre des deutschen Films mitgewirkt haben. Wer es wissen will: Urlaub vom Beruf, von der Schauspielerei, nehmen, in der Reihenfolge des Programmzettels, Karl-Michael Vogler, Gustav Knuth, Willy Millowitsch, Rudolf Platte, Hubert von Meyerinck, Erna Sellmer, Edith Hancke. Dazu ein paar Namen vom Kabarett. Wie ich Gila von Weitershausen placieren soll, weiß ich nicht recht. Der Rest ist oben ohne. Ein Film für *Charley's Tante*.« (Die Presse Wien, 1969)

»Spätestens nach einer Viertelstunde erweist sich *Charley's Onkel* als sehr zweifelhafter Verwandter der seligen Tante, und die Anspielung im Titel ist nach dem dritten und vierten und allen weiteren sich ähnelnden Gags das einzig Witzige an diesem Mach-werk. Der verschämt enthüllte Busen der Gila von Weitershausen, der markige Seemannslook Gustav Knuths, neckische Transvestitenspiele (in der Tante unvergleichlich origineller) der mädchenumworbene Flugkapitän Michael Vogler (wie könnte es bei einem Flieger anders sein) hindern den Zuschauer auch nicht mehr, nach der ersten Stunde Verwechslungsspiel diskret in Richtung Leinwand zu gähnen.« (Frankfurter Neue Presse, 1970)

»Der Film lebt spürbar von den Zinsen seines berühmten Vorgängers, doch sind diese durch die Inflation einigermaßen wertlos geworden. Die Dame Charley ist ihres Jobs als Fahrlehrerin überdrüssig geworden, weil sie von den Schülern immer befummelt wird, und vertritt nun, wie logisch, ihre Freundin Lilo als Call-Girl. Daß ihr dabei nichts zustößt, dafür sorgen die fingierten Anrufe eines falschen Onkels. Der richtige Onkel aber gerät durch seinen Doppelgänger in eine böse Lage. Der Regisseur Werner Jacobs nimmt Klamotteneffekte aus dem alten Kintopp, Volkstheaterhumor von Millowitsch, blanke Busen und ein noch immer strahlend weißes Engelchen aus der Schule der Jungfilmer (Gila von Weitershausen) und rührt das alles zu einem Eintopf zusammen, der zusätzlich mit einiger Altersprominenz (Gustav Knuth, Hubert von Meyerinck, Heinz Erhardt) aufbereitet wird.« (Der Tagesspiegel, Berlin 1969)

»Früher gingen die Filmemacher nach Oberbayern, wenn es lustig werden sollte. Heute fangen sie nur einen Hauch von trautem Heimat-Dunst und dafür viel Jet-Set-Atmosphäre ein – das genügt. Dazu die alte Komikergarde des deutschen Films, die komi-schen Typen des jungen Films, ein paar stramme entblößte Busen, ein paar Witzchen über aufsässige Studenten, LSD und Pop – der Normalverbraucher im Kinosessel soll jubeln. Wenn dazu noch Sentiment-Sänger Karel Gott zwei Liedchen trällert und als Andeutung eines Striptease zwei Knöpfe öffnet, könnte eigentlich dem konstanten Kasse-Klingeln nichts mehr im Wege stehen – meint in diesem Falle Regisseur Werner Jacobs. Und so hüpft denn ›Engelchen‹ Gila von Weitershausen als vermeintliches Callgirl im Negligé vor dem angeregten Millowitsch, Gustav Knuth, Karl-Michael Vogler, Heinz Erhardt und Hubert von Meyerinck. Bei Edith Hancke, Loni Heuser, Ralf Wolter läßt sie die Bluse zu. Die Insterburgs spielen auch mit. Es wird der alte Klamauk vom wechselnden Bäumchen gespielt, bis alle an der richtigen Stelle sind – jedem Komiker seinen Auftritt. Opas Kino ist eben immer noch nicht tot.« (Der Abend Berlin, 1969)

»Ein namhaftes Darsteller-Ensemble spielt in dem erotischen Aufguß des liebenswerten Bühnen-Bestsellers ›Charley's Tante‹ unter neuem Titel. Die Inszenierung von Werner Jacobs zeigt sich oft recht glanzlos.« (Filmecho-Filmwoche, 1969)

»Carla findet schließlich nach Mißverständnissen einen Ehemann (außerhalb des Besucherkreises), wie auch ihre Freundin, die sich einen ahnungslosen Geschäftsmann geangelt hat. Vorher gibt es aber noch Verwicklungen, als jener Hilfsonkel tatsächlich auftaucht, verfolgt von seiner mißtrauischen Frau. Zwischendurch schimpft einer der ›Insterburgs‹, als Künstler mit Badehose bekleidet, auf die ›Scheißbürgerlichkeit‹ und bedient sich, wie witzig, des studentischen

Polit-Vokabulars, wenn er nicht gerade schläft. Ein neues mit der ›Unmoral‹ kokettierendes Produkt der Schwank- und Klamottenwelle, in dem in winzigen Röllchen mitwirken: Hubert von Meyerinck, Gunter Philipp, Willy Millowitsch, Heinz Erhardt, Karel Gott, Achim Strietzel, Andrea Rau, Edith Hancke, Ralf Wolter und die ›4 Insterburgs‹. Viel mehr ist dazu auch nicht zu sagen. Klamottenfilm, der simple Gemüter auf billige Weise unterhalten will, es sich aber in Buch und Regie über das Erträgliche weit hinaus allzu leicht macht. Öde Langeweile.« (Evangelischer Filmbeobachter, 1969)

»Mit dem Titel dieses filmischen Scherzartikels wird auf gedankliche Verbindungen zu Brandon Thomas ›Charley's Tante‹ spekuliert. Das ist ein herzhafter Schwank aus Großvätertagen, der bei aller Travestie bestimmte Grenzen nicht überschreitet. Mit solchen Rücksichten hat *Charley's Onkel* nichts gemein. Geistige Verwandtschaft hat er vielmehr zu der üblen Zotengesinnung, mit der 1955 eine Neuverfilmung von *Charley's Tante* bewerkstelligt wurde. Die Handlung ist auf Schlüpfrigkeit und Entkleidungsanlaß abgestellt... Sie spielt die Prostituierte aber nur zum Schein. Die ›realen‹ Liebesansprüche der Kundschaft verhindert sie mit Hilfe eines Hausmeisters, der im letzten Augenblick immer als ›Onkel‹ eingreift. Zwischengefädelt sind immer wieder ins ›Pikante‹ überleitende Ereignisse in einem Sanatorium, wo pensionierte Seebären zur inneren Entlastung die Großfotos ihrer Ehefrauen mit Eiern und Tomaten bombardieren, und wo eine als Mann verkleidete alte Kapitänsfrau ihres vermeintlich untreuen Ehemannes habhaft zu werden versucht. – Wieder einmal ward die angebliche Komikerelite von Millowitsch bis Philipp zu provinziellem Klamauk und unsauberem Albern verpflichtet. Kein Situationsgag, der in ähnlicher Form nicht schon einmal auf der Filmleinwand erschienen wäre. Teilweise ist das, was als lustig empfunden werden soll, nur hochgradig peinlich. Solcherart Gefühle bewirkt vor allem Erna Sellmer als travestiertes Kapitänsmuttchen, und das um so mehr, als ihre Charakterkunst einen echten tragikomischen Ton ins Spiel bringt, der hierher eigentlich nicht ›paßt‹, und der das Inhumane einiger Sequenzen ungewollt entlarvt. Die Addition von fadem Klamauk, Nuditäten und ordinären Pointen ergibt ein Kinostück, das den ›humoristischen Notstand‹ des deutschen Lustspielfilms erneut beschämend verdeutlicht. – Wir raten ab.« (Katholischer Filmdienst, 1969)

Edith Hancke, Gila von Weitershausen und Willy Millowitsch lauschen gebannt dem Verkaufstalent Heinz Erhardt

Heinz Erhardt als Herr Weichbrodt

Warum hab' ich bloß 2x ja gesagt?
Der liebestolle Schlafwagenschaffner
BR Deutschland/Italien, 1969
Erstaufführung: 5.9.1969
Produktionsfirma: Terra, Fida
Produktion: Carl Szokoll
Regie: Franz Antel
Buch: Kurt Nachmann, Günter Ebert, Vichi Vittoriano, Mario Guerra
Kamera: Hanns Matula
Musik: Gianni Ferio
Schnitt: Gertrud Petermann, Luciano Anconetani
Darsteller:
Terry Torday (Ingrid)
Peter Weck (Klaus)
Ann Smyrner (Püppi)
Heinz Erhardt (Weichbrodt)
Willy Millowitsch (Verkehrsminister)
Lando Buzzanca (Vittorio)
Raffaela Carra (Theresa)
Jacques Herlin (Dr. Pellegrini)
Fritz Muliar (Zollbeamter)
Andrea Rau (Marisa)
Rainer Basedow (Alex)
Judith Domys (Luisa)
Barbara Zimmermann (Tina)
Hans von Borsody
Graziella Granata
Franco Giacobini
Edith Hancke

Gerd Wiedenhofen
Rosemarie Lindt
Ugo Carboni
Anita Durante
Aldo Rendine
Grazia Di Marza

INHALT

Heinz Erhardt löst ungewollt eine Katastrophe aus. Der Schlafwagenschaffner Vittorio Coppa (Lando Buzzanca) pendelt lustvoll zwischen seinen beiden Ehefrauen (Terry Torday und Raffaela Carra) an den Endstationen seiner Strecke München-Rom hin und her. Das wird dem Lüstling aber zur Last, als Herr Weichbrodt (Heinz Erhardt) aus dem Münchner Zentralbüro der Schlafwagengesellschaft anruft (während Vittorio gerade mit seiner deutschen Frau im Bett liegt), und ihm erklärt, er müsse für einen Kollegen einspringen. Dadurch gerät sein Fahrplan durcheinander. Herr Weichbrodt ist ein sehr nervöser und vergeßlicher Mensch. Er flucht, wenn er eine Karteikarte nicht finden kann, schmeißt erst den ganzen Stapel Karteikarten runter und legt dann den Telefonhörer trotzig auf.

Später muß Coppa zu Weichbrodt ins Büro. Der eröffnet ihm, daß er in die Verwaltung versetzt werden soll. Vittorio ist entsetzt.

Derweil rufen Klaus (Peter Weck) und Marisa (Andrea Rau) an, daß sie ihre Pässe im Zug verloren haben. Weichbrodt ist wirklich sehr zerstreut: Nach dem Telefongespräch steckt er den Hörer in die Hosentasche. Seine Zerstreutheit geht schließlich so weit, daß Weichbrodt Vittorios römischer Frau versehentlich Coppas Münchner Adresse gibt. Das führt letztendlich zu Coppas Verurteilung als Bigamist, wobei sich herausstellt, daß er noch eine dritte Frau hat. Das alles aber hindert ihn nicht daran, als er nach Verbüßung seiner Strafe die Strecke Rom-Paris fährt, auch noch eine Französin zu heiraten.

WAS NICHT JEDER WEISS

»Filmideen können überall entstehen. In einer Blödelrunde mit Freunden oder beim Schmökern in einer Bibliothek der Klassiker. Beim Gespräch mit dem Hausarzt oder bei der morgendlichen Zeitungslektüre«, bemerkt Franz Antel in seiner Autobiographie. »Mich faszinierte beispielsweise einmal die Meldung über einen Schlafwagenschaffner, der gleichzeitig mit zwei Frauen verheiratet war. Sofort sah ich einen Filmstoff und setzte mich mit Kurt Nachmann zusammen, um die Story zu erfinden: Vittorio, ein hormongeladener Sizilianer, ist Schlafwagenschaffner auf der Strecke München-Rom. Am Tiber lebt er mit der heißblütigen Theresa und an der Isar mit Gattin Nr. 2, der braven Ingrid zusammen. Solange der Fahrplan stimmt, ist es für ihn keine Kunst, zweigleisig zu fahren. Aber man weiß, wie das in Italien ist: Zumindest in der Hauptverkehrszeit kommt der große Streik. Und nun entgleisen Vittorios geschickteste Schachzüge. Der Film sollte heißen: *Warum hab ich bloß' 2x ja gesagt.* Die Geschichte bot Verwicklungen genug für eine rasante Komödie, jetzt galt es nur noch für die rasante Finanzierung zu sorgen. Aber diesen Drahtseilakt zwischen allerlei Co-Produzenten habe ich seltsamerweise immer wieder lebend überstanden. Als Hauptdarsteller bekamen wir den beliebten italienischen Komiker Lando Buzzanca, seine deutsche Gattin gab Terry Torday, und Willy Millowitsch spielte – als sei er nie etwas anderes gewesen – einen italienischen Verkehrsminister. Für die italienische Ehefrau holte ich mir eine schöne, aber kaum bekannte Darstellerin: Raffaela Carra, die heute eine eigene TV-Show hat und im Zuge des Konkurrenzkampfes zwischen der RAI und dem Mediengiganten Berlusconi zu einem der höchst bezahlten Fernsehstars der Welt geworden ist.«

Der Arbeitsausschuß der Freiwilligen Selbstkontrolle der Filmwirtschaft (FSK)

mochte den Film *Warum hab' ich bloß 2x ja gesagt*, der später auch unter dem Titel *Der liebestolle Schlafwagenschaffner* in den Kinos lief und noch später unter dem Titel *Doppelt verheiratet hält besser* als Video-Kassette herausgebracht wurde, überhaupt nicht locker betrachten. Das Ergebnis lautete deshalb: Freigegeben ab 18 Jahren. Die Begründung liest sich so: »Ein italienischer Schlafwagenschaffner hat am gleichen Tage in Rom und in München geheiratet. Er findet die doppelte Ehe sehr moralisch, weil er ›legalisiert‹ hat, was andere heimlich tun. Während seines dienstlichen Pendelverkehrs wird seine Hilfe auch noch von verheirateten Pärchen und einsamen Frauen in Anspruch genommen. Natürlich kommt eines Tages der ganze

Schwindel heraus. Er ist außerdem schon von früher her noch rechtmäßig verheiratet, so daß die beiden dargestellten Ehen ungültig sind. Trotz seiner Bestrafung heiratet er am Ende des Films wieder, diesmal in Paris, dem neuen Endpunkt seiner Schlafwagenroute. Neben einigen Voyeur-Szenen und einer ärztlichen Untersuchung des Mannes auf seine Potenz sind an vielen Stellen die Dialoge sehr anzüglich. Die Freigabe ab 16 Jahren ist beraten worden. Vom Thema und von der gesamten Darstellung her würden Jugendliche in ihrer Entwicklung gefährdet. Auch durch Bild- oder Textstellen würde sich daran kaum etwas ändern lassen. Ergebnis: freigegeben ab 18 (achtzehn) Jahren.«

**Heinz Erhardt möchte Lando Buzzanca
in die Verwaltung versetzen**

O-TON HEINZ ERHARDT

»Himmel, Gesäß und Nähgarn.«

»Bei uns in der Kartei herrscht Ordnung.«

»Ich habe ein großes Bedürfnis und möchte diesem gerne freien Lauf lassen – und recht herzlich gratulieren.«

»Im nebenstehenden Film hatte ich nur einen Drehtag, mit einer allerdings ganz lustigen Szene. Obwohl ich in diesen 90 Minuten nur ca. fünf Minuten zu sehen bin, plakatiert man mich ganz groß. Ich finde das nicht richtig, und deshalb werde ich nur noch große bzw. Hauptrollen annehmen.«

KRITIK

»Lange geht's gut, doch geschieht das, was der Psychiater voraussagte: Der Schlafwagenschaffner, der eine Ehefrau in Rom und eine zweite in München hat, bringt die Ingrid mit der Teresa durcheinander. Ist Vittorio in Rom – ist er in München? Er kann die Städte und die Ehefrauen nicht mehr auseinanderhalten. Am Ende ergibt sich, daß er ein drittes Mal ›ja‹ auf Sizilien sagte. Für ein schnörkellos auf Klamotte getrimmtes Buch fand Franz Antel eine ideale Besetzung. Lando Buzzanca ist ein brillanter Komödiant in der Hauptrolle, Heinz Erhardt ein prachtvoller Wort-Feuerwerker, und die Damen – allen voran Terry Torday – steuern charmanten Sex bei. Viel Gaudi, kein Tiefgang – dafür keine Lange-

weile. Das Publikum applaudierte. Nicht nur, wie zu hören war, in der Vorstellung, die der Rezensent besuchte.« (Filmecho-Filmwoche, 1969)

»Die Story liest sich ganz amüsant: Ein für weibliche Reize nicht unempfänglicher Italiener, von Beruf Schlafwagenschaffner, hat das Problem seiner Betreuung an den Endpunkten seiner ständigen Fahrtroute auf seine Weise gelöst. Er hat sowohl in München als auch in Rom eine ihm in aller Form angetraute Frau. Die in München nimmt freiwillig die Pille, weil sie keine Kinder haben will, die in Rom nimmt sie, weil sie Kinder haben möchte, arglistig getäuscht als Vitamintabletten. So lange alles normal verläuft, gibt es keine Komplikationen, aber die geringste Unregelmäßigkeit im Dienstablauf, sei es die drohende Versetzung in die Verwaltung, der Streik der italienischen Eisenbahner oder gar sein Geburtstag, den beide Frauen gemeinsam mit ihm feiern wollen, bringt Aufregungen mit sich. Der Arzt, zu dem ihn seine römische Frau schleppt, weil sie bei ihm die Ursache für ihre Unfruchtbarkeit vermutet, prophezeit ihm, als er die Sache mit den ›Vitamintabletten‹ erfährt, er werde bald Rom mit München und die eine Frau mit der anderen verwechseln. Tatsächlich ist dieser Zustand bald eingetreten und erreicht seinen Höhepunkt, als ihn die beiden mißtrauisch gewordenen Frauen in der Münchener Wohnung abwechselnd bedienen und narren. Das hin-

Der Verkehrsminister Willy Millowitsch trainiert daheim

dert den entlarvten Bigamisten aber nicht, am Zielort einer neuen Route, Paris, schnell wieder eine zweite Frau zu heiraten. Was die Story verspricht, kann der Film nicht halten. Er erhebt sich nicht nur nicht über das Niveau eines burlesken Schwanks, sondern mißachtet auch die Grenzen des guten Geschmacks. Wo er witzig werden will, wirkt er vielfach peinlich; wo er Frivolität versucht, gibt er sich ordinär wie Männerwitze und Zoten. Die ärgste Entgleisung ist die Untersuchung beim Arzt, wo eine rassige Sprechstundenhilfe im Miniröckchen die Männlichkeit des als impotent verdächtigen Patienten herausfordert. Übel ist auch, wenn er sich als Angeklagter vor Gericht damit herauszureden versucht, daß er das, was andere neben der Ehe täten, als ›moralischer Mensch‹ nur in der Ehe hätte vollziehen wollen. Ein Lustspiel sollte dieser mit der linken Hand (unter Mitwirkung von Heinz Erhardt und Willy Millowitsch) inszenierte Film werden. Ein Trauerspiel ist er geworden, vor allem deshalb, weil er verrät, welch eine geringe Meinung die Filmleute von den potentiellen Besuchern ihres Werkes haben. – Erhebliche Einwände.« (Katholischer Filmdienst, 1969)

»Vittorio (Lando Buzzanca) ist ein pfiffiger italienischer Schlafwagenschaffner von Sizilien. Aus Liebes- und Bequemlichkeitsgründen hat er – zwei Frauen: die eine in Rom, die andere in München, jeweils an den Endpunkten seiner anstrengenden, ihn oft auch

in heikle Situationen bringenden Nachtfahrten über den Brenner. Lange geht es gut. Doch dann mehren sich leider die Schwierigkeiten. Vor allem, als er einen Kollegen zu vertreten hat, als ein Eisenbahnerstreik droht und – als Frau Teresa (Raffaela Carra) ihren lieben Mann überraschend zum Geburtstag in München besucht, wo sie natürlich auf Frau Ingrid (Terry Torday) stößt. Zum Schluß weiß im Spiel der Verwicklungen Vittorio überhaupt nicht mehr, wo er sich eigentlich befindet: im Schatten der Frauenkirche oder des Petersdoms. Zuletzt offenbart sich jedoch vor Gericht, daß der Schlimme auch noch eine dritte vor den beiden anderen geheiratet hatte. Aber der leicht bedepperte Zuschauer erfährt in der allerletzten Einstellung, daß

unser fröhlicher Trigamist, versetzt zum Schlafwagen Rom-Paris-Rom, eine hübsche kleine Französin zur weiteren Ehefrau auserkoren hat.« (Evangelischer Filmbeobachter, 1969)

»Mäßig lustiges Lustspiel um einen Schlafwagenschaffner, der sich als Bi- bzw. Trigamist entpuppt. Mit kurzen Auftritten von Heinz Erhardt als vergeßlichem Bahnbeamten.« (Heyne Film Lexikon)

»Komödie. Gelungene Darstellung der Hauptrolle durch Lando Buzzanca, der einen Schlafwagenschaffner und Bigamisten spielt: Eine seiner Frauen sitzt in Rom, die andere in München. Turbulenzen liegen in der Luft.« (Gong-Lexikon Filme im Fernsehen)

**Bitte nicht weitersagen:
Ich hab' schon viermal ja gesagt!**

179

Heinz Erhardt als Onkel Fritz

Klein Erna auf dem Jungfernstieg;
BR Deutschland, 1969; Erstaufführung:
31.10.1969; Produktionsfirma: Studio;
Regie: Hans Heinrich; Buch: Janne Furch,
Dieta Borchers; Kamera: Bob Klebig;
Musik: Gerhard Winkler
Darsteller:
Heidi Kabel (Tante Frieda)
Gitta Zeidler (Klein Erna)
Rodney Geiger (Heini)
Harald Juhnke (Ernas Vater)
Heinz Erhardt (Onkel Fritz)
Erna Sellmer (Ehefrau Martha)
Almut Eggert (Käthe Pumeier)
Karl Tischlinger (bayrischer Gast)
Ruth Stephan
Loni Heuser
Edgar Bessen
Petra von der Linde
Rudolf Beiswanger
Martin Holm
Bernd Kranz
Friedrich Schütter

INHALT

Die bekannte »Klein Erna«-Buchserie diente als Drehbuchgrundlage für die Verfilmung mit Gitta Zeidler in der Hauptrolle. Die sorgt als neunjährige Göre Erna in ihrem Heimatviertel am Hamburger Hafen täglich mit diversen Streichen für gehörigen Aufruhr in der Nachbarschaft. Ernas Vater (Harald Juhnke) ist als Schiffssteward schon seit Jahren auf hoher See und will erst dann wieder zu seiner Familie zurückkehren, wenn er genug Geld verdient hat, um das verlorengegangene Haus zurückzukaufen.

Klein Erna, stadtbekannte Hamburger Göre, steht vor den großen Ferien. Ihre Mutter Käthe (Almut Eggert) und ihre Tante Frieda (Heidi Kabel) versuchen, die Neunjährige bei verschiedenen Verwandten unterzubringen, aber umsonst: Das altkluge, immer zu Streichen und Kommentaren aufgelegte Mädchen kann die Trennung von zu Hause gerade noch verhindern. Nebenbei übt sie auf die Verwandten einen guten Einfluß aus und kittet beziehungsweise stiftet Ehen zur Genüge. Die Mutter, die als Kellnerin in einem Hafenrestaurant arbeitet, hat kaum Zeit, sich um ihre unternehmungshungrige Tochter zu kümmern. Statt dessen findet Klein Erna in Heini (Rodney Geiger), dem gleichaltrigen Sohn des Lokalbesitzers, einen idealen Kompagnon, um sich die Zeit mit grobem Unfug zu vertreiben. So lösen die beiden Kids falschen Feueralarm auf einem Boot aus, sperren Ernas unausstehliche Tante (Heidi Kabel) in einen Hundekäfig ein und träufeln dem dicken, trinkfreudigen Hundezüchter Onkel Fritz (Heinz Erhardt) Spülmittel ins Getränk, um ihm einzureden, er sei an Tollwut erkrankt. Bevor Ernas Streiche größere Ausmaße annehmen, kommt Ernas Vater Peter nach vier Jahren aus Übersee überraschend wieder an Land und hat auch das nötige Geld für den Wiedererwerb des Eigenheims in der Tasche. Ernas glückliche Mutter Käthe braucht nun nicht mehr zu jobben und kann sich endlich um die bislang vernachlässigte Erziehung ihrer Tochter kümmern. Und Ernas Tante, die sich zwischenzeitlich in einen bayrischen Gast (Karl Tischlinger) verguckt hat, trägt den Kindern vor lauter Liebesglück die üblen Streiche nicht weiter nach.

WAS NICHT JEDER WEISS

In der Video-Auswertung erhielt der Film den Titel *Eine verrückte Familie.* Im Verlauf der Dreharbeiten vertraute Heinz Erhardt seinem Tagebuch an: »An diesem Tag machte ich meine erste Alsterfahrt mit einem für den Film gecharterten Dampfer. Jetzt weiß ich erst – nach 21 Jahren – wie schön Hamburg ist. Die Kleine ist ein lieber Kerl und hat auch schauspielerisches Talent – bloß sprechen kann sie nicht... Na ja, der ganze Film ist Schweigen wir darüber!

O-TON HEINZ ERHARDT

»Mich hungert. Was ist denn nun mit dem Abendbrot?«

»Du hast aber einen schäumenden Humor.«

»Lassen Sie den Herrn Hund ruhig hier, das macht so gut wie wenig.«

Dem trinkfreudigen Hundezüchter Heinz Erhardt träufelt Gitta Zeidler Spülmittel ins Getränk

Klein Erna
auf dem
Jungfernstieg

»In Millionen Büchern hat Klein Ernas Kindermund schon Hamburgischen Humor demonstriert. Es drängte sich fast auf, dieses Original auch auf der Leinwand seine Späße treiben zu lassen. Die Schwierigkeit für die Autoren lag nur darin, die Vielzahl der z. T. allseits bekannten Witze zu einer brauchbaren Handlung zusammenzustricken. Der Krampf bei der Arbeit zeigte sich im Resultat leider allzu deutlich. Regisseur Hans Heinrich verschenkt zudem eine Reihe von Pointen, die das Buch noch serviert, oder er modelliert sie zu lieblos heraus. Vor allem aber bleibt das Hintertreppenmilieu, aus dem heraus Klein Erna lebt, vollkommen auf der Strecke. Der Versuch, das Geschehen in eine ›bürgerliche Atmosphäre‹ zu verpflanzen, nimmt der Titelgestalt die Ausstrahlungskraft der Urwüchsigkeit. Hamburgs Fremdenverkehrswerbung wird sich über die zahlreichen bunten Prospektbilder zwar freuen, die Menschen jedoch, um die es hier letztlich geht, sind – von wenigen Ausnahmen abgesehen – Typen, die überall zu Hause sein könnten und nur zufällig in Hamburg zu weilen scheinen.« (Filmecho-Filmwoche, 1969)

»Der Vater Klein-Ernas ist in der weiten Welt, ihre Mutter arbeitet als Bedienung in einer Imbißstube, ihre Tante kümmert sich um sie und verguckt sich in einen Bayern in Hamburg, bei ihren Onkels und Tanten verbringt Klein-Erna ihre Ferien, bis die ihre

Oben: Eine Hafenrundfahrt in Hamburg:
Gitta Zeidler und Heinz Erhardt sind an Bord
Unten: Trink, Onkel Fritz, trink und laß die Witze

Streiche satt haben. Dann kommt der Vater nach Hause, und alles ist wieder gut. Der Film ist thematisch etwa ein Gegenstück zu den erfolgreichen Verfilmungen der Malpass-Romane (*Morgens um sieben ist die Welt noch in Ordnung* und *Wenn süß das Mondlicht auf den Hügeln schläft*), nur ist das Drehbuch hier erheblich simpler, es besteht praktisch nur aus einer Aneinanderreihung von Klein-Erna- und anderen Witzen, die reichlich angejahrt sind. Daß man manchmal doch lacht, liegt an einigen Komikern (Loni Heuser, Heinz Erhardt), die so überziehen, daß es wieder komisch wird, trotz des Textes, und an dem Spiel der Titelheldin, der noch ein kleiner Spielfreund zugesellt ist.« (Evangelischer Filmbeobachter, 1969)

»An einem dünnen Handlungsfaden aufgereihte Episoden um Klein Erna, ein Hamburger Mädchen mit losem Mundwerk. Kaum originelle, meist derb-klamaukhafte Unterhaltung.« (Katholischer Filmdienst, 1969)

»Eine Hamburger Göre und ihre Streiche. Klein Erna aus Hamburg (Gitta Zeidler) steckt ihre Nase dort hinein, wo sie garantiert nichts zu suchen hat. Und zusammen mit Klein Heini (Rodney Geiger) spielt sie den Erwachsenen so manchen Streich. In den sechziger Jahren gab es sogar Schallplatten mit schlüpfrig-harmlosen Klein-Erna-Witzen. Kalauer, so flach wie das Land im Norden.« (TV-Movie, 1997)

Oben: Der Puls rast, das liegt an den Streichen von Klein Erna: Erna Sellmer und Heinz Erhardt
Unten: Na, wie fühlt man sich denn so im Hundezwinger?

Klein Erna
auf dem
Jungfernstieg

Heinz Erhardt als Heinrich Scheller

Die Herren mit der weißen Weste; BR Deutschland, 1969; Erstaufführung: 12.3.1970
Produktionsfirma: Rialto-Film Preben Philipsen; Produktion: Horst Wendlandt; Regie: Wolfgang Staudte; Buch: Paul Hengge, H.O. Gregor; Kamera: Karl Loeb; Musik: Peter Thomas; Schnitt: Jane Sperr
Darsteller:
Martin Held (Herbert Zänker, Oberlandesgerichtsrat a. D.)
Heinz Erhardt (Heinrich Scheller, Regierungsdirektor a.D.)
Willy Reichert (Sikorski, Kriminalrat a. D.)
Rudolf Schündler (Diplom-Ingenieur Stademann)
Walter Giller (Kriminalinspektor Walter Knauer)
Agnes Windeck (Elisabeth Zänker)
Mario Adorf (Dandy Stiegler Box-Promoter)
Hannelore Elsner (Susan)
Rudolf Platte (Kellner Pietsch)
Siegfried Schürenberg (Kommissar Berg)

INHALT

Während seiner Amtszeit ist es dem Oberlandesgerichtsrat a. D. Herbert Zänker (Martin Held) nicht gelungen, den berüchtigten Ganoven Bruno Stiegler (Mario Adorf), genannt Dandy, einer Straftat zu überführen und ins Gefängnis zu bringen. Dieses »Versagen« quält und ärgert Zänker noch als Pensionär. Herbert lebt zusammen mit seinem Schwiegersohn, Kriminalinspektor Knauer (Walter Giller), und seiner schwerhörigen Schwester Elisabeth (Agnes Windeck). Nach mehrjähriger Abwesenheit landet Dandy in Berlin, freudig begrüßt von Susan (Hannelore Elsner) und einer Handvoll Ganoven, unter ihnen Pietsch (Rudolf Platte), der gerade wieder einmal zwei Jahre abgesessen hat. Das blieb Dandy erspart, obwohl er mehr auf dem Kerbholz hat als Pietsch. Im Gegensatz zu Pietsch konnte Dandy, nach außen hin Boxpromotor, nie etwas nachgewiesen werden.

Als Zänker von Stieglers Rückkehr erfährt, ruft er seine ebenfalls pensionierten Freunde Regierungsdirektor a. D. Scheller (Heinz Erhardt), Kriminalrat a. D. Sikorski (Willy Reichert) und Diplom-Ingenieur Stademann (Rudolf Schündler) zusammen: Mit den betagten, aber durchaus rüstigen Herren entwickelt er einen genialen Plan, wie er mit erstaunlichen kriminellen Aktivitäten den Ganoven endlich hinter Schloß und Riegel bringen kann. In der folgenden Zeit werden einige glänzend ausgetüftelte Einbrüche publik, die von Polizei und Öffentlichkeit Stiegler und seiner Bande angelastet werden. Es fehlen nur die Beweise. Tatsächlich hatte Dandy diese Verbrechen geplant, doch er war jedesmal zu spät gekommen. Ausgekochte Profis, so schien es, hatten seine »Arbeit« schon verrichtet. Dandy wird nervös und macht Fehler, die ihm zum Verhängnis werden.

Zänker und seine Freunde aber lachen sich vor Vergnügen ins Fäustchen. Sie haben ihr Ziel erreicht. Immer eine Spur gerissener als Dandy und Konsorten, schnappt die Altherren-Bande, getarnt als harmlose Sangesgemeinschaft, den Ganoven bei diversen Coups die Beute vor der Nase weg. Wo immer Scheller auftaucht, auch bei den Raubzügen, hat er – entweder in einer Tragetasche auf dem Rücken oder in einem Wagen – ein Kleinkind bei sich. Er betätigt sich nämlich nebenberuflich als Babysitter. Welchen Zweck die pfiffigen Pensionäre mit ihren »Verbrechen« verfolgen, erfährt Dandy erst, als er sich wieder aus Berlin absetzen will...

WAS NICHT JEDER WEISS

Regisseur Wolfgang Staudte war ein engagierter Zeitkritiker und satirischer Moralist, der »in der Gesellschaft von heute die Spuren der Taten und Gesinnung von gestern« suchte und »in denen er zugleich die Keime für neue Verhängnisse sieht«, schrieb Kritiker Walther Schmieding über ihn. Wolfgang Staudte selbst äußerte sich in einem Vortrag an der Université Radiophonique in Paris so: »...in der ganzen Welt... gibt es eine Avantgarde von Autoren und Regisseuren, die meine Bewunderung und Achtung haben und zu denen zu gehören mein Wunsch ist. Ich spreche jetzt nicht von den großen Künstlern meines Berufes. Denn künstlerisch allein ist für mich noch kein Prädikat. Wir alle wissen, daß es künstlerische Filme mit verheerenden Wirkungen gab und gibt. Sondern ich spreche von denen, die von der Verantwortung wissen, die sie, neben allem Beneidenswerten, mit ihrem Beruf übernommen haben. Die nein sagen können, wenn sie nein meinen, und die bei aller Schwierigkeit nicht müde werden, das Gute zu wollen und es immer wieder – gewissermaßen als Konterbande – an den Zöllnern des schlechten Geschmacks und der Spekulation vorbeischmuggeln.« (Zitiert nach »Film in Berlin«, Festival-Almanach der XIV. Internationalen Filmfestspiele)

Wolfgang Staudte wurde am 6. Oktober 1906 in Saarbrücken geboren. Er studierte an einer Ingenieurschule, versuchte sich in verschiedenen Berufen und wurde Schauspieler. 1933 erhielt er zunächst Auftrittsverbot. Später durfte er wieder kleinere Rollen übernehmen. 1943 konnte er mit dem unverdächtigen Lustspiel *Akrobat Schö-ö-ö-n* sogar sein Regiedebüt geben. Nach dem Krieg errang Staudte als Regisseur bei der DEFA internationale Anerkennung. 1955 beendete Staudte diese Zusammenarbeit und drehte ab 1956 seine Filme in der Bundesrepublik Deutschland. Doch die großen Erfolge blieben aus. Seine Arbeiten entstanden meist unter Schwierigkeiten, einige dieser Filme lagen dabei auf der Ebene seines Lieblingssujets – die unbewältigte Nazi-Vergangenheit: *Rosen für den Staatsanwalt* (1959), *Kirmes* (1960) und *Herrenpartie* (1963). Danach entwickelte sich in der Bundesrepublik der Neue Deutsche Film: Staudte gehörte nicht dazu, man zählte ihn zu den Vertretern von Opas Kino. So zwangen ihn die Produzenten zu

Regierungsdirektor a. D. Heinz Erhardt auf Gaunerfang

»Stünde es nicht drauf, würde keiner auf den Gedanken kommen, dieser Film sei von Wolfgang Staudte, weil er eben nach dem Übereinkommen der Begriffe gar kein ›Wolfgang-Staudte-Film‹ ist und sein will. Hier soll gelacht werden. Man hat sich eine derbe Pantoffelkomödie unter Gaunern ausgedacht. Wie in Berlin ein alter Obergangster landet. Der Mann, einst dem Staatsanwalt mit Pfiff und Mühe entwischt, will jetzt, da längst Moabiter Gras über die Sache gewachsen ist, ein neues, großes Ding aufreißen. Der Oberlandesgerichtsrat, dem der Obergangster einst durch die Lappen ging, ist inzwischen im Ruhestand, aber Ruhe gibt er nicht. Die emeritierte Amtsperson setzt sich auf die Spur seines alten Kontrahenten und will den Tunichtgut, Bartträger und Obergangster sozusagen in privater Rechtsamkeit zur Strecke bringen. Das wäre also die Vorausgabe dieses Kriminalschwankes, den Wolfgang Staudte, offenbar wegen Abwesenheit wesentlicherer Angebote, übernommen hat. Ein Lachfilm wird produziert. Geringfügig ist der Schauspieleraufwand zu diesem Behufe nicht...

Martin Held also ist der emeritierte Jurist und Privat-Rächer auf eigene Faust. Er gibt seinen vielen Affen Zucker. Er darf eine Studie an verschusselt-geistreichem Altherrentum stricheln. Er darf in verschiedene Ver-

kommerziell-unverbindlichen Filmen wie *Ganovenehre* (1966) oder *Fluchtweg St. Pauli* (1971). Danach arbeitete Staudte nur noch für das Fernsehen. Seine Filme sind Beispiele für die Leistungen eines Filmregisseurs, dessen Leben und Werk exemplarisch die Schwierigkeiten eines Künstlers in den letzten Jahrzehnten deutscher Geschichte widerspiegelt. Staudte hat in dieser Zeit häufig nein gesagt; er hat Verlockungen widerstanden, aber er hat – natürlich! – auch Kompromisse schließen müssen, um existieren zu können. In einigen Filmen hat er sein zorniges Engagement formulieren können, in anderen war er wohl eher darauf angewiesen, Konterbande einzuschmuggeln. Und dies mit unterschiedlichem Erfolg. *Die Herren mit der*

weißen Weste gehören mit Sicherheit zu seinen kompromißlerischen Auftragswerken. Staudte starb im Januar 1984 an Herzversagen.

O-TON HEINZ ERHARDT

»Das ist kein Nebenberuf, das ist eine Mission.«

»Das Leben kommt auf alle Fälle
aus einer Zelle.
Doch manchmal endet's auch – bei Strolchen! -
in einer solchen.«

»Jetzt weiß ich endlich auch, wieso
sie Köpfe haben! – Soll ich's sagen?
Sie brauchen dann das viele Stroh
nicht in der Hand zu tragen!«

Links: Kriminalinspektor Walter Giller inspiziert den Kassenraum des Olympiastadions, wo 226.000 DM spurlos verschwunden sind
Rechts: Heinz Erhardt und Mario Adorf rangeln um ein Baby

kleidungen einsteigen. Er kann lustig auf die Pauke hauen, wenn er einen schwerhörigen Uraltrentner mimen darf, oder wenn er als Badezimmerbenutzer in der großen Familie lauter Pennälerstreiche anstellt, um die später Kommenden sich bespritzen oder mit Zahnpasta bekleckern zu lassen. Aber da staunt man (während man tatsächlich lacht) doch, lieber Herr Staatsschauspieler und Paradespieler von Beckett persönlich. Umkränzt hat man diesen Wehe-wenn-er-losgelassen-Held mit den sozusagen automatischen Gelächterbringern des bundesdeutschen Konsumfilms. Der immer leicht irre Heinz Erhardt taucht auf und sagt mehrmals ›noch ein Gedicht‹ auf. Wozu er das dramaturgisch tut, ist nicht einsichtig. Aber daß er, wenn man ihn schon engagiert, nur das tun muß, was er in allen Larifarifilmen immer tut, hätte Staudte doch nicht durchlassen sollen. Doch Staudte ist hier ja nicht Staudte... Hier können Familien lachen. Der Pantoffelhumor ist gewahrt. Der Rezensent ist ehrlich genug zuzugeben, er hat selbst wenn auch nicht besten Gewissens, mehrfach lachen müssen. Wer also wirft den ersten Stein auf Staudte?« (Friedrich Luft, Die Welt, 1970)

»Bereits in der zweiten Vorstellung des Films *Die Herren mit der weißen Weste* ist an einem Werktag das Kino fast ausverkauft. Eine Seltenheit. Das Publikum amüsiert sich, und der Kritiker überlegt, ob er gegen diesen Spaß, der doch offensichtlich gefällt, anschreiben soll. Er muß es tun, es gibt gute Gründe dafür. Der gewichtigste ist der Name des Regisseurs, er heißt Wolfgang Staudte. Mit ihm wird sich für immer die erste filmische Abrechnung mit der Vergangenheit nach 1945 verbinden. *Die Mörder sind unter uns,*

hieß der Film. Mit ihm verbinden sich Titel wie *Der Untertan*, *Rosen für den Staatsanwalt*, *Kirmes* und *Herrenpartie*. Nach seinem Weggang von der DEFA war Staudte fast der einzige westdeutsche Regisseur, der sich konsequent mit dem Faschismus auseinandersetzte und vor dem Neonazismus warnte. Nun hat er sich auf Gaunerkomödien zurückgezogen. Während in *Ganovenehre* stellenweise noch etwas Satire durchblitzte, ist sein neues Produkt eine über den Realitäten schwebende Lustbarkeit ohne Ironie und tiefere Bedeutung... Diese an Originalität so arme Geschichte findet seinen Beifall wohl in erster Linie durch seine Besetzung. Staudte hat bekannte Namen vereint. An der Spitze muß Martin Held genannt werden, bei dem man allerdings auch als einzigem die schauspielerischen Qualitäten ahnen kann, die in

ihm stecken. Seine Rolle schlenkert er wie unabsichtlich mit der linken Hand hin und überspielt zahlreiche Schwächen. Der Rest liegt unterhalb der Mittelmäßigkeitsgrenze. Heinz Erhardt erzählt immer noch 'n Gedicht, Agnes Windeck versprüht ihren kaum wandelbaren Alt-Damen-Charme...« (Die Wahrheit Berlin, 1970)

»Der Name des Regisseurs Wolfgang Staudte hat auch heute noch einen guten Klang. Seine ersten Nachkriegsfilme *Die Mörder sind unter uns* und *Rotation* waren ehrenwerte Produktionen, sein Film *Der Untertan* gar ein kleines Meisterwerk und auch die Filme *Rosen für den Staatsanwalt* und *Kirmes* noch durchaus diskutabel. In letzter Zeit wurde es immer ruhiger um den heute fast 64jährigen Regisseur, der gelegentlich auch dem Fernsehen seine Dienste anbot. Seinem

neuesten Film *Die Herren mit der weißen Weste* – in Berlin als Welturaufführung gestartet – sah man mit einigem Interesse entgegen, hatte doch Staudte schon bewiesen, daß er Gaunerkomödien passabel verfilmen kann. Der Name des Produzenten, der nur auf Publikumserfolge setzte, und die Tatsache, daß Staudte nicht das Drehbuch schrieb, hätten jedoch schon stutzig machen sollen. Die Enttäuschung blieb leider nicht aus. Martin Held, Oberlandesgerichtsrat a. D., der versucht, den Ganoven (Adorf), den er während seiner Dienstzeit nicht hinter Schloß und Riegel bringen konnte, jetzt – etwas außerhalb der Legalität – zur Strecke zu bringen, gibt seinem Affen reichlich Zucker. Agnes Windeck muß eine Schwerhörige spielen, um den Vorwand für billige Wortspielereien zu liefern. Der Drehbuchautor fand es scheinbar witzig, wenn Zahnpasta in die Gegend spritzt und Giller in ein Brötchen beißt, das reichlich mit Senf beschmiert ist.« (Berliner Stimme, 1970)

»Der Gentleman bittet zur Kasse. Den Plan perfekt entworfen, rasch beim allmorgendlichen Gang zum Zigarrenhändler eine Brasil gestohlen, schreitet er – keineswegs zur Tat: die besorgt die Gegenbande. Der Gentleman mit seinen nicht weniger distinguierten Helfershelfern kassiert nur die Beute. Sieg des Intellekts über den tumben Einbrecher von vorgestern. Und da es sich um eine Komödie

Links: Martin Held hat mit seinem Team ganze Arbeit geleistet, mit ihm freuen sich Agnes Windeck, Willy Reichert und Heinz Erhardt
Rechts: Heinz Erhardt bessert sich seine Pension auf und ist als Babysitter unterwegs

handelt, geht die Sache am Ende ganz moralisch aus... Das Schema, das Wolfgang Staudte
und seine Drehbuchautoren Paul Hengge und
H. O. Gregor (Pseudonym für den Produzenten Horst Wendlandt) ihrem als Gauner-
komödie bezeichneten Film unterlegten,
kennt man vornehmlich aus englischen Vorbildern. Den trockenen angelsächsischen
Witz, die präzise Überzeichnung in die Groteske, die zugleich immer ein wenig das Hin-
tergründig-Böse hervorkehrte, hat Staudte
allerdings nicht übernommen. Der burleske
Bandenkrieg ist bei ihm ins Gemütlich-Unter-
haltende eingebettet. Immer hübsch unverbindlich. Stacheln werden nicht mehr eingebaut, nichts wird mehr gegen den Strich ge-
bürstet: ein Weihnachtsmärchen mit Gaunern. Den Hintergrund für die Geschichte
gibt – wie schon in der *Ganovenehre* – Berlin, diesmal allerdings nicht im Dekor der
zwanziger Jahre, sondern in der Gegenwart.
Aber das bleibt nebensächlich, nur Staffage,
besitzt höchstens im kleinbürgerlichen Ton-
fall der eingestreuten Humore Identität. In
einem Gespräch schon vor zwei, drei Jahren,
hat Staudte einmal geäußert, daß er weg-
kommen möchte vom Image des ›politischen
Regisseurs‹, und hinzugesetzt, daß er sich dieses Recht einfach nehme. Man möchte das
gern akzeptieren, wenn mit dem sozialkriti-
schen Engagement nicht auch zugleich Witz
und bildnerische Phantasie bei Staudte
abhanden gekommen wären. Solides Film-
handwerk, saubere Schauspielerführung sind
ein etwas zu kleiner Rest, auch als Kontra-
punkt zu den primitiven Schludereien der
Sexwelle.« (Frankfurter Allgemeine Zeitung,
1970)

Heinz Erhardt als Willi Winzig

Was ist denn bloß mit Willi los? – Grüß Sie Gott, Frau Stirnima; BR Deutschland, 1970 Erstaufführung: 17.7.1970; Produktionsfirma: Rialto; Regie: Werner Jacobs; Buch: Eckart Hachfeld, nach dem Bühnenstück »Das hat man nun davon«; Kamera: Karl Loeb Musik: Heinz Alig; Lieder: »Grüß Sie Gott, Frau Stirnima«; »Love a Little Bit, Belinda« »Keine Macht auf Erden ist so stark wie wir« »Sag mir bloß, was ist mit dir los?«

Darsteller:
Heinz Erhardt (Willi Winzig)
Ralf Wolter (Felix Klein)
Helen Vita (Frau Stirnima)
Ruth Stephan (Annie Engel)
Paul Esser (Motzmann)
Stella Mooney (Helga)
Rex Gildo (Frank Kuhländer)
Willi Reichert (Staatssekretär Kuhländer)
Wolfgang Lukschy (Dr. Finz)
Ingrid van Bergen (Dr. Sigrid Kubin)
Friedrich Schoenfelder (Dr. Senn)
Inge Wolffberg (Fräulein Grauvogel)
Rudolf Schündler (Fridolin)
Fred Howe (Professor Klappmüller)
Max Nosse (Aga Ben)

INHALT

Der alternde Finanzbeamte Willi Winzig (Heinz Erhardt) hat sich mit Fleiß und Freundlichkeit bis zum Obersteuerinspektor hocharbeiten können und dabei stets ein Herz für den kleinen Mann bewiesen. Hunderte von Steuerakten kleiner Leute, bei denen Willi es einfach nicht übers Herz brachte, die fälligen Gelder einzutreiben, stapeln sich in seiner Schublade. Um seine bevorstehende Pension nicht zu gefährden, will Willi diese Aktenstapel nun möglichst unauffällig verschwinden lassen. Einziger Eingeweihter ist sein Freund und Amtszimmerkollege Felix Klein (Ralf Wolter), der vergeblich versucht, ihn davon abzuhalten. Der zaghafte Felix fürchtet, daß Willi kurz vor seiner Pensionierung noch Ärger mit seinem Vorgesetzten Dr. Senn (Friedrich Schoenfelder) bekommt. Und so ist es dann auch. Ein Zufall bringt es an den Tag. Willi beleidigt Dr. Senn auch noch, weil er von dessen Herzlosigkeit gegenüber einfachen Menschen überzeugt ist. Ein Disziplinarverfahren droht.

Ausgerechnet jetzt taucht seine pubertierende Nichte Helga (Stella Mooney) auf, die ihren Hippie-Freund Frank (Rex Gildo) in Berlin besuchen will und Willi um Unterkunft in seiner Junggesellenwohnung bittet. Willis Wirtin, die attraktive Witwe Stirnimaa (Helen Vita) – die ihren Untermieter auf der Stelle heiraten würde – nimmt sich letztendlich des quirligen Teenagers an, nachdem der problemgeplagte Onkel kapituliert. Um einem Disziplinarverfahren doch noch zu entgehen, tut Willi nun auf Rat von Freund Felix so, als sei er geistig verwirrt. In seiner Rolle als Verrückter wirft er seinem Vorgesetzten so manche bittere Wahrheit an den Kopf. Staatssekretär Kuhländer (Willy Reichert), der Willis Schauspielerei sogar mit einer Ohrfeige zu spüren bekommt, findet dessen Ansichten über einen »menschenwürdigeren Umgang mit dem kleinen Bürger« eigentlich sehr interessant und will sich für ihn stark machen. Daß Kuhländers Sohn Frank zufällig mit Willis Nichte Helga befreundet ist, stärkt die Aussichten auf ein mildes Urteil. Auch Freund Felix und Schreibkraft Annie Engel (Ruth Stephan) drücken ihrem Amtsstubenkollegen die Daumen.

So wird Willi nicht bestraft, sondern befördert. Dr. Senn könnte in Ohnmacht fallen. Doch der hilfsbereite, einfache Finanzbeamte Willi fühlt sich in seiner neuen Rolle nicht recht wohl, er läßt sich pensionieren – nicht zuletzt, um auch für seine Zimmerwirtin Frau Stirnima zukünftig etwas mehr Zeit übrig zu haben. Felix begreift endlich, daß Annie ihn liebt, und Helga und Frank brauchen sich nicht mehr heimlich zu treffen.

WAS NICHT JEDER WEISS

Heinz Erhardt in der Paraderolle des gutmütigen Finanzbeamten Willi Winzig, der zum Finanzminister aufsteigt. Vor der Verfilmung hatte Erhardt diesen Part mehr als 500 Mal auf Theaterbühnen gespielt. Für den Film wurde das Personal der Mitwirkenden aufgestockt. Bei der Kritik kam der Film schlecht weg. »Dem Publikum gefiel's. Es gab viele Lacher«, hieß es zum Beispiel, am Rand dieser Kritik notierte Heinz Erhardt: »Und das ist die Hauptsache.« Was er zwei Wochen später in seinem Tagebuch notierte, haben Rainer Berg und Norbert Klugmann in ihr Buch »Heinz Erhardt. Dieser Schelm! Die Lebensgeschichte des großen Komikers« übernommen: »Mein Film hat keine sehr gute Presse, aber er läuft und das ist die Hauptsache... Übermorgen geht's nach Italien, um ein neues blödes Filmchen zu machen. Die Ferien des Herrn Hirsekorn. Dieser Herr bin ich. Mir geht es seit Tagen schlecht. Herz und Kreislauf. Kein Wunder, ich habe mich furchtbar über das Drehbuch aufgeregt. Nun habe ich es aber etwas bearbeitet, und ich bin ruhiger. Mein armes Herzchen schlägt unregelmäßig, trotz Pillen.«

O-TON HEINZ ERHARDT

»Jetzt ist das Maß voll.«

»Ach du lieber mon dieu.«

»Platz ist das einzige, was man immer nehmen darf, ohne zu sitzen.«

»Ich wird' verrückt.«

»Nun werfen Sie mal das Kind nicht gleich ins Korn, die Flinte ist ja noch nicht in den Brunnen gefallen.«

»Der eine hat's im Kopf, der andere im Gegenteil.«

Das Fahrrad in der Werkstatt: Heinz Erhardt und Ralf Wolter bringen es auf Vordermann

»Ich wundere mich, daß Sie selbst und dann noch persönlich kommen.«

»Das muß ich dem Wendlandt lassen: er bringt mich noch einmal groß heraus. Vielleicht wird das meine schönste Filmrolle. Ich spiele einen Steuerbeamten, der aus Mitleid mit den überforderten Steuerzahlern Akten im Papierkorb verschwinden läßt. Neunzig Prozent der Texte in dem Film sind übrigens von mir.«

KRITIK

»Das Lied von der ›Frau Stirnima‹ tönt von Heinz Erhardt, Ralf Wolter, Willy Reichert und den ›Minstrels‹ gesungen alles in allem dreimal von der Leinwand. Damit sind zehn Minuten Film gefüllt und der Untertitel des Erhardt-Streifens ist gerechtfertigt. Dankbarer als der wiederholte Stirnima-Song wäre handlungsmäßig allerdings die nicht unoriginelle Story gewesen. Weil der Finanzbeamte Heinz Erhardt Mitleid mit den vom Finanzamt Geschröpften hat, läßt er die einschlägigen Akten einfach verschwinden, und als seine Vorgesetzten dahinterkommen, macht er auf unzurechnungsfähig. Bis zu diesem Punkt hätte sich, wenn dem Drehbuchautor wirklich am Porträt eines unbürokratischen Bürokraten gelegen wäre, ein komisch-kritisches Filmchen auf die Beine lassen. Was dann aber folgt – der Titel-Willi wird nicht gemaßregelt, sondern dank seiner Wahrheitsliebe und Unerschrockenheit

**Links: Überraschend taucht Nichte Stella Mooney bei Heinz Erhardt auf und quartiert sich bei ihm ein
Rechts: Ist Heinz Erhardt verrückt? Wer therapiert hier wen? Fred Howe als Professor Klappmüller will es herausfinden**

befördert – ist leider kaum mehr als die übliche Traumfabrik. Vollends unglaubwürdig wird die ganze Chose, wenn dann ausgerechnet Rex Gildo als wilder junger Mann, als Musterexemplar moderner Jugend sein Röllchen abliefert. Immerhin fallen dank der unablässigen Wort- und Satzverdrehungen von Heinz Erhardt, der hier weit origineller und konzentrierter agiert als in TV-Sendungen, einige Lacher ab. Aber auch ihm gelingt es nicht, aus dem brauchbaren Stoff mehr als ein harmloses Unterhaltungsfilmchen zu machen. Regisseur Werner Jacobs, ein Grandseigneur deutscher Film-Routine, liefert solides Handwerk.« (Eckhart Schmidt, Süddeutsche Zeitung München, 1970)

»Es darf ›gekrischen‹ werden! Und man tut's. Ohne Hemmungen. Ohne Altersunterschiede. Heinz Erhardt und einen deftigen Schwank, der schon dem Hansa-Theater volle Häuser brachte. Über einen Steuerbeamten, der aus Gutmütigkeit ganze Aktenberge abträgt (in den Papierkorb), deshalb vorzeitig pensioniert werden soll und sich dadurch zu retten versucht, daß er verrückt spielt. – Mit Erhardt teilt sich in die Situationskomik der dezent dümmelnde Ralf Wolter, ›The Minstrels‹ singen schwungvoll ihr ›Stirnima‹-Lied, und nur Rex Gildo paßt so gar nicht in diese herrlich doofe, pointen-pralle Kalauer-Klamotte.« (Bodo Kochanowski, BZ Berlin, 1970)

»*Was ist denn bloß mit Willi los?* dient scheinbar nur dem Amüsement, tatsächlich enthält er alle Ingredienzen der kleinbürgerlichen Ideologie. Steuerinspektor Willi Winzig (der Name ist bezeichnend), opponiert gegen das Finanzamt und findet damit sofort Sympathien. Wer meckert nicht gerne über diese Behörde, das ist als Ablaßventil sogar erwünscht, denn: gezahlt werden muß ja doch. Willi widerlegt auch das landläufige Urteil, daß Beamte keine Menschen sind. Er ist einer. Er läßt die Akten seiner bedrückten Klienten unbearbeitet verschwinden und kann damit wieder mit Beifall rechnen, wenn er der Übermacht der Staatsgewalt listig ein Schnippchen schlägt. Als es herauskommt, rafft er sich sogar zu einem Kraftakt auf und sagt seinem Chef gehörig die Meinung, und mancher Zuschauer wird darin die Erfüllung seiner geheimsten Wunschträume entdecken. Doch dann schlägt die Aussage des Films in ihr Gegenteil um, unter Androhung von Pensionskürzung wird Willi wieder ganz winzig und bestätigt damit den eingebläuten Erfahrungswert des Kleinbürgers, daß der ›kleine Mann‹ ja doch nichts gegen ›die da oben‹ machen kann, Widerstand also zwecklos ist. Willi sinnt auf einen Ausweg und macht auf ›Macke‹, um einen ›Jagdschein‹ zu erlangen. Wer sich wehrt, bei dem muß doch im Oberstübchen etwas nicht stimmen, denn, so sagt der Film, Narrenfreiheit ist die einzige Freiheit, die der ›kleine Mann‹ als Ersatz in Anspruch nehmen darf. Doch je verrückter Willi spielt, für desto normaler hält ihn ein Staatssekretär, der sein soziales Verhalten als mustergültig für eine humane Gesellschaft ansieht. Mit seiner Hilfe avanciert Willi zum Oberregierungsrat und kommt einem weiteren Wunsch seines Publikums entgegen. Er realisiert einen Traum, den vorgesetzten Schinder einmal als Untergebenen zu haben und ihm die Schikanen heimzuzahlen. Willi erfüllt die Erwartungen und behandelt seine ehemaligen Vorgesetzten, die ihm jetzt devot gegenübertreten, entsprechend. Ende gut – alles gut. Der Zuschauer wird mit dem Hinweis entlassen, daß die Ministerialbürokratie gar nicht so unmenschlich ist und auch der ›kleine Mann‹ es zu etwas bringen kann, wenn er sich nur um die Gunst von denen da oben bemüht. Gemütlichkeit, nicht zuletzt mit dem kleinbürgerlichen Superhit ›Grüß‹ Sie Gott, Frau Stirnima‹, und ein wenig Situationskomik haben ihn für zwei Stunden wohlig der Wirklichkeit entrückt, mit der er allerdings schon nach dem Verlassen des Kinos wieder hart konfrontiert wird, einer Wirklichkeit, die ihm im Dunkel des Parketts vorenthalten, verfälscht und als süßlicher Kitsch feilgeboten wurde. Diese Filme, die angeblich ›nur‹ der Unterhaltung dienen, erfüllen eine ganz konkrete politisch-ideologische Funktion. Sie machen rund 95 Prozent der kapitalistischen Filmindustrie aus.« (Die Wahrheit Berlin, 1970)

»Wenn ein betagter und großer Inspektor in Sachen Steuer verantwortlich zeichnet und außerdem Willi Winzig heißt, dann ist fast schon die Idee für ein deutsches Filmlustspiel geboren. Wenn der Willi Winzig dann auch in den Hosen von Heinz Erhardt steckt, dann hat er den Erfolg beinahe schon in der Tasche. Natürlich geht es in einem solchen Film nicht ohne Blödeleien ab. Aber was ist denn nun wirklich mit Willi los? Die etwas arg verworrene Handlung kommt in Lauf, weil dem Inspektor der Amtskram eines Tages über die Hutschnur geht und er Sachen macht, die ein Inspektor sich einfach nicht leisten kann. Zum Glück gibt es die Zimmerwirtin Frau Stirnima (darum gastieren im Farbfilm die Minstrels mit ihrem berühmten Schlager), den Kollegen Klein und die kesse Nichte mit Freund, die ihm dann alle zusammen wieder aus der Patsche helfen... Regisseur Werner Jacobs ist in diesem Metier ›einschlägig vorbelastet‹ (*Hurra, die Schule brennt*). Er ging mit routinierter Hand und mit so viel Pfiff an die Arbeit, wie ein deutsches Klischeelustspiel zuläßt.« (Kölnische Rundschau, 1970)

»Heinz Erhardt hat's leicht, schon sein bloßes Erscheinen auf der Leinwand genügt, und das Publikum beginnt zu juchzen. So ist es eigentlich fast egal, welche Rolle er spielt – die Zuschauer sind allzeit lachbereit.... Der Regisseur Werner Jacobs verpulvert nichts: Viele Zündplätzchen statt Lachbomben. Fröhlicher Unsinn für Leute, die es harmlos lieben.« (Der Abend Berlin, 1970)

»Heinz Erhardt ist ein Schatz; doch es müßte mit dem Teufel zugehen, wenn es dem deutschen Film nicht gelungen wäre, auch diesen Schatz zu vergraben.« (Der Telegraf Berlin, 1970)

»Da Heinz Erhardt ein Qualitätswitzbold von differenziertem Blödelstil ist, hat diese Finanzbeamtenposse ein paar Pointen – aber ihr sozialkritisches Meckmeck bewegt sich eben nur auf dem Stammtischniveau braver Kleinbürger, die Kinderdorfspenden gegen Entwicklungshilfe ausspielen. Fazit: Grüaß di Gott, Herr Biedermann!« (Ponkie, Münchner Abendzeitung, 1970)

»Gelegentlich zeigt der Film erstaunliche Nonsense-Qualitäten, insbesondere wenn Winzig (Heinz Erhardt) sich in wahre Kalauer-Orgien steigert.« (Der Tagesspiegel Berlin, 1970)

Tiefe Verzweiflung, weil die »verschwundenen«
Steuerakten wieder aufgetaucht sind:
Heinz Erhardt und sein Kollege Ralf Wolter

Heinz Erhardt als Willi Hirsekorn

Das kann doch unseren Willi nicht erschüttern
BR Deutschland, 1970
Erstaufführung: 26.11.1970
Produktionsfirma: Allianz, Terra
Produktion: Heinz Willeg
Regie: Rolf Olsen
Buch: Rolf Olsen
Kamera: Franz X. Lederle
Musik: Erwin Halletz

Lied: »Immer wenn ich traurig bin, trink ich
einen Korn«
Schnitt: Renate Willeg
Darsteller:
Heinz Erhardt (Willi Hirsekorn)
Ruth Stephan (Sieglinde Hirsekorn)
Günther Jerschke (Heinz Buntje)
Käte Jaenicke (Mizzi Buntje)
Hans Terofal (Luitbert)

Irina von Bentheim (Lotti)
Nicolai von Bentheim (Kuno)
Almut Berg (Clementine Adler)
Angelika Baumgart-Frey (Petra)
Klaus-Hagen Latwesen (Herbert)
Siegfried Munz (Adrian)
Guilia del Fabro (Paola)
Rolf Olsen (Romolo)
Toto Mignone (Guiseppe)
Boxerhund »Karl-Heinz«

Wahre Urlaubsfreuden: Heinz Erhardt und Almut Berg

INHALT

Willi Hirsekorn (Heinz Erhardt) ist ein Spießer, wie er im Buche steht. Mit seiner Frau Sieglinde (Ruth Stephan), seinem Schwager Luitbert (Hans Terofal) und seinen beiden frechen Kindern Kuno (Nicolai von Bentheim) und Lotti (Irina von Bentheim) lebt der Gartenschlauchverkäufer in einem gepflegten Reihenhäuschen in Castrop-Rauxel. Seine wohlverdienten Wochenenden genießt er im eigenen Gärtchen oder im Fußballstadion. Die Sommerferien stehen vor der Tür und Hirsekorns Familie drängt zum Urlaub an die Adria, wo auch die eher ungeliebte Nachbarsfamilie Buntje hinfährt. Bereits die Anreise im altersschwachen PKW der Hirsekorns beschert zahlreiche Pannen und Zwischenfälle: Das Gepäck rutscht vom Dach, Familienhund Karl-Heinz muß an der Grenze zum Gesundheitscheck und Onkel Luitbert wird aus Platzmangel in den Kofferraum verfrachtet.

In Jesolo angekommen, haben sich die beiden Familien unglücklicherweise auch noch im gleichen Hotel einquartiert. Gleich am ersten Strandtag handelt sich Rabenvater Hirsekorn durch diverse Ungezogenheiten seiner frechen Kinder – Luftmatratzen zerstechen und in Sonnenhüte pinkeln –; gehörigen Ärger ein. Im gebuchten Hotelzimmer geht der Streß mit Mückenschwärmen an der Decke und Wanzen im Bett weiter. Schließlich füllt Söhnchen Kuno seinem Vater auch noch Marmelade in die Sonnenölflasche. Die

Oben: Und nächstes Jahr kommen wir wieder, wo wir doch jetzt verwandt sind
Unten: Hilft Mehl gegen Sonnenbrand?
Ruth Stephan und Heinz Erhardt machen die Probe

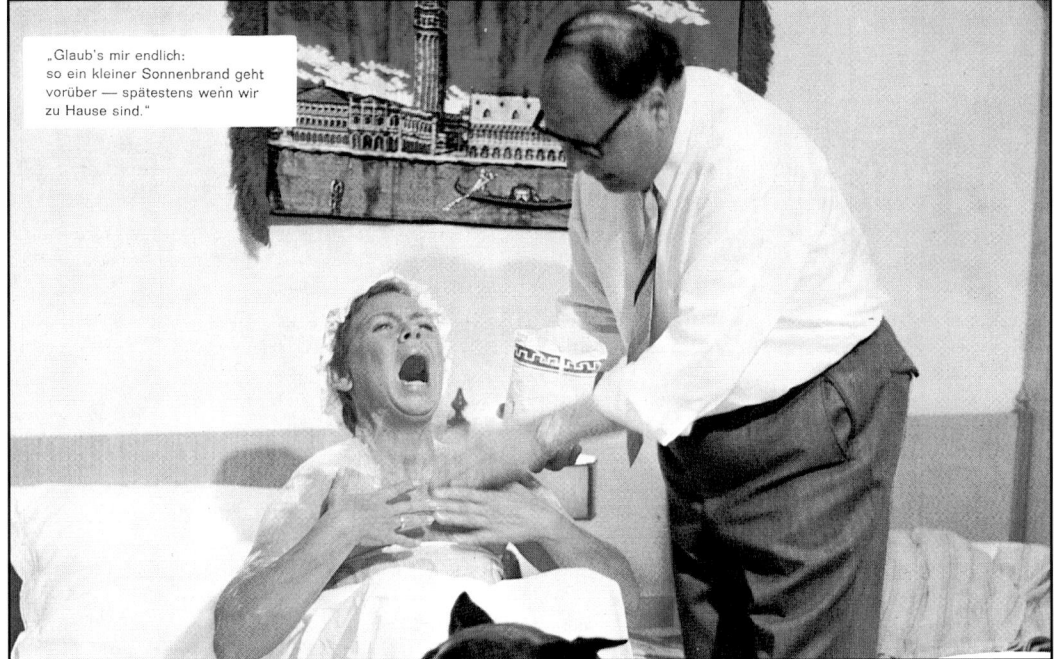

„Glaub's mir endlich: so ein kleiner Sonnenbrand geht vorüber — spätestens wenn wir zu Hause sind."

197

"Damit wir uns richtig verstehen – auch im Urlaub wird zu Hause gefrühstückt."

Das kann doch unsren Willi nicht erschüttern
Die lustigen Abenteuer der Familie Hirsekorn

Quälgeister sind jedoch mit einem Schlag verflogen, als Willi der attraktiven Vierzigerin Clementine Adler (Almut Berg) über den Weg läuft. Nicht nur er, sondern auch Nachbar Heinz Buntje (Günther Jerschke) ist von der Strandschönheit völlig hingerissen. Während dessen Frau Mizzi (Käte Jaenicke) mit den Italienern schäkert und Sieglinde Hirsekorn ihren Sonnenbrand kuriert, laden die beiden Männer – mit einem Mal zu richtigen Kumpels geworden – ihren gemeinsamen Schwarm heimlich zu einem äußerst kostspieligen Restaurantbesuch ein.

Willis Kinder sind inzwischen damit beschäftigt, Onkel Luitberts Rendezvous-Geflüster mit Paola (Guilia del Fabro), der Tochter des Hotelbesitzers, über die Lautsprecheranlage zu übertragen. Die frischgebackene Männerfreundschaft zwischen Willi und Heinz bestärkt sich, als die beiden erfahren, daß die angebliche Fabrik-Erbin Clementine in Wahrheit eine geldgierige und scheinheilige Hochstaplerin ist. Nun schwärmen die Ehemänner wieder für ihre Frauen und beide Familien sind mit einem Mal harmonisch vereint. Schwager Luitbert verlobt sich an Ort und Stelle mit der Italienerin Paola und beschließt, direkt dort zu bleiben. Versöhnt und zufrieden fahren die Hirsekorns und Buntjes schließlich nach Hause, fest entschlossen, im kommenden Jahr auf jeden Fall wieder gemeinsam in Jesolo ihre Ferien zu verbringen.

Widerstand zwecklos:
Ruth Stephan, Heinz Erhardt und Almut Berg

WAS NICHT JEDER WEISS

Der Regisseur und Schauspieler Rolf Olsen (1920-1998) war mit der österreichischen Schauspielerin Ilse Peternell verheiratet. Der gebürtige Wiener war vor allem durch seine komischen Rollen bekannt geworden. Auch als Regisseur bevorzugte Olsen die leichten Komödien. Zu seinen bekanntesten Filmen gehören *Auf der Reeperbahn nachts um halb eins*, *Der Arzt von St. Pauli* und *Der Pfarrer von St. Pauli* mit Curd Jürgens. Zusammen mit Gunther Philipp, Fred Kraus und Hilde Bernd spielte er in den fünfziger Jahren in München unter dem Namen »Die kleinen Vier« Kabarett.

O-TON HEINZ ERHARDT

»In Italien war ich schon mal, 1943, aber da war das Wetter schlecht.«

»Da gibt es sicher Sand wie Sand am Meer. Aber sicher kein anständiges Bier, kein Eisbein.«

»Knödelesser haben in Italien mit Schwierigkeiten zu rechnen.«

»Glaub's mir endlich: so ein kleiner Sonnenbrand geht vorüber – spätestens wenn wir zu Hause sind.«

»Daß ich auch singen kann, habe ich noch gar nicht gewußt.«

»Also in diesem Urlaub habe ich wieder drei Gramm Celsius zugenommen.«

Oben: Nichtschwimmer Heinz Erhardt am Strand der blauen Adria

Unten: Alle Hirsekorns zusammen auf Fahrt: Irina von Bentheim, Ruth Stephan, Nicolai von Bentheim, Heinz Erhardt und Hans Terofal

„Siehst Du da drüben die Meiers? Ich hab' gar nicht gewußt, daß die sich einen Urlaub in Italien leisten können?"

„Fürs Familienalbum: Blende 11 – 1/125 sek."

Das kann doch unsren Willi nicht erschüttern
Die lustigen Abenteuer der Familie Hirsekorn

»Jetzt fahren wir nach Hause, wo sie warten, die Pflicht und die Steuervorauszahlung.«

KRITIK

»Zwei verfeindete Nachbarsfamilien (deren Kinder sich lieben – welch grandioser Einfall!) treffen sich beim Italienurlaub wieder. Mag sein, daß das Willi nicht erschüttert, den Zuschauer sollte es. Indiskutabel und weit unter Amateurniveau.« (W.O.P. Kistner, MovieLine)

»Schludrig gemachter, komisch gedachter Familienfilm, der das Bedürfnis nach belangloser Unterhaltung auf die denkbar simpelste Art zu befriedigen sucht.« (Evangelischer Filmbeobachter, 1971)

»Der Willi – das ist der Heinz. Der Heinz Erhardt nämlich, der in diesem Familien-Joke als unerschütterliches deutsches Stammes-Oberhaupt seinen Film-Dienst leistet. Er nimmt die Gelegenheit ausgiebig beim Schopf und quatscht sich wieder mal so richtig aus, daß einem die Kalauer, Sprüche und Witzchen nur so um die Ohren fliegen. Was kann nun den Willi nicht erschüttern? All‹ das, was Regisseur Rolf Olsen um ihn herum an Ferien-Erlebnissen einer ganzen Sippe im Süden angehäuft hat. Sommer-Spaß mit Schatten.« (Der Abend Berlin, 1970)

Was wär' der Urlaub ohne Boxerhund Karl-Heinz?

»Willi alias Heinz Erhardt macht schon lange keine Witze mehr, sondern höchstens wütend, wenn er solche Klamotten mit Kalauern und schlechtem Klamauk ins Kino bringt. Die hochprozentige Blödheit, die der Regisseur Rolf Olsen da herausbrachte, kann diesen Willi zwar nicht mehr erschüttern, doch der Betrachter verläßt um so erschütterter diese Familienposse, mit der man hofft, Familien vom Fernsehen fortzulocken.« (Der Tagesspiegel, Berlin 1970)

»Erhardt – eine wahre Passionsfigur – nimmt nicht nur in diesem Film alle Unsicherheit vor dem Neuen und die daraus entstehenden Peinlichkeiten, mit denen die zu Wohlstand gekommenen Bundesbürger für ihre Konsumfreuden büßen mußten, auf sich und verwandelt sich in einen Kalauer. Zudem muß hier auch noch die bedrohlich heraufziehende krachlederne Libertinage der Nach-Kolle-Ära bewältigt werden. Erhardt zeigt sich in diesem Film nicht in Hochform, nur wenige Wortspiele zünden, die Gags, mit denen der Regisseur und Autor das Publikum traktiert, hat man schon öfter und meist besser gesehen.« (Frankfurter Allgemeine Zeitung, 1983)

Das kann doch unsren **Willi** nicht erschüttern
Die lustigen Abenteuer der Familie Hirsekorn

Das kann doch unsren **Willi** nicht erschüttern
Die lustigen Abenteuer der Familie Hirsekorn

Oben: Thema Nummer eins? Natürlich Fußball!
Günther Jerschke und Heinz Erhardt
Unten: Zuviel Gepäck auf dem Dach - und dann muß der Hund auch noch...

Heinz Erhardt als Willi Winzig

Unser Willi ist der Beste
BR Deutschland, 1971
Erstaufführung: 3.9.1971
Produktionsfirma: Rialto
Produktion: Horst Wendlandt
Regie: Werner Jacobs
Buch: Rolf Ulrich, Reinhold Brandes
Kamera: Karl Loeb
Musik: Peter Thomas
Titelsong gesungen von Heinz Erhardt
Schnitt: Alfred Srp
Darsteller:
Heinz Erhardt (Willi Winzig)
Ruth Stephan (Heidelinde)
Rudolf Schündler (Mümmelmann)
Jutta Speidel (Biggi)
Henry Vahl (Opa)
Paul Esser (Herr Kaiser)
Bruno Dietrich (Andreas Kaiser)
Elsa Wagner (alte Dame)
Edith Hancke (Frau Knöpcke)
Herbert Weißbach (Portier im Finanzamt)
Martin Hirthe (Hauswirt)
Peter Schiff (Vertreter)
Thilo von Berlepsch (Briefmarkensammler)
Ruth Rex
Wolfgang Völz

INHALT

Der stets freundliche und hilfsbereite Alt-Junggeselle Willi Winzig (Heinz Erhardt) hat seine tadellosen Dienstjahre als Finanzbeamter beendet und muß sich nun erst mal an seinen Lebensabschnitt als Pensionär gewöhnen. Doch noch bevor Willi sich mit der veränderten Situation vertraut machen kann, bekommt er unerwartet Besuch von seiner Schwester Heidelinde (Ruth Stephan), die auch noch ihre Tochter Biggi (Jutta Speidel) und Willis Opa (Henry Vahl) im Schlepptau hat. Finanziell abgebrannt und ohne zu fragen nistet sich der Familienclan einfach in Willis Junggesellenwohnung ein, was prompt eine Mieterhöhung zur Folge hat.

Da seine Rente bei weitem nicht ausreicht, um die neuen Mitbewohner zu verköstigen, berät sich Willi mit seinem alten Freund Mümmelmann (Rudolf Schündler) und nimmt schließlich eine Nebenbeschäftigung als Vertreter für Küchenmaschinen bei der Firma »Starelektrik« an. Obwohl bei einer Instruktionsstunde der Haushaltsgerätefirma Willis Fragen Schlimmes befürchten lassen, bekommt er den Job. Doch der gutherzige Pensionär übt seinen neuen Job leider gar nicht zum Gefallen von Firmenchef Kaiser aus: Willi verkauft Haushaltsgeräte mit Raten auf zwölf Jahre, verschenkt Fruchtpressen und macht schließlich bei einer Funkreportage im Supermarkt das Unternehmen mit all seinen Erzeugnissen auch noch öffentlich mies.

Unter Hinterlassung erheblicher Schulden wird Willi fristlos gefeuert. Auch der Versuch von Nichte Biggi, den Juniorchef Andreas (Bruno Dietrich) umzustimmen, ihrem Onkel doch noch eine zweite Chance zu geben, scheitert. Doch Kumpel Mümmelmann hat einen Plan, der aufgeht. Unter dem Namen seines Freundes macht sich Willi nun abermals auf Verkaufstour für die Firma, diesmal mit Kaffeemaschinen. Wohl wissend, wo am liebsten Kaffee gekocht wird, klappert er Ämter und Behörden ab und hat nach kurzer Zeit über fünfzig Kaufverträge in der Tasche.

Als er dann auch noch zufällig in eine Fernsehsendung der TV-Köchin Ilsetraut Knöpcke (Edith Hancke) gerät und vor laufender Kamera unbeabsichtigt Reklame für das Elektrounternehmen macht, wird Willi als große Verkaufskanone gefeiert. Willi Winzig ist der Beste – und alles wird bestens: Er bekommt einen Vertretervertrag auf Lebenszeit, seine Nichte Biggi findet in Juniorchef Andreas Kaiser endlich ihre große Liebe und Schwester Heidelinde turtelt fortan mit Kumpel Mümmelmann.

WAS NICHT JEDER WEISS

Werner Jacobs, Regisseur, Autor, Cutter und Produzent, Jahrgang 1909, gibt 1952 neben Olf Fischer mit *Der weißblaue Löwe* sein Debüt als Unterhaltungsregisseur; in den fünfziger und sechziger Jahren zählt er zu den Exponenten des bundesdeutschen »Schlagerfilms«. Robert Fischer und Joe Hembus schreiben 1981 in ihrem Buch »Der Neue Deutsche Film 1960-1980« über die Regisseure der Schlagerfilme, zu denen auch Geza von Cziffra und Paul Martin gehörten: »Es ist aber nicht so, daß es trotz der Fließbandarbeit keine qualitativen Unterschiede zwischen diesen Regisseuren gegeben hätte: Man sieht deutlich, daß Werner Jacobs immer auf eine saubere professionelle Arbeit aus war, während es Geza von Cziffra eingestandenermaßen nichts ausmachte, zwischendurch mal das Atelier seinen fähigen Darstellern zu überlassen und in die Kantine zugehen.« Werner Jacobs drehte mit Vico Torriani (*Santa Lucia*), Caterina Valente (*Das einfache Mädchen*), Freddy Quinn (*Heimweh nach St. Pauli*), Peter Alexander (*Die lustige Witwe*), Conny Froboess (*Mariandl*) und Peter Kraus (*Conny und Peter machen Musik*).

»Für den Autor und Produzenten Franz Seitz dreht Jacobs 1967-71 insgesamt vier Teile der später von anderen Regisseuren fortgeführten Reihe *Die Lümmel von der ersten Bank* um die fragwürdigen Streiche von Pennälern am Baden-Badener Mommsen-Gymnasium (dessen Direktor Theo Lingen darstellt)«, heißt es im CineGraph, dem Lexi-

Da lacht der Hausmann: Heinz Erhardt

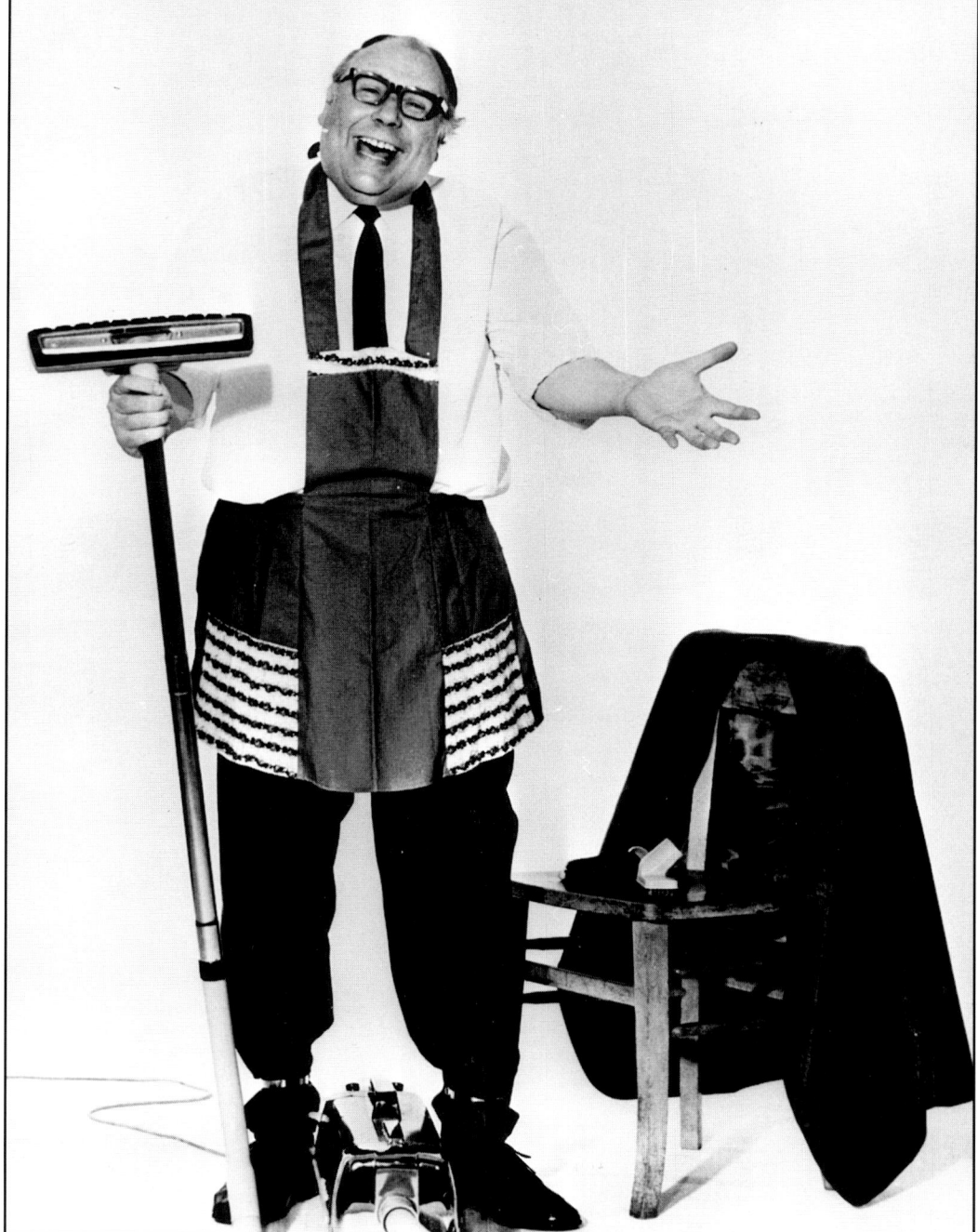

Machen Sie doch nicht so viel Wind wegen der paar Briefmarken, die gelten ja doch nicht mehr.

Wollen wir wetten Herr Kollege, daß meine Maschine schneller Kaffee kocht als Ihr Computer?

kon zum deutschsprachigen Film. »Von Kritikern des derben Klamauks sowie der debilen Darstellung des Lehrkörpers gezogen, gehören die ›Lümmel‹-Filme inmitten des antiautoritär geprägten Gesellschaftsklimas um 1970 zu den finanziell einträglichsten deutschen Kinoproduktionen; drei der vier Jacobs-Filme werden mit der Goldenen Leinwand ausgezeichnet. Volle Kinokassen bescheren auch Rührstücke rund um den singenden Kinderstar Hein ›Heintje‹ Simons (*Heintje – ein Herz geht auf Reisen*, *Heintje – mein bester Freund*). Mit seinem letzten Komikergranden Heinz Erhardt inszeniert Jacobs die Finanzamtsposse *Was ist denn bloß mit Willi los?* und deren Fortsetzung *Unser Willi ist der Beste*, schließlich *Willi wird das Kind schon schaukeln*, Erhardts letzten Kinofilm.«

Manfred Barthel faßt in seinem Buch »So war es wirklich. Der deutsche Nachkriegsfilm« die Werke von Werner Jacobs so zusammen: »Ob Lümmel-Filme, Heintje-Schnulzen, die *Lausbubengeschichten* nach Ludwig Thoma oder *Das fliegende Klassenzimmer* nach Erich Kästner – Werner Jacobs gab ihnen allen dieses Bißchen Herz, das sie über die konfektionierten Schnulzen hinaushob. Heartwarmer sagen die Amerikaner zu Filmen, wie sie Werner Jacobs damals machte.«

Oben: Sie wollten mir doch ihre Briefmarkensammlung zeigen...
Unten: Kaffee-Experten unter sich

O-TON HEINZ ERHARDT

»Das Ei des Damokles, der rettende Strohhut!«

»Bei ihnen ist etwas verrutscht, die Brust soll man immer warm halten.«

»Jetzt rollt er nicht mehr, der Royce.«

»Der Tee muß ziehen, der Kaffee darf sich setzen.«

»Wissen Sie was, gnädige Frau, Sie bezahlen in zwölf Jahresraten, dann allerdings ohne Zwischenfinanzierung.«

»Machen Sie doch nicht so viel Wind wegen der paar Briefmarken, die gelten ja doch nicht mehr.«

»Das Wichtigste ist die Soße, damit der mazedonische Hase nach Albanien schmeckt.«

»Es gibt zwei Sorten von Hasen, richtige und falsche. Hier haben wir zufällig einen richtigen. Den nehmen wir mal.«

»Hasenbraten ist ja an und für sich eine besonders gesunde Nahrung, weil sich ein Hase nur von Gemüse ernährt.«

KRITIK

»Nach der alten Erfahrung, daß unter Blinden der Einäugige als König gilt, war man gelegentlich bereit, Heinz Erhardt als bundesdeutsches Komiker-As einzustufen. Nach diesem neuen Kino-Ereignis, in dem Erhardt alias Willi Winzig seine Brötchen als radfahrender Handelsvertreter verdient, um

**Oben: Als Vertreter kann man was erleben: Ruth Rex als grüne Witwe auf dem Sofa mit Heinz Erhardt
Unten: Natürlich paßt der Hase ins Küchengerät: Edith Hancke und Heinz Erhardt**

Den Hasen habe ich selbst gefangen — mit dem Auto.

eine größere Familie zu ernähren, kommt man zur traurigen Erkenntnis, daß auch diese Karte sich in eine Lusche verwandelt hat. Das Erhardt-Repertoire an Kalauern, unter die sich sogar manchmal einer verirrt, der einem ein Schmunzeln abringt, ist von Werner Jacobs in diesem ›heiteren Familienfilm‹ mit einer Lustlosigkeit in Szene gesetzt worden, wie man es seit vielen, vielen Jahren von lustigen deutschen Filmen gewohnt ist.« (Der Tagesspiegel Berlin, 1972)

»Der Titel ist Programm, und das Beste aus Heinz Erhardts Digest läßt wieder die ganz Jungen und die etwas Angejahrten aus dem Häuschen geraten. Als Vertreter namens Willi Winzig schickt ihn Regisseur Werner Jacobs in klassische Klamottensituationen, die sich beim Verkauf von Küchenmaschinen teils angestrengt, teils locker ergeben. Der Höhepunkt der Heiterkeit wird erreicht, wenn Willi in eine Live-Sendung des Fernsehens platzt und als vermeintliche Kochkapazität einen kompletten Hasen in den Mixer stopft. Dem blödelnden Liebling assistieren Ruth Stephan, Henry Vahl, Paul Esser und Edith Hancke. Bruno Dietrich ist für eine lahme Liebesgeschichte zuständig. Freche Zwillinge und ein vierbeiniger Boxer repräsentieren weitere beliebte Zutaten des Lustspiel-Allerleis. Erhardt ist ja quasi Institution, und so nimmt man ihn auch in den schwächeren Beweisen seines Witzes nicht unnachsichtig beim Worte. Sei's drum: Noch 'n Film.« (Der Abend Berlin, 1972)

Oben: Instruktionsstunde für angehende Vertreter: Heinz Erhardt, Hund und Rudolf Schündler
Unten: Live und in Farbe im Fernseh-Kochstudio von Frau Knöpcke

»Heinz Erhardt...erweist sich auch hier wieder als durchschlagskräftiger Humorist. Und er kann einen Film schon tragen (das Drehbuch ist mehr als dürftig)... Ausgesprochen sympathisch berührt den Zuschauer die Grundtendenz des Ganzen – Güte und Hilfsbereitschaft –; und so erscheint die Rolle des reinen Toren dem so viel Jovialität ausstrahlenden ›Super-Komiker‹ (die Werbung) wie auf den (molligen) Leib geschrieben.« (Evangelischer Filmbeobachter, 1972)

»Inzwischen ist es eine Serie geworden: Heinz Erhardt mimt zum dritten Male den lieben, guten Durchschnittsbürger, der sich mit den Problemen des Alltags herumschlägt und sie schließlich zum Wohle aller zu lösen weiß. Deshalb nun heißt es diesmal: *Unser Willi ist der Beste*. Es ist klar: Wenn die Verwandtschaft zum Onkel kommt, um sich von ihm ernähren zu lassen, kann sein ohnehin knappes Ruhegeld – er ist Pensionär – nicht reichen. Doch Willi Winzig alias Heinz Erhardt läßt sich nicht so schnell aus der Ruhe bringen – er sucht sich eine Nebenbeschäftigung, die – natürlich – nur neue Probleme bringt. Der ›deutsche Publikumsliebling vom Dienst‹, sein trockener Humor und seine ironisch-komischen Wortspielereien prägen auch den dritten Film der Serie. Und so kennt man die Witzelei inzwischen, die Gags sind alt, neu – aber sehr dürftig – ist nur die ›Verkleidung‹, die Handlung, die zudem erst im letzten Drittel die Zuschauer auf ihre ›lächerlichen‹ Kosten kommen läßt.« (Spandauer Volksblatt Berlin, 1972)

Immer wieder die Radfahrer:
Willi Winzig muß sich ganz schön abstrampeln

Willi wird das Kind schon schaukeln«

Heinz Erhardt als Willi Kuckuck

Willi wird das Kind schon schaukeln
BR Deutschland, 1971
Erstaufführung: 24.2.1972
Produktionsfirma: Rialto
Produktion: Horst Wendlandt
Regie: Werner Jacobs
Musik: Martin Böttcher
Schnitt: Alfred Srp
Darsteller:
Heinz Erhardt (Willi Kuckuck)
Hannelore Elsner (Constanze)
Barbara Schöne (Betty)
Erika von Thellmann (Tante Elvira)
Claudia Butenuth (Agnes)
Ernst H. Hilbich (Schnecke)
Loni Heuser (Cosima Schulze)
Uwe Seeler (Uwe Seeler)
Stefan Behrens (Mickey)
Gernot Endemann (Julius Appel)
Gesine Hess
Balduin Baas
Henning Schlüter
Rainer Brönneke
Hans Terofal
Reinhold Brandes
Klara M. Skala

INHALT

Wenn es der hochverschuldete Fußballclub »FC Jungborn« nicht schafft, 15.000 Mark für die anstehende Platzmiete aufzubringen, muß der Vereinsplatz einem Schrottplatz weichen. Vereinsvorstand Willi Kuckuck (Heinz Erhardt), Fotograf und Vater der drei Teenager-Schönheiten Agnes (Claudia Butenuth), Betty (Barbara Schöne) und Constanze (Hannelore Elsner) ist in heller Aufruhr. Bislang hat er den Club durch Scheinehen seiner beiden älteren Töchter finanzieren können. Willis reiche Tante Elvira in Südamerika (Erika von Thellmann) hat für jede, per Fotomontage vorgetäuschte Heirat ihrer Nichten, eine Mitgift von 15.000 Mark überwiesen.

Nun will Willi schnellstens eine Hochzeit seiner Jüngsten, Constanze, vortäuschen, um mit dem von Tante Elvira zu erwartenden Geld den Verein vor dem Untergang zu retten. Die Tante kündigt jedoch unerwartet ihren Besuch in Deutschland an, so daß nun in Windeseile die drei falschen Ehemänner der Töchter angeschleppt werden müssen, damit der Schwindel nicht auffliegt. Doch die clevere Tante Elvira braucht nicht lange, um diesen zu durchschauen und fühlt sich von Willi schamlos hintergangen. Mit dem geplatzten Bluff schwinden die Aussichten auf eine rettende Finanzspritze für den FC Jungborn.

Vorstand und Spieler haben sich schon damit abgefunden, daß wohl der letzte Ball am Tor vorbeigeflogen ist. Doch dann entpuppt sich der neue, angebliche Schrottplatzbesitzer überraschend als Willis Tante Elvira, die aus Sympathie für ihre Familie mit einem Mal zum Retter in der Not wird. Von ihren drei Nichten schließlich überzeugt, hat sie zur großen Freude von Willi und allen Vereinsmitgliedern nicht nur das gesamte Terrain gekauft, sondern auch noch ein prominentes Ehrenmitglied (Uwe Seeler) gewinnen können. Einer ausgelassenen Jubelfeier, bei der sich Willis Tochter Constanze endlich zur wahren Liebe für ihren falschen Bräutigam, dem Beatmusiker Mickey (Stefan Behrens), bekennt, steht nun nichts mehr im Wege.

WAS NICHT JEDER WEISS

»Es war nicht das Fußballfieber und auch nicht Lampenfieber – es waren die gleißenden Scheinwerfer, die ihm kleine Schweißtropfen auf die prominente Stirn zwangen. Eine heiße Sache fand gestern, wenn auch in einiger Entfernung vom Olympiastadion statt: ›Uns Uwe‹ erlebte sein Debüt als Filmstar«, hieß es 1971 in der Berliner Mittagszeitung Der Abend über die Dreharbeiten des Films *Willi wird das Kind schon schaukeln* und den Gastauftritt des Fußballers Uwe Seeler als Uwe Seeler. »Natürlich ist völlig klar, daß der schöne und einzige Satz, den das Millionen-Idol zu sprechen hat: ›Ich hoffe, daß ich dem 1. FC Jungborn keine Schande machen werde‹ überhaupt nichts mit seiner Zukunft zu tun hat. Uns Uwe rettet unseren Willi alias

Heinz Erhardt vor einer schmachvollen Pleite und liefert außerdem noch die Pointe in Willi wird das Kind schon schaukeln. Weil Uwe Seeler den Heinz Erhardt so mag, ließ er sich zu der kleinen, schnellen Einlage überreden und nahm tapfer allerlei Strapazen auf sich. Weil nun wiederum der Heinz Erhardt den Uwe Seeler so mag, wird es auch noch ein ›Revanche-Spiel‹ geben. Der Komiker wird dem Kicker bei seinem allerletzten Spiel – ›Was sein muß, muß sein‹ – im Sommer beehren. Das wurde jedenfalls bei einem gemeinsamen Imbiß beschlossen...

Uwe ist ein prima Typ, tüchtig, bescheiden, freundlich und gänzlich ohne Allüren. Zu diesem vielleicht nicht ganz neuen Schluß kamen gestern auch diejenigen, die auf grünem Rasen lieber Gänseblümchen sehen. Uwe machte es ihnen allerdings auch leicht. ›Leute, die von Fußball nichts halten, sind mir richtig sympathisch‹, tröstete er nicht nur einmal in schönster Hamburger Mundart. In den Genuß dieser guten Worte kam zum Beispiel auch Hannelore Elsner, die den Stürmer im Film zu fotografieren hat... Nach zwei Stunden hatte der bewährte Willi-Regisseur Werner Jacobs alles im Kasten und der Star mit einem Lächeln seinen Auftritt beendet. Er schmachtete nach einem ›kleinen Snaps‹ – jawohl! Denn so sagte der Meister zum Erstaunen der unsportlichen Laien: ›Ein kleiner ist erlaubt und wer nicht trinkt, ist auch kein Fußballer.‹ Na bitte – wer hätte das gedacht. Ist doch ganz menschlich, der Uwe.«

Vater und Tochter, Heinz Erhardt und Barbara Schöne

„Willi vor! Mach ein Tor!"

„Noch weicher, als ich dachte!"

Kinos. Zu diesem Zeitpunkt hat Heinz Erhardt gerade einen achtwöchigen Überlebenskampf hinter sich. Eine Woche nach dem Ende der Dreharbeiten erleidet Erhardt 1971 einen schweren Schlaganfall, von dem er sich nie wieder richtig erholt. Nur ein einziges Mal noch, in der Rahmenhandlung zu seiner Oper, die das ZDF 1979 zu seinem 70. Geburtstag ausstrahlt, ist er kurz im Fernsehen zu sehen. »Aufmerksame Zuhörer können feststellen, daß einige Heinz-Erhardt-Dialoge in *Willi wird das Kind schon schaukeln* von einem anderen Sprecher nachsynchronisiert worden sind«, schreibt Rolf Thissen in seinem Buch »Heinz Erhardt und seine Filme«, denn »die Szenen des Films, die man nicht mit Originalton aufgenommen hat, kann Heinz Erhardt später nicht mehr sprechen. Deutschlands beliebtester Wortakrobat ist für immer verstummt.«

O-TON HEINZ ERHARDT

»Trainer? Du bist eine Träne.«
 »Per Asperin ad Asthma.«
 »Auf in den Kampf, Trokadero.«
 »Mit dieser Bowle kann man ja die ganze Familie ausrotten!«
 »Das arme Kind. Sieht aus wie Onkel Willi.«

Unten: Klopf auf Holz: Erika von Thellmann und Heinz Erhardt

KRITIK

»Heinz Erhardts Sprachpurzelbäume sind vergebliche Anstrengung in der verkrampften Turbulenz.« (Abendzeitung München, 1972)

»Ein Nichts an Handlung, Charaktere auf Possenformat reduziert, Probleme sorgfältig ausgeklammert: Wenn es ein Forum des alten Films gäbe, dieser bekäme sicher einen Trostpreis. Soviel falsche Ansätze sah man selten, und so dilettantisch ausgeführt. An der Spitze aller unterbelichteten Figuren steht Heinz Erhardt als Vater und Fotograf Wilhelm Kuckuck, der mittels Fotomontagen für seine Töchter Heiratsprämien erschwindelt, um einen Fußballverein zu finanzieren: Die reiche Tante aus Brasilien (Ufa-Routiniere Erika von Thellmann) schickt Schecks, so oft ein Brautbild den Ozean überquert; als sie selbst auftaucht, müssen die vorher montierten Schwiegersöhne herbeigeschafft werden. Natürlich geht alles schief. Am Schluß darf Uwe Seeler linkisch als Deus ex machina auftreten. Und da fragt Schelm Erhardt zur Freude aller bis dahin noch nicht Verzweifelten, wer das denn sei. Vorher blödelt er sich von Kalauer zu Kalauer, spritzt mit Rotwein und Suppe und hält den Telefonhörer verkehrt herum.« (Der Tagesspiegel Berlin, 1972)

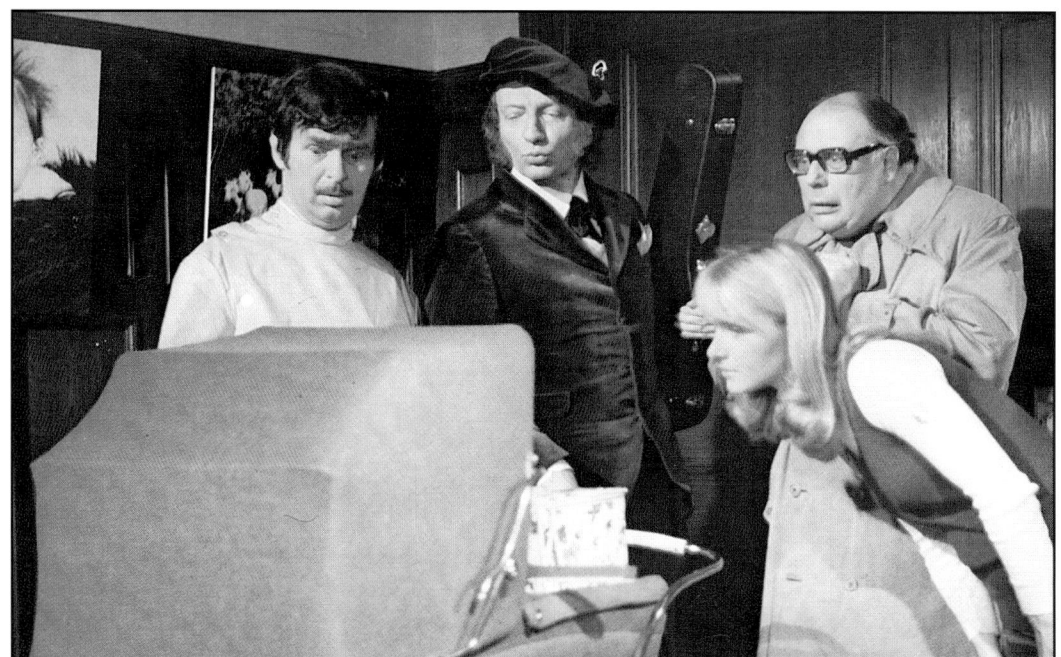

„Ja, so klingt das eben, wenn Uwe Seeler singt!"

Willi wird das Kind schon schaukeln

1.F.C. JUNG

Oben: Großes Entsetzen über das Kind im Wagen: Ernst H. Hilbich, Balduin Baas, Heinz Erhardt und Claudia Butenuth
Unten: Da lacht der Uwe Seeler: Er ist der Retter des Vereins

»Wo Willi auftaucht, herrscht Chaos. Egal, was er in die Hand oder den Mund nimmt, nichts ist simpel genug, ein Kalauer fällt immer ab. Willi verschaukelt alles. In seinem neuesten Leinwand-›Spaß‹ hat Star-Komiker Heinz Erhardt wieder einmal Gelegenheit, seine bekannten Versprecher an den Mann zu bringen. In diesem vierten Produkt aus der publikumswirksamen ›Willi‹-Serie mimt er einen Fotografen, der seine drei Töchter verkuppelt, um von der reichen Tante aus Brasilien die ›Heiratsprämie‹ zu ergattern. Das Geld wird dringend benötigt als Finanzspritze für einen tormüden Fußballverein, dem Erhardt als Präsident vorsteht. Aber die schlaue Tante durchschaut das böse Spiel. Ergebnis: Kein Geld, viel Verwirrung, Jubel im Parkett. Die Story ist im Grunde unwichtig. Wenn Erhardt nur seine Sprüche vorträgt, stimmt die Kasse.« (Der Abend Berlin, 1972)

Willi
wird das Kind
schon schaukeln

Oben: Die liebe Tante Erika von Thellmann, ihr leichtsinniger Bruder Heinz Erhardt und ihre netten Nichten Hannelore Elsner, Barabra Schöne und Claudia Butenuth
Unten: Tolle Tante und toller Balltreter: Erika von Thellmann und Uwe Seeler

»Zwischen Familie und Verein hin- und hergerissen ist Heinz Erhardt in einem seiner
letzten, aber wohl kaum seiner besten Auftritte zu sehen. Werner Jacobs inszenierte eine
zähflüssige Klamotte um den Publikumsliebling herum, der dessenungeachtet gute Laune
zu verbreiten versuchte. Und tatsächlich,
immer wenn der viel zu früh verstorbene
Komiker der Extraklasse im Bild ist, amüsiert
man sich und vergißt man gern den schwach-
sinnigen Anlaß für seine Kalauerkaskaden.«
(BZ Berlin, 1984)

Oben: Und das nennen Sie Pediküre?
Ernst H. Hilbich und Heinz Erhardt
Unten: Ein Frühstück für ein Himmelreich:
Heinz Erhardt

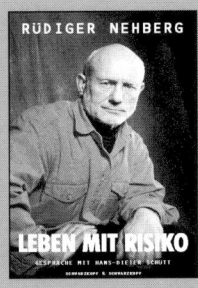

BILDBÄNDE ZU FILM, KINO, TV, THEATER, MODE, POLITIK, FOTOGRAFIE.

HALLO!
HIER SPRICHT EDGAR WALLACE

DIE GESCHICHTE DER KRIMINALFILMSERIE 1959 – 1972
VON JOACHIM KRAMP

DIE OLSENBANDE

DAS GROSSE BUCH FÜR FANS
VON FRANK EBERLEIN UND F.-B. HÄBEL

HORST SCHIMANSKI

»TATORT« MIT GÖTZ GEORGE
DAS GROSSE BUCH FÜR FANS

Frank-Burkhard Habel
GOJKO MITIC,
MUSTANGS, MARTERPFÄHLE

DIE DEFA-INDIANERFILME
Das große Buch für Fans

ARMIN BLOCK & STEFAN FUCHS
COLUMBO

DAS GROSSE BUCH FÜR FANS

EKEL ALFRED

»EIN HERZ UND EINE SEELE«
Das große Buch für Fans

50 JAHRE DDR
Der Alltag der DDR, erzählt in Fotografien aus dem Archiv des ADN.

AL BUNDY

»EINE SCHRECKLICH NETTE FAMILIE«
DAS GROSSE BUCH FÜR FANS

GERT VOSS
»Ich würd' gern wissen, wie man ein Geheimnis spielt.«

Herausgegeben von Hans-Dieter Schütt

DIE GESCHICHTE DER JAPANISCHEN MONSTERFILME
GODZILLA, GAMERA, GAPPA.

»Verrückt vor Begehren«
Die Filmdiven aus der Stummfilmzeit

Ein leidenschaftlicher Blick zurück in die Zeit der ersten Stars
Frank-Burkhard Habel

Castorfs Volksbühne

SCHATTEN IM PARADIES

VON DEN »LENINGRAD COWBOYS«
BIS »WOLKEN ZIEHEN VORÜBER« –
DIE FILME VON AKI KAURISMÄKI

Liebe, Tanz und 1000 Schlagerfilme

SIBYLLE
Modefotografie aus drei Jahrzehnten DDR

Herausgegeben von Dorothea Melis

Heiner Müller

Wolf Biermann:
AUSGEBÜRGERT

Film ab: Heinz Erhardt

JUGEND UND SZENE, GRAFFITI ART, MUSIK, DROGENPROBLEMATIK

SPRAY CITY
GRAFFITI IN BERLIN

Graffiti Art
Deutschland – Germany

Graffiti Art
BAND 2:
Süddeutschland und Schweiz

WRITING IN MÜNCHEN
GRAFFITI ART #3

GRAFFITI ART #4
RUHRGEBIET – RHEINLAND

GRAFFITI ART #5
FRANKFURT / MAIN
UND RHEIN-MAIN-GEBIET

GRAFFITI ART #6
BERLIN UND NEUE LÄNDER

GRAFFITI ART #7
NORDDEUTSCHLAND

GRAFFITI ART #8
DEUTSCHLAND

FIGUREN & CHARACTER

GRAFFITI ART #9
GRAFFITI AUF
WÄNDEN UND MAUERN

BOYGROUPS!

JOHN HAUK
BOYGROUPS!
TEENAGER, TRÄNEN, TRÄUME.

BERNHARD VAN TREECK
PARTY-DROGEN
ALLES WISSENSWERTE ZU
ECSTASY, SPEED, LSD, CANNABIS,
KOKAIN, PILZEN UND LACHGAS.

DR. BERNHARD VAN TREECK
DROGEN-NOTFALL

NUR 9,80 DM

Bernhard van Treeck
Street-Art Berlin
STREET-ART BERLIN
Kunst im öffentlichen Raum

DER AUTOR
• Manfred Hobsch, * 1951 in Berlin, verheiratet seit 1984. Katzenliebhaber, Frankreich-Fan.
• Abitur, Ausbildung zum Verlagskaufmann, Mitbegründer des Zitty-Verlages (1977), bis 1998 Gesellschafter.
• 1977 bis 1987 Filmredakteur, 1988 bis 1996 Redaktionsleitung, ab 1997 Stellvertretender Chefredakteur der Stadtzeitung Zitty.
• 1981-1996 Mitarbeiter beim Kinderfilmfest derInternationalen Filmfestspiele Berlin im Auswahlgremium, 1986 und 1987 Leitung des Kinderfilmfestes.
• Veröffentlichungen in Filmzeitschriften, Hörfunksendungen. Publikationen (Auswahl)
• »10 Jahre Kinderfilmfest 1978-1987« (Herausgeber Internationale Filmfestspiele Berlin, 1987), »Kinder- und Jugendfilme von Helmut Dziuba« (Pädagogisches Zentrum Berlin, 1991). Mitarbeit an den Broschüren »Indianerfilme«, »Kinderfreundschaft«, »Trickfilm«, »Mädchen in Hauptrollen«, »Märchenfilme« und »Der Traum von einer heilen Umwelt«, herausgegeben von der Landesbildstelle Berlin. Beitrag »Einmischung in die Politik – Filmkritik und Kalter Krieg« in dem Buch »Alte Welt. Neue Welt. Charlie Chaplin. Ein Hauch von Anarchie« (Elefanten Press). 1990 bis 1997 Mitherausgeber des Reiseführers »Anders Reisen Berlin« (Rowohlt Taschenbuchverlag).
• Im Schwarzkopf & Schwarzkopf Verlag erschien von Manfred Hobsch »Liebe, Tanz und 1000 Schlagerfilme. Ein illustriertes Lexikon – mit allen Kinohits des deutschen Schlagerfilms.«

Bildnachweis: Filmbild Fundus Robert Fischer: 2, 5, 23, 47, 72, 73, 74, 75, 79, 84, 85, 86, 87, 94, 97, 98, 99, 105, 108, 110, 111, 123, 124, 125, 126, 141, 143, 167
MH-Archiv: 1, 7, 11, 12, 13, 15, 16, 17, 19, 20, 21, 31, 38, 39, 55, 62, 80, 91, 127, 156, 157, 158, 159, 178, 179, 196, 197, 198, 199, 200, 201, 204, 205, 207, 210, 211, 212, 213
Stiftung Deutsche Kinemathek: 25, 27, 30, 35, 43, 45, 46, 49, 51, 67, 69, 102, 103, 104, 105, 129, 130, 131, 133, 142, 145, 146, 147, 149, 151, 161, 162, 170, 171, 177, 182, 183, 185, 187
Christian Unucka (Verlag für Filmschriften): 26, 29, 33, 37, 41, 50, 53, 57, 61, 71, 77, 83, 89, 95, 101, 107, 113, 119, 134, 155, 165, 169
Zitty-Verlag: 4, 9, 10, 18, 38, 58, 59, 63, 64, 65, 68, 78, 81, 88, 90, 92, 93, 96, 99, 102, 109, 114, 115, 116, 117, 120, 121, 135, 137, 138, 139, 150, 152, 153, 173, 175, 181, 182, 186, 188, 189, 191, 192, 193, 195, 203, 205, 206, 209, 210, 212

IMPRESSUM:
Manfred Hobsch. Film ab: Heinz Erhardt.
Eine Gratulation zum 90. Geburtstag des beliebten Komikers.
ISBN 3-89602-182-6. © der Abbildungen bei den Bildquellen.
© dieser Ausgabe bei Schwarzkopf & Schwarzkopf Verlag, Berlin 1999. Alle Rechte vorbehalten. Ungenehmigter Nachdruck, Wiedergabe, sonstige mechanische oder elektronische Aufnahme oder Vervielfältigung oder Verwertung aller Art sind honorarpflichtig und ohne schriftliche Genehmigung des Verlages nicht gestattet.
Wir senden Ihnen gern unseren kostenlosen Katalog. Schwarzkopf & Schwarzkopf Verlag GmbH / Service, Kastanienallee 32, 10435 Berlin.